CW01668551

*Operabögar*

Till en annan operabög
– Malcolm

Göran Gademan

# Operabögar

Göran Gademan

GIDLUNDS FÖRLAG · HEDEMORA

**Abstract**

Gademan, Göran: »Operafags«
Department of Theatre Studies, Stockholm University

On the basis of recent studies in the fields of gay studies and queer theory, the author sets out to examine the connection between the sexual orientation of gay men and their passionate interest in opera. Previous research on the subject, exclusively from the USA, has been speculative in the sense that it has not tested its conclusions on any empirical material. In this respect, this study is a pilot project based on a questionnaire and interviews with 39 homosexual men aged between 19 and 68 with an interest in opera. On the basis of the definition found in gay studies of a delimited group whose members also define themselves as homosexuals, their entire life stories are portrayed from childhood to the present day, and the elements of queer theory that are used are intended to illustrate the hetero-normative way of thinking that even the participants themselves tend to use. Much of what has been written earlier on the subject by Wayne Koestenbaum, Paul Robinson and Sam Abel does not hold good when applied to the Swedish »operafags«. One section deals with the undynamic view of the »closet«, and the author shows that an opera interest plays an important role in the process of coming to terms with and affirming one's sexual orientation and then later daring to stand for one's convictions. The various functions that opera can have during that period as an outlet, an inspiration, a source of reflection/identification, a substitute/sublimation, an escape from reality and a source of comfort are investigated, and the author establishes that both the »closet« and the interest in opera are dynamic processes that change all the time. One chapter is devoted to the social aspects of opera, and Koestenbaum's picture of the »operafag« as an extremely lonely person is not at all confirmed. Finally, the author tells his own story and relates his experiences and encounters to the others in the book. At the same time, he stresses the danger of using only one's own experiences as a basis for hypotheses and then formulating theories over the heads of those concerned.

Omslag: Gunilla Stephen-Kallin som Elektra i Stockholm 1999
Foto: Björn Abelin

Omslagets baksida: Annons ur *Följeslagaren* nr 2 1963

© Göran Gademan, 2003
ISBN 91-7844-631-7
Wallin & Dalholm boktryckeri AB, Lund 2003

# Tack!

Denna bok har legat färdigskriven ett och ett halvt år innan den äntligen kommer ut. Därför är det med en otrolig glädje jag vill vända mig till ett antal personer som förtjänar mitt varma tack. Det första och största tacket går naturligtvis till de 39 män som modigt, öppenhjärtigt och eftertänksamt deltagit i de samtal som ligger till grund för boken. Utan er hade det varit omöjligt att genomföra mitt syfte, och det gläder mig enormt att projektet fick en fortsättning i föreningen OperaBögarna, där mer än 200 personer har tillkommit. Jag vill också tacka de heterosexuella män och kvinnor samt lesbiska, som också ställt upp för samtal. Även om resultatet från dem inte syns så markant, så har det ändå varit ovärderligt för mig. Mitt nästa tack går tveklöst till Tiina Rosenberg, med den hedersamma titeln medlem 0 i OperaBögarna. Det kommer sig av att hon sådde fröet hos mig att genomföra detta projekt, vilket inte nog kan uppskattas. Innerligt tack också till dåvarande HSFR (Humanistisk-Samhällsvetenskapliga Forskningsrådet), som avsatte pengar så att jag kunde ägna tre års forskartid åt detta. De som bidragit med tryckbidrag är jag också stort tack skyldig: OperaVännerna vid Kungliga Operan och Teaterhistoriska samfundet i Göteborg. RFSL har varit oerhört tillmötesgående och helt gratis lånat ut lokaler för samtalen samt låtit mig annonsera. Tack också de övriga som helt kostnadsfritt låtit mig annonsera eller lägga ut blad för att söka informanter: MusikDramatik (numera tidskriften Opera), OperaVännerna och Kungliga Operan. Operan har också låtit oss fotografera inne i huset, och varmt tack till Ove Axelsson som fotograferat och de som ställt upp som »modeller«. Jag vill i sammanhanget påpeka att ingen av de personer som syns på bilderna har något med projektet att göra. Tack också Helena Iggander och Inger Mattsson vid Operans arkiv för hjälp med bilder. Mina vänner, kolleger och studenter vid Teatervetenskapliga institutionen, Stockholms universitet, har bidragit med ovärderlig uppmuntran och stöd – tack särskilt till Karin Helander och åter Tiina Rosenberg som gett viktiga synpunkter på manuskriptet. Så ett oändligt tack till Anders Svedin och Sara Gidlund på förlaget Gidlunds, för att de från första stund trodde på boken och till varje pris skulle ge ut den. Även redaktör Ulrika Larsson ska ha tack för viktiga puffar i rätt riktning. Mina vänner Åke Andersson, Micke Andersson och Roger Wallén som tillsammans med mig varit drivande i föreningen OperaBögarna vill jag tacka för gott samarbete genom åren. Avslutningsvis vill jag tacka min familj för att de alltid låtit mig vara den jag är, och mitt sista och viktigaste tack går knappt att uttrycka i ord – det går till min sambo och livskamrat Sören Tranberg. När han kom som ett yrväder in i mitt liv, gav det dimensioner jag inte trodde livet kunde ha. Tack för osvikligt stöd, korrekturläsning, indexarbete och oändliga diskussioner om opera! Boken tillägnas vår kärlek till operakonsten och till varandra.

Stockholm, april 2003

*Göran Gademan*

# Innehåll

## 7. Operaintresset fram till idag 170



## 8. Jag, en operabög 234

# Inledning

*Ulla* (läser kontaktannonser): Här har du missat nåt: »Estet i 40-årsåldern med ordning på både kroppen och ekonomin, söker dig att dela min vindsvåning med utsikt över Nybroviken med. Florist till yrket, opera som passion. Kattutställningar och auktioner till helgerna.« Det är vad jag har letat efter! (Suzanne pekar på tidningen) Va?

*Suzanne*: »Män söker män«.

*Ulla* (suckar): Det skiter jag i. Är telefonen ledig där ute?

Ur »Reuter & Skoog«, SVT 30/9 2001

Opera och manlig homosexualitet – hänger det verkligen ihop? Vad skulle de ha med varandra att göra? Ytterst få operor tar upp homosexuella relationer eller laddningar, och ingen av dem ingår i standardrepertoaren. Det kan därför knappast ha att göra med operornas litterära och dramatiska innehåll – eller har det ändå det? Detta är frågor som har sysselsatt mig en längre tid, och inte enbart medan jag skrivit denna bok. Mitt eget operaintresse började redan i sjuårsåldern, i början av 70-talet. Det var långt innan jag ens hade en aning om att jag var homosexuell. Efter att det stod klart för mig, började jag efter hand upptäcka att jag inte var så ensam om att dras till samma kön som jag först hade trott, och heller inte så ensam om min fäbless för opera. Lustigt nog var dessa operaintresserade ofta bögar.[1]

Det fanns många tillfällen då jag kände igen ansikten på någon bögklubb, ansikten som jag tidigare hade sett på Operan. Det ledde till tankar om att kanske bilda någon förening: när det fanns Gaymoderater, Homosexuella föräldrar och mycket annat – varför kan det inte finnas Homosexuella operaintresserade? Som en följd av detta forskningsprojekt har detta långt senare blivit verklighet, genom föreningen OperaBögarna inom RFSL. Men att ägna vetenskaplig forskning åt detta spörsmål, kunde jag inte ens föreställa mig i 20-årsåldern under funderandet kring varför de killar som frekventerade bögklubbarna också syntes på Operan.

Funderingarna började finna en plattform först långt senare, då jag var i slutskedet av min doktorsavhandling *Realismen på Operan* 1996. Vid den tidpunkten hade just det tvärvetenskapliga Queerseminariet bildats vid Stockholms universitet, och jag blev uppmuntrad av min kollega Tiina Rosenberg att gå vidare på den vägen efter min doktorsexamen. Ett lämpligt tillfälle hade uppstått att tränga djupare i mina funderingar, för det gällde ju att hitta ett ämne för det nyvunna »körkortet« som forskare.

Wayne Koestenbaums bok *The Queen's Throat. Opera, Homosexuality and the Mystery of Desire* var då rätt nyutkommen och mycket omtalad. Jag läste den med stort intresse, men ställde mig omedelbart undrande: är det där verkligen jag? Är det så här en »operabög« är? Vissa fenomen, t ex divadyrkan och kalenderbiteriet, kunde jag till viss del känna igen i vänkretsen. Men jag skämdes nästan över det; det låg något pinsamt och patetiskt över fenomenet bögar som gillar opera. Koestenbaum skriver mycket självutlämnande och personligt om sin läggning och sitt starka operaintresse, och han behandlar inte några *andra* bögars operaintresse, annat än sporadiskt då han beskriver vänner eller älskare han haft. Boken fokuserar hårt på divakulten, bl a har Maria Callas fått ett eget kapitel och hon pryder omslaget. Även opera på skiva har tilldragit sig Koestenbaums starka intresse, och därvidlag är vi lika även om mitt intresse uteslutande gällt det som strömmat ut från skivorna, inte deras utseende och yttre egenskaper.

På ett tidigt stadium kom jag också över en artikel av Paul Robinson i *Cambridge Opera Journal*. Det är en replik på Koestenbaums bok, och kom ut året efter (1994). Artikeln är mindre personligt hållen och mer stringent formulerad. Robinson erkänner att han tvingas bli en aning spekulativ, men han samlar sig till »några observationer som jag tror åtminstone rör sig i riktning mot en förklaring«.[2] Med andra ord formulerar han, utifrån sina egna erfarenheter, några teser som svar på frågan varför opera attraherar homosexuella män. Hans förklaringar kretsar kring kön och könsöverskridelser, som att kvinnorna ofta är förtryckta i handlingen men tar vokalt stor plats. Dessa kvinnoroller kan därför utgöra en förklädd form av den homosexuelle mannens protest, och blir därmed direkt knutna till »garderobens« fenomen. »Operabögens« (the opera queen)[3] dagar kan därför vara räknade konstaterar Robinson, som också har några sidospår i form av att även vokala könsrollöverskridelser kan vara attraherande, t ex när sopranen går ned i bröströsten och sången liknar en mans. Det var en specialitet som inte minst tillskrevs gayikonen Callas. Ytterligare ett sidospår hos Robinson är att kärleken i operorna ofta är så extremt konventionell att den därför skulle bli ett perfekt satiriskt uttryck för den homosexuelle mannens aversion mot heterosexualitet. Men han tillägger att attraktionen för opera ändå måste ligga på ett betydligt djupare plan än genom det satiriska.

Även om jag fann några av Robinsons formuleringar kryptiska, väcktes mitt intresse av hans tankar kring garderobens fenomen och operahjältinnan som uttryck för den homosexuelle mannens stumma protest. Han tar också bladet från munnen och beskriver sig själv som en homosexuell operaintresserad man, men Koestenbaums beskrivningar verkade mer äkta då de formulerades som självupplevda. Ändå fick jag en obehaglig förnimmelse att det i båda fallen formulerades teser och beskrivningar över huvudet på dem det berör. Och om jag inte kände igen mig i det som skrevs, torde jag väl knappast vara ensam om den saken? Det finns massor av bögar i olika länder, där opera inte har med deras yrke att göra, men där intresset för konstformen spelar en ytterst stor roll i deras liv. Vad är det som säger att deras operaintresse ser ut som Koestenbaums eller Robinsons? Är det ens säkert att deras ingång till opera är detsamma? Och upplever de garderoben och komma ut-processen på samma sätt i ett annat land och med en annan ålder? Ser beröringspunkterna mellan deras operaintresse och deras sexuella läggning ut på samma sätt? Tanken föddes därför att låta fler komma till tals och konfrontera dem med de här frågorna. Jag ville veta olika mäns bevekelsegrunder, hur deras operaintresse ser ut och vilken roll det har spelat för deras väg att finna sig själva och acceptera sin homosexualitet. Framför allt ville jag lägga dessa berättelser bredvid varandra för att se om jag kunde finna några gemensamma nämnare. Först då skulle jag kunna känna att jag befann mig på något säkrare mark. Det enda sättet att närma sig ett svar på frågan stod plötsligt klart för mig – det måste helt enkelt vara att fråga dem, och inte bara mig själv.

## Annonsering & homofobi

Efter att jag annonserat i OperaVännernas medlemsblad, tidskriften MusikDramatik, i Operans biljettkontor samt via en tidning och ett anslag hos RFSL Stockholm (Riksförbundet för sexuellt likaberättigande), anmälde sig ett 40-tal intresserade inom tio dagar. En annons tilldrog sig även medias intresse, och sedan dess har jag med jämna mellanrum ställt

**Forskningsprojekt:**
**Homosexualitet och opera**

Homo- och bisexuella män med ett genuint operaintresse sökes till ett forskningsprojekt i teatervetenskap vid Stockholms universitet. Projektet går ut på att utröna orsakerna till varför operakonsten i så hög grad appellerar till homosexuella män. Det kommer att inledas med en enkät och bedrivs sedan genom gruppsamtal och intervjuer, allt på kvälls- eller helgtid. Gemensamma operabesök med efterföljande diskussioner kommer också att ordnas, och där kommer även att utforskas om det finns några avgörande skillnader mellan hur homo- och heterosexuella personer upplever opera. Eftersom ett av syftena är att kartlägga ev. skillnader mellan homosexuella i olika generationer, uppmanas män i alla olika åldrar att höra av sig.

Detta är en form av pilotprojekt i Sverige, då ingen liknande forskning förekommit i vårt land. Däremot har viss forskning kring detta tema bedrivits i USA, och den som är intresserad kan läsa Wayne Koestenbaums bok *The Queen's Throat. Opera, Homosexuality and the Mystery of Desire* (New York 1993). Dessutom finns antologin *Queering the Pitch. The New Gay and Lesbian Musicology*, red Philip Brett m fl (New York 1994). De utgår helt och hållet från författarnas egna åsikter. Vad som är nytt med detta forskningsprojekt är att det kommer att använda »vanliga« människors upplevelser som material. Vid Teatervetenskapliga institutionen finns sedan länge utarbetade metoder för att komma åt publikupplevelse, och dessa kommer nu att användas, om än på ett litet annorlunda sätt än tidigare.

Projektet genomförs av Göran Gademan, fil dr på avhandlingen *Realismen på Operan. Regi, spelstil och iscensättningsprinciper på Kungliga Teatern 1860–82*. Eftersom homosexualitet fortfarande kan vara ett känsligt ämne, garanteras samtliga deltagare absolut konfidentialitet i enlighet med vedertagna forskningsetiska regler.

Du som vill deltaga i projektet: skicka ett brev eller ett kort i kuvert med Ditt namn, adress och telefonnummer till Göran Gademan, Teatervetenskapliga institutionen, Stockholms universitet, 106 91 Stockholm, senast 30/9. Märk kuvertet Homosexualitet och opera. Projektet drar sedan igång i början av oktober. Ersättning utgår ej.

Varmt välkommen att deltaga i ett spännande och intressant projekt! Förhoppningsvis kommer slutresultatet belysa operakonsten ur nya, hittills dolda synvinklar.

**»Operabögar« sökes!**

Homosexuella män i alla åldrar med ett genuint operaintresse sökes till ett forskningsprojekt i teatervetenskap vid Stockholms universitet. Projektet går ut på att undersöka varför opera attraherar homosexuella män så starkt och kommer att bedrivas i form av enkäter, gruppsamtal, intervjuer och operabesök med diskussioner, allt på kvällstid. Absolut konfidentialitet garanteras. Anmäl Dig genom att skriva namn, adress och telefon i ett brev till Göran Gademan, Teatervetenskapliga institutionen, Stockholms universitet, 106 91 Stockholm, snarast så kommer ytterligare information. Märk kuvertet »Operabögar«.

*Två både censurerade och ocensurerade versioner av min annons.*

*Till vänster hela min text som jag tryckte i egna foldrar. Texten måste dock döljas av ett försättsblad med den neutrala texten »Inbjudan till projekt i publikforskning«. Rubriken »Operabögar sökes« avslogs dessutom, men fick komma med i en annons i ett annat forum (ovan). Texten förkortades av mig pga utrymmesskäl, men den skarpögde ser vad som dessutom togs bort i första meningen (jfr med texten till vänster).*

*Nästa sida: Operans biljettkontor.*

upp för intervjuer. Periodvis har jag tvingats tacka nej, för att ämnet inte skulle kännas avslaget eller uttömt innan boken kommit ut.

Annonseringen kräver en extra utläggning. Jag är mycket tacksam mot dem som låtit mig annonsera, och alla såg välvilligt på projektet. Men ibland gavs uttryck för om inte ett homofobt, så åtminstone ett starkt heteronormerande tankesätt[4] – förmodligen utan att man tänkte på det. Alla (inklusive de homosexuella själva) är ju så vana att definiera homosexualitet som något avvikande och onormalt. Kommentarerna gick ofta i stil med när Andreas Carlgren i Centerpartiet klev ur garderoben: »Nej, *jag* har inte problem med det här, men jag är rädd att *andra* har det…« Ordet operabögar tycktes särskilt laddat och obehagligt, förmodligen för att det verkade så okänt. Därför avslogs »Operabögar sökes« ofta som rubrik. I ett sammanhang ville man att jag skulle vända på meningen »Homosexuella män sökes till ett forskningsprojekt« som »Till ett forskningsprojekt sökes homosexuella män«, så att det förhatliga ordet inte stack först i ögonen.

På Operan fanns ett visst intresse för frågeställningen, men de lät mig bara lägga mina blad i biljettkontoret, inte på tredje raden där enligt min erfarenhet de flesta operabögar brukar sitta. Dessutom skulle jag ha ett

Foto: Ove Axelsson

vikt blad med en framsida där inget om homosexualitet fick förekomma – det hela skulle skötas diskret. Detta fick till följd att jag såg äldre damer intresserat rycka ett blad, för att sedan raskt lägga tillbaka det igen. För sent kom jag på ett kryphål: att göra bladen rosa med en triangel på framsidan...

I ett annat forum visades större vidsynthet inför annonsen och rubriken med Operabögar behölls. När resultatet dock fingranskades, upptäckte jag en viktig skillnad (jfr annonserna sid 14). Istället för »homo- och bisexuella män« stod nu enbart »homosexuella män«. Detta kan ha skett av misstag, men det bildar en intressant kommentar till dem som hävdar att vi alla föds bisexuella, men socialt »lärs« eller formas att bli homo- eller heterosexuella.[5] I så fall skulle alla operaintresserade män vara tänkbara, och det kan ha upplevts som hotfullt. Personligen ser jag ingen som 100% homo- eller heterosexuell, lika litet som en bisexuell skulle vara exakt 50% av varje. Dessutom är detta inte statiskt, utan man kan gå igenom olika faser i livet. I undersökningen deltog endast en man som såg sig som bisexuell, men han hade valt att leva helt homosexuellt då det kändes lugnare för honom. Til syvende og sidst gäller alltså vad man *själv* definierar sig som.

Gentemot mig personligen bemöttes projektet med positiv nyfikenhet även utanför de homosexuella lägren, framför allt från kvinnor, och de ifrågasättande har jag bara hört om ryktesvägen. Troligen beror det på att jag från början varit så öppen med min egen sexuella läggning. Två negativa brev har dock nått mig, båda faktiskt underskrivna med namn, även om de här publiceras anonymt. Det första som kom i samband med annonseringen lydde så här:

> Till Göran Gademan 7/9-97
> Jag och säkert många med mig vill be dig sluta med att utpeka Operan som ett samlingsställe for HS-män. Att Tjajkovskij var HS vet ju alla, men Wagner, Verdi Mozart, Beethoven m fl var hetero.
> Varför rota i mäns sexliv och samband med musikintresse, vilket bara ställer till irritation hos breda grupper. Så sluta med det.
> (mansnamn)

Min enda kommentar är att några »breda grupper« inte har hört av sig, och att detta brev sporrade mig ännu mer till projektet. Det andra brevet kom när projektet pågått i två år. Det var också skrivet av en man, men är för långt att citera här. Det gick ut på att homosexuella mäns operaintresse är alldeles för ytligt, de har inte tillräckliga kunskaper och den som inte har haft sex/en orgasm som resulterar i barn har inte den djupare förståelsen för vad verklig kärlek är. Min uppfattning – om än inte så kategorisk – var den motsatta. Bögarnas intresse är ofta starkare och de har hunnit odla sitt intresse och få kunskaper just *för* att de inte har barn och större familj som tar tid. Därför tyckte jag att det kunde bidra till intressanta jämförelser. Och att sex som inte resulterar i barn skulle ge en mindre insikter och upplevelser, finner jag så befängt att jag knappt vill bemöta det – de heterosexuella vet ju inte om när barnet blir till. I sammanhanget vill jag påpeka att även jag har haft sex med kvinnor. Dessutom är det väl få som fått kämpa så mycket för att hitta och acceptera vad verklig kärlek är för dem som de homosexuella.

En man (varför alltid män?) i P1:s Vetenskapsradio kritiserade på ett ironiskt sätt relevansen i att ge forskarpengar till detta projekt. Jag svarade lika ironiskt att all forskning inte kan hållas i positivistisk anda av typen att undersöka blomflugors parningsbeteende. Men att detta projekt har behövts, inte minst för att belysa homosexuella mäns levnadsvillkor, tycker jag mig redan ha bevisat. Min sista historia i det avseendet är den mest skrämmande. Den har berättats för mig av Lasse Walldov, en mångårig föreläsare hos en publikförening i Malmö, som för sjätte gången skulle intervjua Birgit Nilsson vid en av deras sammankomster. Kort dessförinnan hade en artikel om mitt forskningsprojekt publicerats i Sydsvenska Dagbladet. Såväl Birgit som frågeledaren tyckte det var dags att variera frågorna något, varför han kom in på opera och sex. Redan inför frågan om man kunde se Isoldes kärleksdöd som en orgasm började det anas oro i lägret. När han sedan frågade Birgit om varför hon kom på första plats bland favoritsångare i min undersökning, ställde sig flera upp och en man avbröt skrikande utfrågandet. Flera lämnade lokalen och sejouren avbröts, dock efter att Birgit ställt sig upp vid avtackningen och kysst Walldov på bägge kinderna. Senare meddelades att Lasse Walldov aldrig mer skulle ha med föreningen att göra, och att styrelsen offentligt skulle be Birgit om ursäkt för denna blamage. La Nilsson själv verkade närmast chockad över publikens beteende: »Jag är väl inte tappad bakom en vagn, jag har väl alltid förstått vad det handlat om«, var hennes sedvanligt rappa kommentar efteråt. Hon har flera homosexuella vänner, däribland frågeledaren, och är det några som ska be om ursäkt så är det enligt min mening deltagarna i publiken.[6]

Gemensamt för dessa historier är att det är män som känt sig utpekade som homosexuella, för att de tycker om opera. Det har aldrig varit min avsikt, men beteendet är intressant att studera: man känner sig träffad på ett synnerligen laddat område och överreagerar. Jag har aldrig velat komma fram till någon statistik om hur många i publiken som är homosexuella, eftersom en sådan undersökning aldrig skulle kunna göras på ett rättvisande sätt. Mitt intresse har snarast varit att se vad i operan som drar till sig homosexuella män, och omvänt vad i dessa män som söker sig till opera.

Må detta bli en varningsklocka till dem som hävdar att allt är så fritt och öppet nu, att man utan problem kan leva som homosexuell i Sverige. Trots partnerskapslag och adoptionsbeslut är det ännu en lång väg att gå. Den säkerhet man vaggas in i, visar sig vara bräcklig när man skrapar litet på ytan.

## Anmälningar – vilka blev det? Enkäten

Av det 40-tal som anmälde sig, blev det av praktiska skäl 32 stycken i den första tvådelade gruppsamtalsvändan hösten 1997. De som inte kunde medverka bodde för långt utanför Stockholmsområdet – trots att annonseringen hade riktats till stockholmare, nådde den alltså utanför huvudstadens gränser. Efter att jag beviljats forskaranslag från HSFR (Humanistisk-Samhällsvetenskapliga Forskningsrådet) fr o m 1 januari 1999, gjordes ett »uppsamlings-heat« med sju stycken intresserade som kommit in senare i föreningen OperaBögarna.[7] Totalt blev det då 39 stycken, och den enkät som skickades ut före samtalen fylldes även i av mig själv. Detta för att se hur den fungerade på en »operabög«, men också därför att jag per definition var en i gruppen. I enkätresultatet räknades även mina svar in, och totalt blev det därmed 40 enkäter att bearbeta.

Redan utifrån enkätsvaren kan man bilda sig en bred uppfattning om vilka som anmält sig. Läsaren kan själv ta del av dessa på sid 21, där snitt- eller totalvärden anges. En fullständig sammanställning av enkätsvar på fråga 25–32 återfinns i bilaga 1, sid 247–252. I detta avsnitt följer några kommentarer till enkätsvaren. Åldersmässigt (fråga 1) är gruppen relativt jämnt spridd med deltagare mellan 19 och 68 år, med en snittålder på 40,5 år. Alla utom elva stycken är inflyttade till Stockholm, de flesta som synes tämligen direkt efter gymnasiet. De födelseorter som angivits har sträckt sig från Skåne till långt upp i Norrland, med enbart en på varje.

Framför allt har det rört sig om små eller medelstora städer, och Malmö resp Göteborg har bara en vardera. Fyra är födda utanför Sveriges gränser – två i Finland, en i Norge och en i Tyskland.

De mest representerade yrkesområdena är inom ekonomi och vården, med nio resp sju personer. Av de sju inom vården är fyra läkare och tre sjukvårdare. Sju är studerande inom allt från teknik till humaniora, tre arbetar inom resebranschen och två är jurister. Två är kyrkomusiker och är därmed de enda som jobbar professionellt med musik, medan det bara finns en inom den så »bög-utpekade« restaurangbranschen. Fö lyser frisörer, florister, sminkörer, designers och dansare med sin frånvaro. Övriga yrken representeras med en person vardera: bibliotekarie, konsult, ingenjör, producent, arkivarie, pressansvarig, arbetsmarknadstjänsteman, arkitekt, lärare och rektor. Av fråga 5 framgår att det är en tämligen välutbildad skara; flertalet har skaffat sig en yrkesutbildning på högskola eller universitet, medan fem stycken gått ännu längre och börjat doktorera. Om detta med utbildning är en klassfråga och deltagarnas sociala status över huvud taget kommer jag att beröra senare.

Av fråga 8 framgår att alla utom två har kommit ut, och det väcker genast frågan om vilka som svarar på min annons. Ställer man upp på den här typen av samtal om man själv inte vågar vara öppen med sin läggning? Urvalet riskerar därför att bli snedfördelat, men undersökningen kan av forskningsetiska skäl inte göras annorlunda eftersom den måste bygga på frivillighet. Resultatet kan också peka på ett storstadsfenomen – projektet genomförs i Stockholm, och i en större stad anses man kunna vara öppen med sin läggning. Fråga 8 är också mycket viktig att koppla till fråga 6 och 7. Ser man enbart till snittvärdena tycks den vanliga ordningen vara att man först inser sin sexuella läggning, strax därpå väcks ens operaintresse och betydligt senare (efter i snitt sex-sju år) tar man klivet ur garderoben.[8] Denna ordningsföljd är också den dominerande om man skärskådar enkät för enkät, med 16 sådana. Tretton väcktes först i sitt intresse och insåg läggningen sedan, medan det hände i princip samtidigt för fem – först därefter kom alla dessa 18 ut. Endast sex män hade klarat av såväl insikt som komma ut-process innan deras operaintresse väcktes. Detta berör omedelbart en av mina huvudfrågeställningar: fyller opera någon funktion under den period när man sitter i garderoben och varför dras man vanligen till opera just under den känsliga process när man håller på att upptäcka och bejaka sin läggning?

Vi får också veta (fråga 9) att ungefär hälften lever i ett förhållande, med en liten övervikt för dem som inte gör det, 22 stycken. Av dessa 22 påpekar fem att de tidigare levt i ganska långa förhållanden. Av de 18 som gör det nu har elva en partner som delar ens operaintresse, och eftersom fyra par deltog i undersökningen blir det åtta stycken.[9] Det längsta förhållandet har varat i nästan 30 år och är ett av de deltagande paren. Det kortaste hade dittills varat ett knappt år. Av fråga 11 framgår att det finns en viss övervikt för att utöva sitt intresse tillsammans med andra bögvänner, men att det ingalunda är helt dominerande.

Kulturvanorna i fråga 12–19 visar att man förutom opera föredrar klassiska konserter framför talteater, och att intresset för balett är nästan lika skralt som för popkonserter och shower. Balett har också utpekats att dra till sig bögar, men det tycks med få undantag vara en helt annan publik. Musiken får alltså ett litet försteg framför det teatrala, och frågan om hur många skivor man äger ger höga värden (fråga 20, 273 inspelningar av 154 operor). Snittvärdet förrycktes dock av en storsamlare, som hade 4800 inspelningar av 1750 operor... Räknade man bort honom blev snittet 154 inspelningar av 102 operor. Dominansen för det musikaliska kan sägas fortsätta i fråga 23, med betydligt lägre värden för opera på video. Å andra sidan ägs det inte så många klaverutdrag i förhållande till böcker (fråga 24).

För att få ett större material med tydligare utslag, så bad jag på fråga 25–27 och 29–30 deltagarna att lista *fyra* kompositörer, operor, roller, sångare och sångerskor som de tycker särskilt mycket om. Många tycktes ändå ha svårt att välja ut bara fyra, något de ibland påpekade. Två stycken lade till ett tredubbelt antal sångerskor i marginalen. Utifrån de kompositörer och verk som angavs, kan man tydligt skönja två sjok – den tyngre, tyska repertoaren med Wagner och R Strauss samt bel canto-operor, dvs italiensk 1800-talsopera av Rossini, Bellini, Donizetti och den tidigare Verdi. Detta kan också spåras i valet av sångare. Att bel canto-operan inte syns så tydligt i det genomsnittliga resultatet beror på att de ligger utspridda på fler kompositörer och verk. I kompositörsfrågan kommer Mozart närmast efter Puccini med 15 omnämnanden, Bellini (11) samt Donizetti och Rossini (båda 5). Övriga kompositörer har fått 1–3 omnämnanden, se bilaga 1. Vad gäller operaverken är de betydligt fler, varför resultatet blir mer utspätt. Wagners *Ringen*, som »vann« tillsammans med *Elektra* med tolv omnämnanden, har fått åtta omnämnanden som helhet,

 *(forts på sid 26)*

Enkät till undersökningen »Homosexualitet och opera« 97-09-08
Homosexuella män **fetstil** = antal, ***kursiv fetstil*** = snittvärde
(Totalt antal svar: 40 st)

Namn:

1. Född år 2. Födelseort
***1957***

3. Bott i Sthlmsområdet sedan:
**11 st födda här, *övriga sedan i snitt 21,3 års ålder***

4. Yrke/sysselsättning:

5. Högst uppnådda utbildning:
**0** grundskola **9** gymnasium **1** folkhögskola **25** universitet/högskola
**5** forskarutbildning

6. När ungefär började Ditt intresse för opera?
***Snittålder 18,2 år***

7. När insåg Du att Du var homosexuell?
***Snittålder 17,3 år***

8. Har Du »kommit ut«? (dvs lever öppet som homosexuell bland vänner, familj och kanske vissa arbetskamrater) I så fall, sedan hur länge?
**Ja – 38 st, *snittålder 25,7 år***

9. Lever Du i ett förhållande? I så fall, sedan hur länge?
**Ja – 18 st, *snitt sedan 12,1 år***
**Nej – 22 st**

→

10. I så fall, hur starkt är Din partners operaintresse? Utövar ni det tillsammans?

**Starkt – 11 st** **Svagt – 7 st**

11. a) Utövar Du operaintresset tillsammans med vänner? b) Hur många ungefär? c) Hur många av dem är också homosexuella män?

a) **Ja – 38 st** **Nej – 2 st**

b) ***snitt 5,6 st***

c) ***snitt 3,0 st***

12. Hur ofta går Du på opera i genomsnitt?

**1** 1 ggn/vecka el mer **11** 2 ggr/månad **15** 1 ggn/månad **10** 4 ggr/år
**3** 2 ggr/år **0** 1 ggn/år **0** mindre än 1 ggn/år

13. Hur ofta går Du på talteater?

**0** 1 ggn/vecka el mer **2** 2 ggr/månad **5** 1 ggn/månad **17** 4 ggr/år
**3** 2 ggr/år **6** 1 ggn/år **7** mindre än 1 ggn/år

14. Hur ofta går Du på konsert med klassisk musik?

**0** 1 ggn/vecka el mer **6** 2 ggr/månad **10** 1 ggn/månad **11** 4 ggr/år
**5** 2 ggr/år **4** 1 ggn/år **4** mindre än 1 ggn/år

15. Hur ofta går Du på balett?

**0** 1 ggn/vecka el mer **0** 2 ggr/månad **3** 1 ggn/månad **3** 4 ggr/år
**5** 2 ggr/år **10** 1 ggn/år **19** mindre än 1 ggn/år

16. Hur ofta går Du på popkonsert/show etc?

**0** 1 ggn/vecka el mer **0** 2 ggr/månad **0** 1 ggn/månad **7** 4 ggr/år
**5** 2 ggr/år **4** 1 ggn/år **24** mindre än 1 ggn/år

17. Hur ofta hör Du opera på radio/ser på TV?

**10** 1 ggn/vecka el mer **6** 2 ggr/månad **7** 1 ggn/månad **10** 4 ggr/år
**4** 2 ggr/år **2** 1 ggn/år **0** mindre än 1 ggn/år (**1** ej svar)

18. Hur ofta går Du på opera/konsert etc utanför Sthlmsområdet i genomsnitt?
**10** mer än 4 ggr/år **9** 2 ggr/år **10** 1 ggn/år **2** varannat år **0** vart 4:e år **8** mindre än så

19. Hur ofta går Du på opera/konsert etc utomlands?
**5** mer än 4 ggr/år **11** 2 ggr/år **10** 1 ggn/år **8** varannat år **1** vart 4:e år **5** mindre än så

20. Så ska vi titta i skivskåpet hemma. Ungefär hur många inspelningar på CD/LP/kassettband av hur många kompletta operor har Du? (Man har ju ibland flera insp av samma opera)
Ung ***273,0*** inspelningar av ***153,9*** operor

21. Ung hur många CD-skivor har Du totalt (räkna alltså varje skiva) och hur många av dem är annan klassisk musik än opera?
totalt: ***822,0*** annan klassisk musik: ***379,7***

22. Hur många skivor köper Du i snitt om året?
***76,8***

23. Hur många operor på video har Du?
***17,3***

24. Hur många klaverutdrag och böcker om opera/klassisk musik har Du?
klaverutdrag: ***9,6*** böcker: ***31,5***

25. Att ange sin favoritopera brukar alltid vara svårt, men kan Du nämna fyra operor Du tycker särskilt mycket om:
1. **Elektra, Ringen (12 röster)**
2. **Tristan och Isolde (8 röster)**
3. **Così, Norma, Salome (6 röster)**
4. **Parsifal, Traviata (5 röster)**

→

26. Ange fyra favoritkompositörer:

1. **Wagner (27 röster)**
2. **Verdi (24 röster)**
3. **R Strauss (18 röster)**
4. **Puccini (17 röster)**

27. Ange fyra favoritroller:

1. **Isolde (9 röster)**
2. **Elektra (8 röster)**
3. **Violetta (7 röster)**
4. **Marskalkinnan/Norma/Salome (6 röster)**

28. Har Du något favoritröstfack? I så fall vilket?

**Sopran (23 röster)**

29. Nämn fyra favoritsångare:

1. **Jussi Björling (20 röster)**
2. **Plácido Domingo (13 röster)**
3. **Tito Gobbi, Bryn Terfel (6 röster)**
4. **Nicolai Gedda, Luciano Pavarotti, Gösta Winbergh (5 röster)**

30. Nämn fyra favoritsångerskor:

1. **Birgit Nilsson (26 röster)**
2. **Maria Callas (22 röster)**
3. **Montserrat Caballé, Edita Gruberova, Elisabeth Schwarzkopf, Joan Sutherland (7 röster)**

31. Nämn två favoritdirigenter:

1. **Georg Solti (12 röster)**
2. **Leif Segerstam (8 röster)**

32. Nämn två favoritregissörer:

**Götz Friedrich, Harry Kupfer, Ann-Margret Pettersson (6 röster)**

33. Nämn några operor eller typ av operor som Du ogillar eller inte gillar särskilt:

34. Utövar Du själv musik eller teater på fritiden? **Nej 18**
**9** solosång **11** kör **12** piano annat instrument: **5 orgel, 1 gitarr, 1 blockflöjt** **1** spelar i orkester **4** spelar teater **5** dans annat, nämligen: **1 drag show**

35. Har Du själv någon gång reflekterat över att många homosexuella män intresserar sig för opera? Har Du några egna teorier kring varför?

36. Hur kom du i kontakt med denna undersökning? **(flera svar har givits)**
**11** OperaVännerna **5** Blad på Operan **11** Annons RFSL **3** Annons MusikDramatik **10** Genom bekanta
Annat, nämligen: **1 pojkvän, 1 OperaBögarna (-99), 1 Göran direkt**

och en av dem skrev »*Ringen (Ragnarök)*«. En har däremot angivit enbart *Rhenguldet* och tre *Valkyrian*. Eftersom det rör delar av samma verk har jag valt att slå ihop dem.

Något annat som blir tydligt när man kommer in på roller, röstfack och sångare är att de kvinnliga sångarna och rollerna intresserar mest. Detta var något jag hade på känn, så som ett medvetet test lade jag frågan om favoritsångare (egentligen ett könsneutralt ord) före favoritsångerskor. Många började då fylla i »Maria Callas, Birgit Nilsson...« på fråga 29 tills de upptäckte att de borde skrivas på nästa fråga. Raskt har de strukit över och börjat om, eller mer bekvämt kastat om frågorna med en pil. Uppenbarligen tänker man på en kvinnlig dito när man hör ordet sångare. Flera valde att inte ens fylla i fyra manliga sångare, och ingen manlig roll har nått upp i någon topplacering. Mest har Rigoletto fått, som delar femteplatsen med Brünnhilde (5 st), medan Hans Sachs och Wotan i likhet med Butterfly har fyra. I röstfacksfrågan bekräftas detta ytterligare med sopranens förkrossande seger på 23 röster. Av dessa har sex stycken tillagt att det bör vara en dramatisk sådan och en har angett koloratursopran. Tio menar att de inte har något favoriröstfack, och för övrigt har det fördelat sig på tenor (6), mezzo (4), baryton (2) och basbaryton (2).

Birgit Nilsson och Maria Callas var framstående inom respektive falang för Wagner/Strauss eller bel canto, men att det är långt ifrån den enda förklaringen till deras topplaceringar kommer att avslöjas senare. Att Birgit, som en jordnära och högst levande person, slog ut den döda mystiska ikonen Callas kan knappast heller förklaras av att undersökningen är gjord i Sverige. Det är nämligen i hög grad utländska artister, kända från grammofon, som anges i enkäten. Några få påpekar dock att de inte kan bedöma artister som de inte sett live på scenen – nota bene både *sett* och hört. För en komplett operasångare borde både agerandet och sången räknas in, vilket många alltså inte gör. Men även att *höra* en sångare live ger, speciellt med dagens skivindustri, ett helt annat intryck än på CD.

Att det är sångarna som drar till sig det största intresset bland de utövande operakonstnärerna, stod klart vid fråga 31 och 32. För dirigenter och än mer regissörer fanns svagt intresse, och flera har också kommenterat att de ofta inte tänker på vem som dirigerar/regisserar, eller att de inte anser det viktigt. Många valde att inte nämna någon alls.[10]

För att få mer perspektiv frågade jag också vad för typ av operor man *inte* gillade, och det utföll tydligt på äldre och/eller nyare operor. 20

Foto: Siegfried Lauterwasser / Bayreuther Festspiele

*Birgit Nilsson som Isolde i Bayreuth 1966.*

stycken uttryckte ogillande mot modern musik i olika formuleringar som »skrivna efter kriget«, »minimalism«, »atonalitet« eller »tolvtonsmusik«. Sju stycken angav äldre verk som »före 1750«, »före Mozart« eller »barockoperor« och de uppfattades som långa och tråkiga, eller »rena sömnpillret«. (Notera att Gluck inte fått ett enda omnämnande bland favoritkompositörerna, medan den äldre men mer koloraturstinna Händel fått tre.) Den tredje falangen av sådant man ogillar är komiska stycken, och av den anledningen har Mozart och Rossini åkt på fem resp fyra påpekanden. »För smörigt« eller »för sliskigt« har gett Puccini fem ogillanden, medan Wagner pga sina styckens längd ådragit sig fem (gäller mest *Parsifal*). Grupper av operor som varken dragit till sig omnämnanden eller ogillanden är franska, nordiska och slaviska verk. Förutom den starka betoningen på bel canto-operor speglar enkätresultaten i viss mån den gängse repertoaren i Stockholm – Korngolds *Die tote Stadt* var aktuell, och denna kompositör nämndes positivt inte enbart för detta verk. Kanske kan man se honom som ett något lättsammare mellanting mellan Wagner och Strauss.

För utövandet av musik eller teater på fritiden bekräftar fråga 34 dominansen för det musikaliska, men också att det är en betydligt mer konsumerande än utövande skara. Knappt hälften utövar ingenting, men några av dem har gjort det. Även de som angivit något instrument antyder att det har ebbat ut. Att instrumentet piano nått den högsta placeringen kan förklaras av att det är det lämpligaste instrumentet för att studera operaverk. Som nämnts är två stycken utövande musiker.

Fråga 35 var den enda fråga som krävde litet utveckling, och jag var nyfiken på om några andra också hade funderat över kopplingen bögar och opera. Det hade det stora flertalet, och många gav långa utläggningar. Det var bara tre som inte hade tänkt tanken förut, men två av dem funderade ändå vidare. Två svarade att de hade funderat, men inte kommit fram till något och åtta svarade inte alls. De utläggningar som gjorts kan sorteras enligt olika trådar, och många har angivit flera av dessa trådar samtidigt. De mer pragmatiska förklaringarna, att bögar har mer tid och råd än andra eller är mer allmänt kulturintresserade än andra män, har nämnts av ett knappt tiotal. De andra kan sorteras enligt något som går inåt respektive utåt. Inåt skriver många om en känslighet och förmåga till inlevelse eller identifikation. Flera kretsar kring en kompensationsteori att man får ta del av känslor man annars inte tillåts känna – att man pga sitt utanförskap lättare kan leva sig in i de grymma kvinnoöden som uttrycks på scenen. Att man tvingats tänka igenom stora livsfrågor, och därför lättare kan ta till sig dessa frågor i verken. Känsligheten sägs av flera också ha att göra med att det är liveföreställningar, och inte något färdigserverat i TV-rutan. Det är en interaktion som pågår med dem på scenen, och känsligheten skapar en lyhördhet för finstämda uttryck i samklang med publikens reaktioner. Men behovet uttrycks också som en utåtriktad rörelse: att man vågar leva ut sina kvinnliga sidor och bryta mot de konventioner som finns (som att män inte går på Operan, man ska gå på fotboll), eftersom man som homosexuell redan har brutit mot konventioner. Man behöver en ventil för att leva *ut* sina känslor och även känna grupptillhörigheten i en gaykultur på Operan.

Inte minst svaren på sista frågan skapade en nyfikenhet att träffa mina intervjuobjekt, och en längtan att sätta tänderna i mina frågeställningar. Jag kom på mig själv med att mycket hellre studera enkäterna en och en för att fundera över vad det var för människa bakom, än att bunta ihop dem till något slags statistik. Och det stod tidigt klart att ett uttalande sade så mycket mer än en massa stapeldiagram. En formulering som kunde stämma in på flera blev mer talande, och det bekräftade också att gruppsamtal var den rätta vägen att gå i detta fall. För hur skulle en genomsnittlig svensk operabög se ut enligt enkätresultatet? En 40-årig man som är född på en mindre ort och flyttade till Stockholm vid 21 års ålder. Han är en universitetsutbildad ekonom som började intressera sig för opera i 18-årsåldern, året efter att han börjat ana sin homosexuella läggning. Efter det kom han ut vid nära 26 års ålder, han lever ensam men har inte alltid gjort det, då företrädesvis med en operaintresserad man. Han utövar sitt intresse med fem kompisar, varav tre är bögar, och går på Operan en till två gånger i månaden. En talpjäs ser han fyra gånger om året, en klassisk konsert i månaden men balett knappt någon gång om året. På popkonsert går han knappast, men tar gärna del av opera på radio eller TV. För att vidga sina vyer ser han opera i Göteborg, Vadstena eller Karlstad två gånger om året och minst en gång varje år kostar han på sig att se opera utomlands. Där kanske han kompletterar sin skivsamling som fn består av 273 kompletta operor, och helst hör han *Elektra* eller *Ringen* med Birgit Nilsson. Men han bryter gärna av med någon bel canto-opera av kanske Bellini eller Donizetti, och då ska det vara Maria Callas. Dirigenter och regissörer bryr han sig inte nämnvärt om, liksom heller inte barockoperor eller nyskrivet. Han har spelat piano, men gör det knappast längre, och han kom i kontakt med denna undersökning via operasvängen snarare än RFSL (fråga 36).

Finns en sådan man? Nej, knappast. Men vi anar drag av honom i alla de 39 operabögar som det nu är hög tid att möta. En efter en träder de fram, och därför har jag av forskningsetiska skäl gett dem andra namn och suddat ut vissa detaljer för att de inte ska kunna identifieras.

**Alf**, ingenjör, 38 år. Född i Stockholm och har arbetat långa perioder utomlands. Blev operabiten i gymnasiet.

**Anders**, 40 år, jobbar i resebranschen. Uppvuxen i Stockholm och började intressera sig för opera i 13-årsåldern.

**Bill**, 39 år, radioproducent. Några år efter gymnasiet flyttade han till Stockholm från en mycket liten norrländsk ort, officiellt för att gå på Operan, men egentligen för att kunna leva som bög.

**Bosse**, 35 år, uppvuxen i Stockholm och den enda som jobbar inom restaurangbranschen. Lever sedan sex år med Peter, som han delar operaintresset med.

**Carl-Magnus**, 39 år, jobbar med ekonomi. Flyttade till Stockholm efter gymnasiet, från en mindre ort norrifrån, där han blivit operaintresserad i puberteten. Hans sambo sedan sex år delar inte hans intresse.

**Charles**, 51 år, uppvuxen i Stockholm, jurist i ekonomisvängen. Operaintresserad sedan 19-årsåldern och hängiven köare vid Gustav Adolfs torg under 60- och 70-talen.

**Daniel**, 19 år, studerande från Stockholm. Har ännu inte kommit ut och heller inte knutit några homosexuella kontakter. Men han är övertygad om sin läggning, liksom sitt operaintresse.

**David**, 38 år, från en mindre ort i Mellansverige. Är doktorand och intresserad av opera sedan högstadiet.

**Emil**, 39 år, jobbar inom vården och kommer från Mellansverige. Lever sedan två år med en partner som är relativt ointresserad av opera.

**Erik**, 43 år, tandläkare, kom hit söderifrån i 28-årsåldern och hade några år tidigare fastnat för opera.

**Fleming**, 38 år, jobbar på resebyrå. Kommer söderifrån och blev fångad av opera under senare delen av tonåren.

**Fredrik**, 44 år, läkare. Kommer från ett mycket litet samhälle på Västkusten, där hans operaintresse väcktes redan i 7-årsåldern.

**Georg**, 54 år, även han inom resebranschen. Kommer från en liten ort västerut och har arbetat långa perioder till sjöss. Men han har upprätthållit sitt operaintresse sedan 16-årsåldern.

**Gustav**, 54 år, sysslar med arbetsmarknadsfrågor. Är född i Stockholm men är i olika perioder uppvuxen och utbildad utanför såväl Stockholm som Sverige. Hans operaintresse accentuerades i 35-årsåldern.

**Hans**, 47 år, jurist från Stockholm. Lever sedan åtta år med en måttligt operaintresserad partner. Själv fick han sitt intresse runt 27 års ålder.

**Harald**, 31 år, arkivarie, född i Stockholm men uppvuxen på Västkusten. Han återkom hit i 20-årsåldern, då också hans operaintresse började väckas.

**Ingmar**, 32 år, ekonomichef från Mellansverige. Hans operaintresse började genom att han träffade sin partner för fem år sedan.

**Ivar**, 52 år, arbetar med pressfrågor. Född i Stockholm, där han upprätthållit operaintresset sedan övre tonåren.

**Johan**, 31 år, ekonom, född i Stockholm men uppvuxen i Mellansverige. Lever sedan åtta år med en någorlunda operaintresserad man.

**Jörgen**, 60 år, ekonom från Stockholm. Hans operaintresse började redan i 13-årsåldern, varför en del av hans tidigare upplevelser väckt avundsjuka bland operabögarna.

**Karl**, 53 år, läkare från södra Sverige. Lever sedan åtta år med Fredrik, som han intensivt delar sitt opera- och musikintresse med.

**Kenneth**, 45 år, arkitekt från Västsverige. Han började leva ut såväl sitt operaintresse som sin homosexualitet i samband med flytten till Stockholm vid 18 års ålder.

**Lars-Erik**, 27 år, studerande inom humaniora och uppvuxen i Norrland. Hans operaintresse vaknade i 16-årsåldern då han nåddes av en Riksteaterturné. Han flyttade fyra år senare till Stockholm.

**Lasse**, 31 år, studerande som växt upp i ett litet samhälle i närheten av Stockholm och vars operaintresse har väckts tillsammans med Tomas, som han träffade för 1½ år sedan.

**Magnus**, 53 år, bibliotekarie från södra Sverige och häftigt opera- och teaterintresserad sedan 14-årsåldern. Upptäckte och började leva ut sin homosexualitet först en bit över 30-årsåldern.

**Mikael**, 57 år, lärare från Mellansverige, där hans operaintresse väcktes i 18-årsåldern, några år innan han flyttade till Stockholm.

**Niklas**, 20-årig läkarstuderande från Stockholm. Hans intensiva operaintresse väcktes för fem år sedan, och han har kommit ut sedan två år.

**Nils**, 25 år, studerar humaniora och arbetar inom vården. Uppvuxen i närheten av Stockholm och har som många andra ett gryende operaintresse redan som barn, vilket accentuerades i 18-årsåldern.

**Olle**, 41-årig controller från Finland med ett tioårigt operaintresse och en operaointresserad partner sedan 17 år.

**Per**, 25 år, studerande från Stockholm men delvis uppvuxen utomlands. Hans intensiva operaintresse väcktes i 20-årsåldern genom en av hans första partners.

**Per-Olov**, 45 år, läkare, född i Västsverige och flyttade till Stockholm i 25-årsåldern, där han träffade sin måttligt operaintresserade partner för 15 år sedan.

**Peter**, 37-årig ekonom, uppvuxen på en relativt liten ort i Mellansverige. Den stora upptäckarglädjen för opera väcktes tillsammans med Bosse för sex år sedan.

**Robert**, 57 år, försäljningschef som är född i Tyskland. Hans operaintresse hade förmodligen inte existerat om han inte träffat Sven, hans sambo sedan 30 år.

**Rolf**, 25 år, sjukskötare från Norrland. Hans operaintresse väcktes för sju år sedan genom den klassiska musiken och att han även fungerat som organist.

**Sven**, 68 år, pensionerad rektor från Stockholm. Ett tidigt operaintresse sedan nioårsåldern svepte med hans partner Robert – ett intresse de även delar utomlands hälften av året.

**Tomas**, 39-årig kyrkomusiker från en liten ort i södra Sverige. Hans intresse för just opera är ganska färskt, och delas av hans partner Lasse.

**Ulf**, 34-årig företagskonsult från Finland. Han har studerat och vistats utomlands längre perioder och har ett operaintresse sedan barnsben.

**Ville**, 46 år, bankman från Stockholm. Operaintresset och insikten om den egna sexuella läggningen väcktes i 20-årsåldern.

**Örjan**, 35 år, kyrkomusiker från norra Sverige. Har ett brinnande operaintresse sedan 15-årsåldern, och tio år senare flyttade han till Stockholm.

Denna deltagarförteckning kan läsaren återvända till för att kontrollera vem som är vem. De olika levnadsberättelserna kommer nämligen att löpa parallellt med varandra. På sid 275 finns ett deltagarindex, där man kan se på vilka sidor resp deltagare förekommer.

## Metod och syfte. Teoretiska inspirationskällor

Då jag märkte vilket stort allmänintresse det fanns för mina frågeställningar, bestämde jag mig för att skriva på ett sätt som var tillgängligt för de flesta. Grovt räknat kan man tänka sig fyra grupper intresserade av denna bok: 1) operaintresserade, 2) homosexuella eller andra som är intresserade av sådana frågor (många kan tillhöra båda dessa grupper), 3) akademiker och forskare inom humaniora, 4) en nyfiken allmänhet. En femte grupp kanske består av motsträviga skeptiker, som i bästa fall lånar boken på biblioteket – jag hoppas nämligen att man sätter sig in i vad jag skrivit, innan man uttrycker en åsikt i frågan. Med andra ord har jag inte förutsatt att man kan rabbla handlingen till Donizettis *Maria di Rohan* eller är uppdaterad på de senaste rönen inom queerteori för att kunna ta till sig denna bok. De som inte vill ta del av de metodiska genomgångarna och den tidigare forskningen, kan göra ett hopp efter samtalens uppläggning och gå direkt till operabögarnas berättelser i kapitel 1. Ofta kan det också vara lättare att ta till sig det metodiska i efterhand. En del av de mer teoretiska utvikningarna med hänvisningar till annan litteratur är också förlagda till notapparaten, och den som önskar kan i nödfall hoppa över dem. Förklaringar av vissa vetenskapliga begrepp har jag samlat i en ordlista i slutet av boken.

### SAMTALENS STRUKTUR

*Vorabend*

Intervjuperioden inleddes med en sammankomst under lättsamma former, där samtliga deltagare fick träffa varandra. Vi drack ett glas vin med tilltugg, spelade operamusik och organiserade tider för gruppsamtalen. Jag berättade vidare om projektet och meddelade resultatet av enkäten, som deltagarna skickat tillbaka i förväg. Resultatet mottogs med stor nyfikenhet, inte minst sångarfrågorna.

Varje deltagare kom sedan till två olika gruppsamtal med fem personer i varje. Samtalen hade i sin tur två frågekomplex vardera:

*Samtal 1 – Erster Abend*

*Akt 1.* Hur och när deras ***operaintresse*** började, och vad det var i operagenren som fascinerade. Ett starkt operaminne/operaupplevelse.

Paus

*Akt 2.* När och på vilket sätt de upptäckte sin ***homosexualitet***, hur det kändes, om de har kommit ut, hur och när det gick till.

Slutligen gjordes en tidsmässig koppling – vilket kom först? – innan vi kom in på vilken roll operaintresset kan ha spelat för den andra frågeställningen.

Detta samtal genomfördes enligt en rundabords-variant, där var och en i lugn och ro fick tala sammanhängande om sig själv medan de andra lyssnade. När det blev näste mans tur kunde han ibland säga något i stil med »för mig var det ungefär som Erik, men...« eller »för mig var det inte alls som för Per och Niklas, utan...«. Först i slutet av varje frågesjok släpptes frågan fri för en kortare allmän diskussion.

*Samtal 2 – Zweiter Abend*[11]

*Akt 1.* Den ***sociala sidan*** av operaintresset, hur utövar de det tillsammans med andra (vänner eller partners) på föreställningar, genom att lyssna på skivor, på resor etc? Har de knutit kontakter, vänskapliga eller sexuella, på Operan? Hur kan denna gemenskap berika operaintresset i sig? Kan man tala om en subkultur, dvs en grupp som identifierar sig med varandra genom intresse och sexuell läggning och som utestänger andra? Är operaintresset en livsstil?

Denna första del var utformad som en diskussion, där ordet var fritt och min roll snarast var debattledarens.

Paus

*Akt 2.* Varje deltagare spelade ett avsnitt (5–10 min) ur en ***favoritinspelning*** för de andra. Innan annonserade de vilken och beskrev handlingen om det behövdes. Först efteråt fick man berätta varför just denna betydde så mycket för en. Jag ställde några följdfrågor. Rundabords-variant igen, men efter varje deltagares motivering släpptes ordet fritt några minuter så att även de andra fick reagera på inspelningen. De olika iakttagelserna och synpunkterna jämfördes med varandra.

Alla samtal spelades in på band och nedtecknades ord för ord av mig. Eftersom varje uttalande var viktigt, fick varje formulering vägas på guldvåg – därav denna tidskrävande, om än inte tidsödande, variant. Varje samtal tog c:a två timmar och utskrifterna blev 826 sidor.

Min avsikt från början var också, för att ha något att relatera till och grundligare kunna besvara mina frågeställningar, att jämföra de homosexuella männens operaintresse med heterosexuella och lesbiska grupper. Jag efterlyste därför deltagare via samma kanaler, men fick betydligt färre svar. Elva heterosexuella kvinnor, sju heterosexuella män och sju lesbiska kvinnor anmälde sig och jag genomförde enkäter och samtal även med dessa. Men när materialet skulle bearbetas, visade det sig ogörligt att jämföra det med de homosexuella männen eftersom kontrollgrupperna var så små. Varje enskilt uttalande och enkätsvar vägde så mycket tyngre och skapade enorma slagsidor: om t ex en av de heterosexuella männen var hängiven Debussy-beundrare, skapade det en genomslagskraft för Debussy som inte hade funnits hos de homosexuella männen om en av dem hade haft samma fäbless. Jag valde därför att avstå ifrån det materialet, och relaterar inte till det i texten annat än någon enstaka gång när resultatet var helt entydigt i någon av de andra grupperna. Visst hade det varit intressant att kunna jämföra, men denna studie var ju faktiskt avsedd att handla om homosexuella män och opera sedd ur ett heterosexuellt perspektiv har ju i princip alla andra böcker handlat om hittills.

### METODIK FÖR SAMTALENS GENOMFÖRANDE

Teatervetenskap som ämne har länge haft ett eget sociologiskt fält för att undersöka hur föreställningar möter en publik, antingen det har gällt historiska föreställningar eller samtida. Perceptionsforskningen har sett litet olika ut beroende på tiden eller forskaren, men under de senaste decennierna har en föreställning ansetts meningslös att studera utan dess relation till en mottagare eller publik. En viktig inspirationskälla för mig har varit s k teatersamtal, en förfinad metod att komma åt vad »vanliga« människor upplever på teatern. Modellen uppstod på Teatervetenskapliga institutionen under 80-talet och används i Willmar Sauters *Teaterögon* (om talteater och musikal) och *Braaavo*! (om opera och balett).[12] Det viktiga där är att personer samtalar med *varandra* om sina upplevelser, och genom diskussionerna hjälps åt för att var och en ska komma vidare i sina egna tankegångar. Enligt den renodlade metoden diskuterar man en föreställning direkt efter att man sett den, i grupper om sju stycken. Gruppledarens (forskarens) roll är att se till att informanterna håller sig till ämnet och att alla får prata ungefär lika mycket, f ö väljer de själva vad de vill prata om utifrån den givna föreställningen. Det poängteras också att deltagarna ska känna varandra innan. Denna metod går dock inte att obearbetad använda på all typ av forskning. Karin Helander har i sin bok *Från sagospel till barntragedi* samtalat med dagisbarn en och en, medan större barn oftare fått samtala i grupp. Hon har också låtit alla rita, skriva och spela upp vad de har upplevt och tagit fasta på.[13]

Även jag måste givetvis modifiera denna metod, eftersom gruppen här inte diskuterar *en* föreställning, utan på ett mer existentiellt plan samtalar om vad många föreställningar och andra typer av upplevelser (t ex på CD-skiva) betytt för dem under en lång period. Min roll som gruppledare har därför varit mer aktiv, men eftersom jag definierar mig som operabög själv har jag heller inte velat inta någon överordnad »expertroll«. Metoden har därför stora likheter med deltagande observation, och jag har aldrig tvekat inför att öppna mig själv och beskriva mina positiva eller negativa erfarenheter i livet av homosexualitet och opera. Uppläggningen har gjort att informanterna säkerligen har öppnat sig mer när alla modigt och öppenhjärtigt har berättat om sig själva, än om jag intervjuat en och en. Deltagarna har sporrats till jämförelser, diskussioner och små analyser, och en viktig förutsättning har givetvis varit att alla deltagit konfidentiellt. Alla har fått garantera att inte föra vidare vad som har sagts i samtalen, kopplat till en namngiven person.

Men perspektivet som en i gruppen är inte utan svårigheter. »Ingen som helhjärtat delar en given sensibilitet kan analysera den; han kan endast, oavsett sin ambition, ställa ut den. Att benämna en sensibilitet, dra dess konturer och berätta dess historia, fordrar en djup sympati modifierad med en häftig motreaktion«, skrev Susan Sontag redan 1961.[14] Citatet brukas av Mitchell Morris i essän »Reading as an Opera Queen«, och används där närmast som en ursäkt för att han inte är en så hängiven operabög som dem vars tidningsinsändare han studerat. Men han tillägger att han knappast kan uppfylla Sontags spännvidd, utan bara ser ett visst värde i sin egen ambivalens till fenomenet. Och den forskare som Sontag efterlyser tror jag knappast går att uppbringa för detta ämne; han skulle i så fall uppvisa klara tecken på schizofreni. Men hon har en viktig poäng, och för mig har det varit en väckarklocka när jag skrivit ut och bearbetat mitt material. I efterhand har jag kunnat distansera mig från ämnet och se t o m mig själv utifrån i de nedskrivna samtalen, så en viss personlighetsklyvning har det varit frågan om. Och visst har jag kunnat reagera mot vissa företeelser efteråt, men aldrig medan samtalen pågått. Då har mitt mål varit att informanterna ska känna sig trygga i att ge en så rättvis bild av sig själva som möjligt. Allting har tagits på allvar, inget har ansetts oväsentligt och jag har strävat efter att aldrig inta en fördömande attityd, utom när deltagarna gjort så själva i förhållande till andra i sin omgivning (oförstående anhöriga etc).

Ett annat problem rör att det är fråga om deltagarnas minne, eftersom de upplevelser de berättar om ligger mer eller mindre långt tillbaka i tiden. Här har dock min inriktning visat sig ligga rätt i tiden, eftersom minnesarbete är en metod som lanserats och använts av såväl feminismen som queerforskningen (mer om detta nedan). Ämnet har visat sig mångfacetterat och allt annat än entydigt. Spännvidden är stor och många skillnader har uppdagats. Många deltagare har trots sin nyfikenhet på ämnet ställt sig ovilliga till att koppla ihop sitt operaintresse med sin sexuella läggning, och då har jag låtit dem vara det. Ibland kan de då säga: »Jag förstår att det här motverkar din forskning, men...«. Mitt svar har då varit: »Nej det gör det inte alls, det ska du inte alls tänka på, du ska säga precis som det är«.

En föreställning upplevs naturligtvis på en mängd olika sätt. Påfallande ofta i projektet när stora upplevelser ska omtalas, landar berättelserna i beskrivningar av olika artistprestationer, hur en sångare har gestaltat en viss roll. Roland Barthes påvisar att inom teaterkonsten (dit naturligtvis även opera räknas) *presenterar* olika kroppar någonting, snarare än *representerar*. Därför blir, som Tiina Rosenberg påpekar, själva teaterhändelsen och inte berättelsen i sig, det viktiga.[15] Sångarnas kroppar, varifrån både gestiken och sången emanerar, blir författarens/kompositörens berättarröster. Det förklarar flera problemställningar som sysselsatt mig i projektet: varför sångarna och deras prestationer hela tiden setts som så viktiga, varför gränsen mellan rollen och artisten ofta är så flytande samt i förlängningen varför informanterna egentligen inte brytt sig om vilket kön den roll/artist har som de intresserat sig för. Först i efterhand har de konstaterat att det mestadels har rört sig om de kvinnliga rollerna och sångarna. På teatern eller Operan kan man i publiken se utan att ses, och höra utan att höras. Men det är inte bara dessa två sinnen som aktiveras, utan hela kroppen – det gäller inte minst opera där musiken ofta har en fysiskt drabbande kraft. Detta omtalas av många i projektet, och dessa frågeställningar har på senare år sysselsatt flera forskare, bl a Sam Abel.

### GAY STUDIES, NEW MUSICOLOGY OCH QUEERTEORI

För bearbetningen av mitt material har metoder inom gay & lesbian studies samt queerteori varit viktiga, och även de personligt färgade analyser som gjorts inom new musicology har varit inspirerande. Gay studies[16] och queerteori är inte så lika varandra som man först kan tro. Det förstnämnda växte fram i USA efter Stonewall-upproret 1969, då de homosexuella satte strålkastarljuset på sig själva. Man definierade sig som grupp och hävdade sina rättigheter i förhållande till de heterosexuella. Den något äldre feministiska disciplinen hävdade att historien hittills hade varit männens historia skriven av män, och samma synsätt kunde nu appliceras på de homosexuella. De heterosexuella hade skrivit sin historia, och de som ändå inte var det, hade »spelat med« i den allmänna likriktningen.

Ur det feministiska forskningsparadigmet, som redan på 70-talet hävdade att det personliga är det politiska, sprang också new musicology. Flera forskare menade att tidigare vedertagna dualismer som objektivitet–subjektivitet eller offentligt–privat, egentligen utgjorde falska motsatsförhållanden. För musikens vidkommande kunde det innebära att man inte enbart behövde syssla med tekniska analyser typ subdominantackordets användning i den wienklassiska symfonin, utan personligt färgade analyser av hur man *upplever* musiken.

Om gay studies fokuserar på den grupp som definieras eller definierar sig själv som homosexuell, ville queerteori från slutet av 80-talet bryta upp dessa konstruktioner och istället fokusera på vad som anses »normalt«. Och vad, i förhållande till det normala, är då queer? Ideologiskt uppstod det ur den yngre generationens homosexuella som ville använda detta tidigare skällsord för homosexuell (= knäpp, skruvad, konstig) som samlingsbegrepp för alla sexuellt avvikande, men också på ett mer aggressivt sätt betona särarten. Då den tidigare generationen hade flyttat fram sina positioner genom att betona att vi är inte så farliga, vi är nästan som heterosexuella, ville den senare skaka om genom att försöka sätta fingret på vad som *inte* är queer. I postmodernistisk anda ville man dekonstruera (plocka sönder) och visa att motsatsbildningar som heterosexuell – homosexuell egentligen bara skapas genom sociala konstruktioner. Att t o m könet är en social konstruktion hävdade redan konstruktivisterna, i motsats till essentialisterna som fokuserat det biologiska könet som allom givet.[17] Ur detta föddes begreppet heteronormativitet, dvs hur man i samhället vrider till och »normaliserar« sådant som inte självklart behöver ses som tvåkönade parbildningar från början.

Queer är ett begrepp som aldrig låter sig definieras; det är ständigt undflyende och en av förgrundsgestalterna, Judith Butler, hävdar rent av att termen upphör då dess innebörd fixeras.[18] Allt eller inget kan vara queer: i sin strängaste tolkning kan man säga att alla som har sex för njutning och inte för att skaffa barn är queer. Men de som bara har det för att skaffa barn, är väl med dagens synsätt högst avvikande?[19] Det viktiga är att skaka om, att ifrågasätta och påvisa att allt inte är så självklart som det kan tyckas.

För new musicologys del blev Catherine Cléments *Opera, or the Undoing of Women* (1988) ett banbrytande verk, med feministiskt och psykoanalytiskt färgade analyser av ett antal kvinnoroller i operans värld.[20] Susan McClary var en av de första som tog upp tråden med *Feminine Endings: Music, Gender and Sexuality* (1991), och opera kopplat till homosexualitet sprang därmed ursprungligen ur det feministiska och lesbiska forskningsparadigmet. Terry Castle fortsatte med den lesbiska fascinationen inför byxrollerna och dess uttolkare med *The Apparitional Lesbian* (1993); den linjen vidareutvecklades av Tiina Rosenberg i *Byxbegär* (2000).

Det är mitt i denna akademiska mylla vi kan placera min första inspirationskälla, Koestenbaums *The Queen's Throat* (1993). Han kombinerar på ett högst personligt sätt såväl new musicology, gay studies som queerteori. Bokens titel tarvar en förklaring: ordet »queen« har inom gaykretsar betydelsen en starkt effeminerad man, men det kan också betyda en hängiven entusiast. För svenskar är begreppet »drag queen« mest känt, men det finns även t ex »disco queen«, »leather queen« och följaktligen »opera queen«, det sistnämnda en term som Koestenbaum genomgående använder. Det betyder alltså en starkt operaintresserad homosexuell man, men personligen är jag inte så förtjust i termen. Jag har därför använt mig av ordet »operabög« för att använda den maskulina formen, och därigenom betona att det inte behöver röra sig om en effeminerad man.[21]

Antologin *Queering the Pitch. The New Gay and Lesbian Musicology* året därpå presenterade ett antal olika forskarbidrag med en kombination av de nämnda inriktningarna som paraply.[22] Rent befriande blev det för mig att läsa Sam Abels *Opera in the Flesh: Sexuality in Operatic Performance*, som kom ut 1996. Hans syfte är att undersöka varför opera för honom känns så mycket mer fysiskt och förkroppsligat än någon annan konstform, kort sagt varför opera känns så mycket som sex. Själv homosexuell har han reagerat på Koestenbaums bild av en operabög som sitter bleksiktig »i garderoben« och lyssnar på Callas dagarna i ända, och på den destruktiva tonen med bismak av undergång och död. Abel betonar starkt att opera inte behöver vara något substitut för sex eller olyckligt känsloliv: »Min passion för opera är lika stark när jag lever i ett stabilt förhållande som det är när mitt sexliv är flyktigare och mindre fullbordande, och min njutning av opera bara ökar genom att dela den med min älskare«.[23] Även om Abel inte heller utgår från ett levande empiriskt material, så kändes spontant hans slutsatser ligga närmare både mig själv och deltagarnas utsagor i undersökningen. Det är lätt att tro att detta är en generationsfråga, men Koestenbaum är född så sent som 1958, varför hans bok ofta setts som en nostalgisk tillbakablick och ett försvar av »garderoben«.

Det Koestenbaum ger uttryck för är till stora delar vad som brukar kallas garderobskultur. De som befinner sig inne i denna har medvetet eller omedvetet sökt sig till varandra genom umgängesmönster och koder, där de får utlopp för sådant som tryckts undan men utan att ge sig och sin sexuella läggning tillkänna för allmänheten. I takt med att homosexualitet har kommit fram i rampljuset börjar denna garderobskultur att bli ett minne blott, men flera av mina äldre informanter har kunnat ge inblickar. I antologin *Sympatiens hemliga makt. Stockholms homosexuella 1860–1960* skildras också hur det var att leva som homosexuell under olika skeden på båda sidor om avkriminaliseringen 1944, och den mycket omfattande forskning som gjorts bygger bl a på intervjuer med äldre homosexuella.[24] Den vidare ramen kring hur opera har spelat en viktig roll i det sociala mönstret kring hur man umgås och söker sexuella kontakter har kunnat sökas framför allt i Göran Söderströms avsnitt »Homosexuella i vardagslivet«, där man får inblickar i den homosexuella subkulturen och får lära sig skillnaden mellan parkfjollor och kandelaberbögar. Arne Nilsson analyserar i *Såna & riktiga karlar* förhållandena och förändringarna för de manliga homosexuella i Göteborg kring andra världskriget.[25]

Ett brett historiskt anlagt perspektiv ger Eve Kosofsky Sedgwick på garderobens fenomen i *Epistomology of the Closet* från 1990. Hennes hermeneutiska tillvägagångssätt hörde till de första inom gay and lesbian studies som började florera i USA under 90-talet. Hetero- och homosexualitet myntades som begrepp under slutet av 1800-talet, och Kosofsky Sedgwick visar hur den dubbla identiteten (t ex heterosexuell kvinna, homosexuell man) kom att prägla den tidens tänkande och hur man såg sig själv och andra genom analyser av Henry James, Nietzsches, Proust och Wildes verk. Observera att utan begreppet homosexualitet existerar inte heller heterosexualitet! Det måste alltid finnas en motbild.

Även om queer nu blivit ett begrepp som snudd på vulgariserats och urvattnats i media och bland allmänhet, använder sig ytterst litet forskning renodlat av queerteori. Fortfarande utgår de flesta ifrån gay studies, dvs man definierar en grupp homosexuella (som ofta har definierat sig själva), men kombinerar det med passande bitar från queerteori. Min studie är inget undantag därvidlag. Jag har definierat en tydligt avgränsad grupp homosexuella som får ge sin självbild, dvs enligt gay studies och tvärsemot queerteori. Men här finns ytterligare en avvikelse från det »normala« och gängse – operaintresset. Är det queer? Och är det *inte* queer om man som måttligt intresserad går på Operan någon gång om året, för att bilda sig och för att det är litet fint? Mest nytta har jag dock haft av queerteorins strävan efter att definiera »det normala«, begreppet heteronormativitet. Framför allt har det behövts för att tolka berättelserna om hur man upptäckte sin homosexualitet, kom ut och lever sitt liv i allmänhet. Även vi homosexuella är så fostrade in i de sociala konstruktionerna att det heteronormativa tänkandet har spelat oss ett spratt. I minsta vardagssituation tänker vi och betraktar oss själva utifrån genom heterosexuella ögon, fast vi är homosexuella!

Något annat som queerteori hjälpt mig i vid tolkningen och bedömningen av materialet, har gällt det faktum att det handlat om ett minnesarbete, både deltagarnas och mitt eget. Minnesarbete lanserades som metod redan hos feministerna, när de påvisade dolda maktstrukturer och omarkerade positioner, och utifrån det började ifrågasätta begreppen objektivitet och subjektivitet. De menade att det tidigare inte ifrågasatts *vem* som skaffar kunskap, från vilka, för vem och hur. Här finns också en vidareutveckling av postmodernisternas kritik av föreställningen om ett enhetligt subjekt. För queerteoretikerna blev minnet viktigt – när man återberättar en viss händelse ur det förflutna ger man den samtidigt betydelse; det är grundläggande bl a hos Koestenbaum. På så vis pekar också minnet på den växelverkan mellan nutid och dåtid som präglar vår tillvaro.

Karin Widerberg formulerar i *Kunskapens kön* minnesarbetet som »*närhet* som utgångspunkt och målsättning och *erfarenhet* som den 'plats' där denna närhet kan hämta sin näring«.[26] I enlighet med queerteori fokuserar hon därmed på mångfald, motsättningar och komplexitet snarare än att söka samband och enhetlighet. I sin forskning, som Widerberg bygger på det *egna* minnesarbetet, menar hon att när subjektet själv talar behöver det inte vara mindre sant än när någon talar å subjektets vägnar. I den mer traditionella intervjubaserade forskningen blir forskaren och forskningssubjektet enligt henne »en kör av röster som tillsammans ger en viss röstbild«. Skillnaden blir att metoderna i olika grad tillåter oss att urskilja dessa röstkörer.[27] Detta har inspirerat mig till att inte väja för den stora spännvidden och skillnaderna i intervjumaterialet, utan tvärtom framhäva det och se möjligheter i det. Det har också stärkt mig i min uppfattning att som forskare gå varsamt fram med mina uttolkningar. Att vägen dit har varit induktiv snarare än deduktiv, behöver väl knappast påpekas.[28] Jag har låtit deltagarna få rejält utrymme i texten och byggt slutsatserna på deras egna uttalanden.

### HUR BILDEN AV EN (OPERA)BÖG KONSTRUERAS

Syftet i att skriva denna egentligen mikroskopiska del av den homosexuella historien, har också varit att försöka ge en mer nyanserad och rättvis bild av fenomenet operabögar. I vår snuttifierande värld orkar och hinner vi inte ta till oss så mycket information, så mycket bygger på klatschiga rubriker och lösryckta citat som ofta övertolkas eller missförstås. Det har varit intressant att studera hur bilden av en bög i allmänhet och en operabög i synnerhet närmast konstruerats och skapats, och hur de som läser det påverkas och lever upp till det. I tidskriften *QX* lyser dock operabögar med sin frånvaro. I nummer efter nummer betraktas läsaren som en innerstadsbög, helst inte över 30, som ägnar helger och kvällar åt partyn och uteställen, gym och massor av sex. För övrigt äter man något ute på väg hem från sitt stressiga men kanske inte allt för engagerande jobb, varefter man ser dokusåpor, någon video eller lyssnar på schlagers. Ett förhållande som varat mer än ett år ses som en bragd, och utseendet betyder nästan allt.

I sin ledare till RFSL:s tidning *Kom Ut* nr 7/01 skriver Greger Eman under rubriken »Alla bögar gillar schlager« att han normalt brukar förneka detta tvärsäkra påstående, men att det bland homosexuella finns

> ett behov av att hitta en minsta gemensamma nämnare – att skapa en kultur på vilken en värdegemenskap kan byggas. Och att homosexuella är mycket lojala med denna värdegemenskap visade inte minst undersökningen från Berghs

> School of Communication i våras. Att sedan såväl homo- som mainstreammedia av olika skäl utnyttjar denna lojalitet för att konstruera och nykonstruera gayidentiteten visar bara hur stort behovet av en värdegemenskap är.

Hans poäng är dock att man i sann queeranda bör bryta ned såväl hetero- som gayidentiteten. Trots att det är ett betydligt svårare och mer långsiktigt projekt, så bör man *dekonstruera* istället för att konstruera, genom att vägra låta identifiera sig utifrån sexuella preferenser. Genom att sudda ut gränserna mellan könen, skapar man en mångfald och respekt för särarten.

Men även bilden av en operabög är något som konstruerats på ett liknande sätt, framför allt i USA: »Operabögar har fått dålig press. De tros vara grymt bitchiga, fruktansvärt småsinta, och extremt krävande. Och de *är* det«, skriver T R Witomski i en essä kallad »How to Cruise the Met«.[29] Återigen något som projiceras och sedan blir självuppfyllande? Sam Abel skriver i sin *Opera in the Flesh* om samma typer av överföringar som Greger Eman påtalat: »Operabögens dödliga besatthet har kommit att representera karakteristika för hela den manliga homosexuella kulturen, även för de homosexuella män som föraktfullt avvisar opera«.[30] Hur det är med lojaliteten hos de ointresserade bögarna, för att fortsätta Emans resonemang, ska jag dock låta vara osagt.

Bilden av operabögen som en bitchig besserwisser, besatt av en eller annan diva, tecknas också i skönlitteratur och dramatik, bl a av Terrence McNally. Hans mycket omtalade pjäs *The Lisbon Traviata* (1985) skildrar fyra bögar, där två av dem inte förmår leva i verkligheten, eftersom de så fullt går in i operans värld och jakten på inspelningar och operaupplevelser tar överhanden. För den ena av dem, Stephen, leder det till att hans sambo lämnar honom och Stephen utför en våldshandling i ett förvirrat tillstånd av oförmåga att skilja på dikt och verklighet. Den andre, Mendy, lever ensam och lyckas aldrig binda sig vid någon. Genom att sätta upp pjäsen sceniskt tillsammans med tre medlemmar i föreningen OperaBögarna under Pridefestivalen i Stockholm 1999, fick jag möjlighet att tränga djupare i pjäsen. Jag kunde också kalla delar av projektdeltagarna till ett extra samtal för dem som sett föreställningen, och där diskutera den bild som målas upp av en operabög, relaterat till deras egna erfarenheter.[31]

Den enda som på ett något mer empiriskt sätt försökt belysa fenomenet är den redan nämnda essän av Mitchell Morris, »Reading as an Opera Queen«. Det empiriska där består i att han studerat ett antal insändare och spalter i gaypressen, insända av operabögar själva som diskuterar divadyrkan och besatthet i opera.[32] Morris ser hängivenheten hos de homosexuella männen som ett mer dionysiskt sätt att ta till sig musiken, till skillnad från den mer apolloniska, postitivistiskt-traditionellt inriktade musikvetenskapen. Detta kan man tolka som att även han drar en lans för new musicology.

### ÖVRIG FORSKNING OM MUSIKUPPLEVELSE OCH HOMOSEXUALITET

Men även om new musicology-rörelsen brutit många barriärer genom att personligt analysera hur man upplever eller tolkar en viss musik, så är det inte många som har undersökt hur *andra* upplever musik, personer utanför det aktuella akademiska området. Ett ambitiöst undantag är Dowling & Harwoods *Music Cognition* från 1986. De har avläst ett stort antal personer såväl psykiskt som fysiskt, när de fått lyssna och reagera på allt från rock till klassiskt eller från folkmusik till utomeuropeisk musik. Av störst relevans för detta sammanhang är deras kapitel 8, »Emotion and meaning«. Inspirerade av 1800-talsfilosofen Charles Peirce och semiotikern Susanne Langer har de där delat in musiken i *index*, *ikon* och *symbol*. Den musik som indexerar väcker associationer eller minnen, den som utgör ikoner ger bilder för olika känslor och slutligen symboler är olika element i musiken som genom sin struktur med andra symboler skapar förväntningar eller överraskningar hos lyssnaren. I ett examensarbete i musikterapi/musikpsykologi har Siv Lindström låtit 92 personer berätta om starka musikupplevelser de haft.[33] Hon konstaterar att sådana å ena sidan alltid är unika för varje person och situation, men att vissa fenomen återkommit i många beskrivningar, såsom upplevelse av sammansmältning med musiken, en total koncentration, identifikation och bekräftelse, omedvetenhet om tid och rum samt starka fysiologiska reaktioner. Alla dessa fenomen har omtalats även av mina deltagare. Lindströms slutsats är att upplevelsen alltid är resultatet av ett växelspel mellan musiken, människan och situationen.

För samma dynamiske handledare Alf Gabrielsson har också ett litet arbete på grundnivå i musikterapi utförts. Det är det enda som har exakt samma frågeställning och inriktning som jag själv, och dess författare Rune Gyllander har varit vänlig att låta mig ta del av den två sidor långa uppsatsen.[34] Han har intervjuat femton homosexuella män en i taget, och låtit dem förklara vad som lockat dem till operamusiken. Med tanke på det begränsade omfånget har han inte kunnat samla sig till några uttömmande slutsatser. Det talas om operans starka kombination av olika element, och samtliga påtalar rösternas betydelse med en fäbless för sopraner. Enskilda uttalanden förekommer om identifikation med kraften och styrkan i rösten, att ens egen röst förs ut genom ett känsloflöde i en intressant roll, att man syns och blir bekräftad eller att operan utgör en kompensationsvärld. Av de femton männen är det få som musicerar själva, men Gyllander ser dem som mycket kunniga och initierade inom sitt specialfack. De åker också ofta utomlands för att se en viss föreställning. Deltagarna hos Gyllander skiljer sig inte så mycket från mina i det som framgår på de två sidorna, även om jag naturligtvis haft större möjlighet att gå på djupet i frågeställningarna och också hittat andra sidor.

Även en PK-uppsats vid Centrum för kvinnoforskning bör nämnas. Det är Peter Tai Christensens »Queerovision Song Contest«, där han som första akademiska person belyser homosexuella mäns dragning till Melodifestivaler.[35] Även om han där utgår enbart från sig själv i form av ett minnesarbete, så har många slutsatser varit intressanta att jämföra med min egen forskning.

Om homosexualitet i allmänhet har det självklart skrivits oerhört mycket, och ur den stora floran av litteratur vill jag nämna några verk som varit till hjälp och inspiration. Psykiatern Lars Bohman har skrivit *Man och man emellan. En bok om manlig homosexualitet* 1995, där han utifrån perspektivet homosexuell som arbetat med likasinnade framställer vägen att gå via självacceptans till att komma ut. Han ger också en bred historisk och geografisk sammanställning över manlig homosexualitet och skildrar psykologiska förklaringar som framställts till varför man blir (är) homosexuell. Spännvidden i de många olika sätt man kan leva som homosexuell analyseras också, såväl dynamik och problematik i relationer som hur man lever ensam. De psykologiska problem som är knutna till just homosexualitet skärskådas, och Bohman tar också upp relationer till ens omgivning som familj, föräldrar, syskon och vänner. Hans vidsynthet i hur han uppmuntrar läsaren att försöka finna sig själv för att leva ett fulländat liv, torde vara inspirerande för alla homosexuella.

Som jämförelse- och inspirationsmaterial kan även nämnas Robert W Connells intervjuer i *Masculinities* med fyra kategorier män, varav en grupp är homosexuell, samt Åshild Ustrups *Män och älskare – 25 intervjuer. Kärlekens lycka och olycka*, där några av dem är homo- eller bisexuella.[36] Viktigt i dessa har också varit att få ta del av hur heterosexuella män tänker och känner som en jämförelse.

## Bokens uppbyggnad samt några läsanvisningar

I min framställning har jag valt att skildra operabögens liv från barndomen till idag. Kapitelindelningen följer därför denna kronologi, med olika citat och exempel från de 39 deltagarnas berättelser och diskussioner. Fortlöpande kring det kommenterar, analyserar och jämför jag de olika utsagorna. Ofta presenterar jag en signifikativ berättelse ganska ingående, innan jag kommer in på olika likheter eller avvikelser kring det givna ämnet i berättelsen. Även de inriktningar som enbart står för en enda person har varit angelägna att få med. Viktiga avstamp har varit hur man kommer till insikt om sin läggning, kommer ut och lever i nuläget samt i relation till det hur ens operaintresse väcks, vidareutvecklas och utövas idag. Kapitlen blir följdriktigt »Barndomen«, »Att upptäcka sin läggning«, »Operaintresset börjar på allvar«, »Ut ur garderoben«, »Vad operaintresset betytt under komma ut-processen«, »Den sociala sidan av operaintresset« samt »Operaintresset fram till idag«. Som en sammanfattning har jag låtit det sista kapitlet handla om mig själv, där jag berättar min egen historia i »Jag, en operabög«. Där jämför jag mig själv med de resultat som erhållits, som en liten vink åt den tidigare forskningen som uteslutande byggt på det egna perspektivet.

Samtliga avsnitt bygger, då inget annat anges, på gruppsamtal genomförda i RFSL-huset hösten/vintern 1997 och våren 1999. Alla deltagare har erbjudits att godkänna den slutgiltiga versionen. Citaten återges ordagrant, men eftersom de bygger på spontant tal har interpunktionen utförts av mig och för läsvänlighetens skull har icke betydelsebärande ord av typen »liksom« eller »så att säga« rensats bort, liksom avbrutna meningar som påbörjats igen med samma innebörd. I annat fall har jag enligt gängse akribi använt [...] för att påvisa ett språng i texten. Allt vad som har sagts har i sin obearbetade form sparats av mig. För att visa hur skillnaden kan se ut ger jag ett exempel. Så här ser den obearbetade, ordagranna formen av ett uttalande ut:

> Och plötsligt upptäckte jag när jag var 13–14 att jag var gay. Jag gick till Stadsbiblioteket eller Stiftsbiblioteket och kollade vad det var för nånting. På den tiden var det kriminellt att vara gay. Och då i operan fanns det en totalupplevelse som balanserade den där svåra upplevelsen. Man hittade... vad ska jag säga... lösningar på ens existentiella problem och det fanns nånting i operan, det var

> inte bara skönhet i musik och textunderlag, utan det fanns också en livs... antingen att man flydde ifrån problemen eller att man fick lösning på problemen. Det var det tror jag som innebar att jag fastnade för det. Det var en existentiell möjlighet att klara upp sitt liv, som var rätt jobbigt.

Och så här ser samma avsnitt ut i bokens text:

> Plötsligt upptäckte jag när jag var 13–14 att jag var gay; jag gick till Stadsbiblioteket eller Stiftsbiblioteket och kollade vad det var för nånting. På den tiden var det kriminellt att vara gay. Och då i operan fanns det en totalupplevelse som balanserade den där svåra upplevelsen. Man hittade lösningar på ens existentiella problem och det fanns nånting i operan, det var inte bara skönhet i musik och textunderlag, utan det fanns också en livs[frågeställning]. Antingen att man flydde ifrån problemen eller att man fick lösning på problemen. Det var det, tror jag, som innebar att jag fastnade för det. Det var en existentiell möjlighet att klara upp sitt liv, som var rätt jobbigt.

Jag vill också påtala att jag med uttryck som »på Operan« o dyl, menar ett operahus i största allmänhet, inte förbehållslöst Stockholmsoperan. Ändå är det naturligtvis den som deltagarna gått på mest, eftersom de är stockholmare. F ö framgår av sammanhanget vilken institution som avses.

* * *

En radiojournalist frågade mig om det inte fanns en risk att jag, genom att placera dessa människor i en avgränsad grupp, stigmatiserade dem. Han hade precis som queerteori onekligen en poäng, att man istället för att skapa ännu fler skiljelinjer mellan grupper istället bör öppna upp de som redan finns. Ändå tror jag att denna bok snarare öppnar gränserna genom att ge inblickar i denna värld för allmänheten. Det har känts kluvet, eftersom tjuskraften i det hemliga och litet slutna delvis försvinner när det avslöjas – där skulle nog Koestenbaum hålla med mig. Men stigmatisera? Jag kunde bara svara att det ligger i tiden; för inte länge sedan började kvinnans negligerade historia skrivas och nu är det dags för bögarnas. Det har inte varit min avsikt att stigmatisera, när jag vill ägna mig åt något som hittills har förbigåtts, tystats ned eller förnekats. Efter intervjun tänkte jag: »jäklar, nu har jag gått in i en sån där heteronormativ fälla igen...«

# 1. Barndomen

Lugn, Tatjana! När jag var ung, då blev jag rörd av svärmiska romaner. Men det är dikt, mitt barn. Så småningom har jag förstått att inga hjältar finns i världen. Nu är jag lugn.

Larina i Tjajkovskijs *Eugen Onegin* (1879)[37]

Det finns många gemensamma drag i de barndomar som det berättas om. Till att börja med är bara elva av de 39 uppvuxna i Stockholm, och två till i en större stad som Göteborg eller Malmö. Det har betydelse inte bara för det kommande operaintresset, utan även för homosexualiteten och komma ut-processen. Att inte ha någon större operainstitution eller en välsorterad skivaffär i närheten, gör att man måste vara ganska energisk för att kunna utöva sitt intresse. Det gör också att intresset kan ta ganska lång tid att få upp på en mer intensiv nivå. För den gryende homosexualiteten är det svårt av två skäl: dels är det på en liten ort svårt att hitta likasinnade, och det förstärker känslan av att man är ensam om det i hela världen. Det är också svårt att dölja det på en liten ort där alla känner alla. Men det gör å andra sidan att man har känt till de övriga homosexuella som funnits där.

Enligt Robert W Connell, som intervjuat olika kategorier av män, lär man sig grovt sett två saker tidigt i den sociala träningen inför att bli man: 1) man ska röra sig och bete sig maskulint, 2) man ska bli förälskad i kvinnor, inte i män. Samma sak uttrycker Martin P Levine i *Gay Macho*, och han tillägger att socialiseringens verkningsmedel förbereder alla ynglingar för heterosexuell maskulinitet, även för dem som senare visar sig bli (vara) homosexuella.[38] Samkönad sex ses som en villfarelse eller abnormitet, och detta är tydligt även i deltagarnas berättelser.

## Tidiga dragningar till pojkar

De allra flesta i projektet känner redan från barndomen att de är annorlunda, och det utanförskap man kan känna redan som barn tar sig uttryck på många olika sätt. Nästan alla berättar att de umgicks mest med tjejer, de ville hellre hoppa hopprep än sparka boll, ville inte vara med och leka krig osv. Många var väldigt duktiga i skolan, förutom i gymnastik, vilket väckte igenkännande skratt under samtalen. »Du blev *vald* i alla fall«, replikerade Carl-Magnus till Rolf som berättade att han alltid blev vald sist till laget i gymnastiken. Per bestämde sig för att, som enda kille på hela skolan, delta i tjejernas gymnastik istället för killarnas. Deras var ju mycket mer varierad med volleyboll, badminton, löpning, medan killarna spelade fotboll varenda lektion. Men han var lycklig med det och stod på sig, därför möttes han heller inte av några kommentarer.

Många har beskrivit ett »kvinnligt« beteende under barnaåren. Det behöver inte nödvändigtvis vara att leka med dockor, vilket bara två sagt sig göra. Det kan vara ett starkt intresse för mammas långa klänningar, som Mikael berättar om. Peter, som har en äldre bror, berättar att hans mammas högsta önskan var att han skulle blivit en flicka, och att hon fotograferat honom som fyraåring i långt hår och kjol. Ingen enda säger sig heller ha tillrättavisats av föräldrarna när de har lekt flicklekar eller visat ett kvinnligt beteende, de har respekterats som de är. Alla utom Alf, vars mamma sa till honom att »om du bara leker med flickor, så blir du ju en flicka«. Denna historia har han alltid väckt munterhet med i tyska bögkretsar, eftersom »Mädel« på tyska kan vara synonymt med bög.

Flertalet känner dragningar till killar eller män under puberteten, tretton-fjortonårsåldern, men några kan dra sig till minnes ett intresse för män redan från fem-sexårsåldern. Fleming kommer ihåg hur han gick med sin pappa till badhuset som sjuåring, och hur han var mycket mer fascinerad av män än kvinnor. Mikael minns sin fixering vid två äldre manliga kusiner på landet före femårsåldern: »jag var oerhört intresserad av att vara i närheten av dom när det skulle kläs av och så där«. Han var också väldigt fascinerad av sin pappa då, av rent sexuella skäl. Små hemliga lekar är också vanligt. Om en mer oskyldig variant berättar Per, som agerade femårig »hemmafru« åt sin ett år äldre killkompis: »Under deras hus fanns en källare, där vi gömde oss och skapade en egen värld. Vi samlade på pinnar och stenar, och jag hade små blommor i gamla läskflaskor och gjorde det hemtrevligt för oss.« Ville talar om »mystiska lekar« under somrarna med en pojkkamrat från sexårsåldern och uppåt.

Men fascinationen för det manliga könet behöver inte riktas mot någon person i ens omgivning. Peter kommer ihåg hur han som åtta-nioår-

Foto: Nina Korhonen / MIRA

ing sett en westernfilm på bio och blivit oerhört fascinerad av en indian, »när jag kom hem så fick mamma skriva en massa lappar och rita, och jag beskrev hur han såg ut. Och det var nästan att det var kärlek vid första ögonkastet.« Ulfs första förälskelse var Oliver Twist: »Och jag grät över hans öde och jag drömde om honom på nätterna att jag skulle rädda honom därifrån och ta hand om honom och krama honom. Då var det inte sexuella drömmar, utan den här stora kärleken, den helt rena kärleken – jag skulle bara hålla om honom. Det var min första.« Fredrik låg och pussade kalsongannonser i postorderkataloger som tioåring, när han var ensam hemma och hade på operamusik på högsta volym.

Karl minns hur han upptäckte att »killar hade mycket vackrare lår än flickor och luktade mycket häftigare« när han närmade sig puberteten. Han kunde drömma om sina bänkkamrater på nätterna och lät sig berusas av pojkdofter. För övrigt höll han det på ett intellektuellt plan. Det är verkligen ett steg från att *känna* det till att sätta etikett på det, eller säga »jaså, det är homosexuell jag är«. Ofta saknar man just det ordet, man vet inte att det finns eller vad det innebär. Lasse, som i likhet med Mikael kunde bli attraherad av sin några år äldre kusin i sexårsåldern, minns hur ordet kom på tal när han gick i fjärde klass. Han satt i bilen med några klasskompisar och en klassförälder som körde, när plötsligt ett av barnen började berätta om två lesbiska kvinnor som bodde ihop: »Och jag hade aldrig hört talas om att det förekom någonting sånt, att man kunde vara homosexuell som kvinna eller man. Och då blev det som en aha-grej, jag hade aldrig fattat det. Men jag applicerade det med en gång på mig själv. Och det gjorde mig väldigt rädd också.«

## Gryende operaintresse

Det är egentligen bara tre som har sagt sig ha ett utpräglat operaintresse redan från barndomen, nämligen Fredrik, Sven och Ulf. Sven minns hur han som nioåring blev avbruten av sin mamma när han låg på sitt rum och lyssnade på en radioutsändning av *Tristan och Isolde*. Då var det dags att släcka och sova! Fredrik lyssnade mycket på skivor i sin ensamhet, sjöng med, hoppade och tjoade. Även om Bill inte utvecklat något operaintresse, var hans favoritskiva som femåring »Tosken«, dvs *Tosca* med Jussi Björling, som han ihärdigt betraktade när den rullade på skivtallriken. När slutackordet kom gick han och tog en ton långt ner på pianot, till föräldrarnas förtjusning.

Alla andra säger sig ha utvecklat intresset i högre grad senare. Ingen har något direkt operaintresse med sig hemifrån; det fanns musik genom att kanske en pappa spelade ett instrument eller att man hade ett fåtal skivor som det mestadels inte lyssnades på alltför ofta. Men det kunde hända att man som något större barn tog fram dessa skivor, och lyssnade mest i ensamhet när det var lugn och ro. Och det fanns heller inget direkt motstånd mot opera i någon familj, bara ett ganska ljumt intresse. Tre-fyra stycken har berättat att opera och andra konstupplevelser ingick som en del i en borgerlig uppfostran: »det uppskattades, inte märkvärdigt, men ändå«, säger Charles. I det ingick operabesök, och det enda Hans minns av sitt första operabesök som åtta-nioåring på *Aida* var en röd ridå, och hans pappa som säger: »Nu ska du få se på något löjligt«.

Den enda föräldern som haft ett mer genuint operaintresse är Eriks pappa. Eriks farföräldrar var missionärer, så för hans far var det syndigt att lyssna på opera. Med stigande nyfikenhet hörde Erik sin pappa berätta om hur han lyssnade på Jussi Björling på radion i smyg, eller hur han smög iväg till Köpenhamn för att se en operaföreställning. Att det just varit förbjudet tror Erik kan ha bidragit till hans egen fascination. Han tror också att han kan ha fått en del av sitt intresse därifrån, även om pappan aldrig ville pusha på det hela, och de tunga upplevelserna för Erik kom först senare i livet.

Fascination av själva lyssnandet eller av någon annans berättade upplevelse har spelat en roll för ytterligare två av operabögarna. Gustavs farfar brukade sitta med radion i famnen och lyssna på rysk operamusik. För honom var det ett oerhört emotionellt lyssnande, eftersom han befriats ur koncentrationsläger och uppfattat det som att ryssarna räddat hans liv. Gustav kände en stark dragning till farfaderns intresse för musiken. Hans farföräldrar har också alltid betytt mer för honom än hans riktiga föräldrar. David, uppvuxen på en mindre ort långt från opera och andra kulturella evenemang, minns hur hans mor berättat om en *Aida*-föreställning hon sett på Malmö Stadsteater: »Det gjorde starkt intryck på mig när hon berättade, så det var ett första hum om vad opera kunde vara för nånting, den här levande berättelsen om hur hon hade tyckt att det var.«

TV och radio har spelat stor roll för den första byggstenen i operabögarnas intresse. Det kan ha varit någon aria som har glimtat förbi i radio, Bergmans TV-version av *Trollflöjten* eller, för åtminstone tre stycken, någon operett- eller musicalfilm alternativt någon film med inlagd operamusik. David satt igenom en hel TV-utsändning av *Rosenkavaljeren* som sexåring utan att riktigt förstå vad det var, men »tyckte det var underbart«. Tilläggas bör att *Rosenkavaljeren* knappast har Bolibompa-längd... Ville såg flera show- och musicalfilmer med Fred Astaire, Jeanette MacDonald och Nelson Eddy som liten, »väldigt romantiska filmer«. De två sistnämnda gjorde filmer med en del operaavsnitt, och Ville »blev kär«, inte i personerna utan i musiken. Per såg många spektakulära Hollywoodfilmer med Lana Turner och Esther Williams, som han menar kan ha spelat en viss roll för framtiden. Bosse minns att han såg sommaroperetter på TV med sin farmor och mamma, men var då mer fascinerad av skådespelet, kostymerna och dekoren än musiken.

Men för Carl-Magnus blev musicalfilmer en direkt ingång till opera. Han såg *Sound of Music* på TV som sjuåring, och i rask följd avverkades flera 60-talsmusicaler som *Hello, Dolly* och *Funny girl*. För honom var det definitivt musiken som drog, och den första fascinationen gällde att man sjöng istället för pratade. Ett fenomen som annars kan stöta bort ovana operabesökare, men för flera operabögar har just det väckt den första nyfikenheten.

Gemensamt för alla berättelser utom tre är att de första operaminnena under barndomen inte har lett till att intresset utövades redan i barndomen. De utgör just minnen, och kanske väckte något som sedan fick slumra ett antal år. Det verkliga intresset kom först senare. Eller som Carl-Magnus säger om sin första *Sound of Music*: »det var då det *började* börja«.

## Dubbel outsider redan som barn?

Som barn kan man känna av sina avvikelser i två bemärkelser: dels de beteenden som hänger ihop med homosexualiteten, men också de avvikande intressen från det gängse som leder fram till operaintresset. Båda ses som något suspekt, men det är bara två som har velat tillstå att de blivit direkt mobbade. Att de andra inte har blivit det har kunnat förklaras av att man har stått på sig i det man velat göra, att man har haft ett starkt självförtroende och varit glad och utåtriktad, eller att man har kunnat käfta emot. I några fall har också musik- eller teaterintresset kunnat väcka en viss beundran. »Teaterapor« var mer än en, och många spelade något instrument, ofta piano. Tomas, som sedan blev musiker, uppmärksammades för sin röst och fick sjunga mycket i skolan. Han började också tidigt att spela flera olika instrument. Fredrik kommer från en mycket liten ort på Västkusten och blev aldrig mobbad som han minns: »Det är klart att jag var en outsider, men vi var så få barn. Man höll ihop. Det hjälpte inte att mobba mig. Jag hade så många andra fördelar, tror jag.« Mikael menar att hans fördelar kunde bestå i att han var snäll mot flickorna. Han var jättepopulär och kom med på alla flickkalas: »var det bara en pojke bjuden bland alla flickorna, så var det jag«.

En av dem som velat tillstå mobbning är Alf. Han var enda barnet och sågs som annorlunda av sin omgivning. Därför fick han uppleva en aggressiv stämning och blev ofta slagen. Det gjorde att han undvek de mer våldsamma killarna och sökte sig till tjejerna. Men även om de andra inte blev direkt mobbade, så kunde de redan som barn bära på tankar och känslor de inte fick utlopp för. Fredrik menar att det var det uttrycksbehovet som kom till utlopp när han var ensam hemma, och spelade skivor och piano. »Redan som barnbög höll jag på att säga, så har man mycket undertryckta känslor.« De går att hänföra till en upplevelse av utanförskap och dessa känslor kunde han ventilera och få utlopp för i musiken, menar han.

Örjan är inne på samma linje:

> Jag har alltid känt mig utanför, eftersom jag alltid varit annorlunda. Och aldrig känt mig jämbördig med andra killar i min ålder och så där, utan jag har alltid känt mig mindre värdig på nåt vis. Vilket jag senare förstod varför. Och då har det här gett mig... jag menar, jag skulle aldrig i mitt liv byta ut de här upplevelserna som jag har av opera mot att vara likadan som alla andra och vara populär eller vad fasen det nu är frågan om.

De dubbla utanförskapen kan beskrivas som: inte nog med att man leker med flickor, man har konstiga intressen också med klassisk musik eller fjolliga gamla operettfilmer! Peter blir förargad när han tänker tillbaka, och menar att han särskilt upplevt det i en sådan mindre stad som han kommer ifrån: »Det kan jag känna litet av den här småstadsmentaliteten eller vad man nu ska kalla det – du får inte sticka ut, du får inte vara annorlunda. Så visar det sig först att man är bög, och så springer man på opera med, det är för mycket för den här radhusmentaliteten.« Men de två utanförskapen behöver inte nödvändigtvis väga dubbelt så tungt. För många spelar det ingen roll, eftersom det gryende musik/operaintresset bara har passat in i mallen. Är man annorlunda på ett sätt, så spelar det ofta ingen roll om man är det på ett sätt till, och musik och sång har enligt deltagarna ofta hört till »flickintressen«.

Per Nilsson, som undersökt ungdomars fritidsvanor av idag (1998), konstaterar att musik numera är ett betydelsefullt inslag i deras vardagsliv. Att spela ett instrument är dock något som minskar med tilltagande ålder, och att sjunga i kör, sånggrupp eller solo är påfallande mer vanligt bland flickor än pojkar. Betydligt vanligare (nästan 100 %) är att regelbundet *lyssna* till musik, och av Nilssons undersökning framgår att det är pop- och rockmusik som gäller.[39] Samma slutsatser drar Erling Bjurström i *Högt & lågt. Smak och stil i ungdomskulturen*, och han visar också vilken försvinnande liten del av barn och ungdomar som lyssnar till klassisk musik och opera.[40] Detta är färska undersökningar som gäller barn idag, medan denna tid för deltagarna ligger från tio år och längre tillbaka i tiden. Man kan dock lugnt konstatera att även om det har blivit vanligare att även pojkar t ex spelar något instrument, så är ett intresse för klassisk musik något högst udda som fortfarande kan skapa det dubbla utanförskap jag omtalat.

## Varför blir (är) man homosexuell? Slutkommentar

Hur man blir som människa formas redan under de första barnaåren, men den stora knäckfrågan vad gäller homosexualitet är om man *föds* till det eller *formas* till det under tidig barndom. Redan 1905 hävdade Freud att alla föds bisexuella, eller snarare sexuellt polymorfa, och att hetero- eller homosexualitet växer fram under barnets första levnadsår. Senare konstruktivister utgick från detta och formulerade det som att vi *lärs* att bli hetero- eller homosexuella medan en del fortsätter som bisexuella, t ex Robert W Connell i *Masculinities*.[41] Freud såg homosexualiteten som en avvikelse enbart i valet av sexualobjekt, och inte som en psykisk defekt. Han sökte förklaringar i att pojken genom en svag eller frånvarande far och en starkt överbeskyddande mor drabbades av stark kastrationsångest. Den skulle ha uppkommit i iakttagelsen av att modern inte har penis och att motbilden, en tydlig far, saknas. Freud formulerade det senare också så att pojken i brist på fadern älskar sig själv, utvecklar ett narcissistiskt beteende – älskar män som liknar sig själv, och identifierar sig med modern. Ännu senare talade han om ett negativt oidipus-komplex, där sonen »ger upp« kampen om modern och underkastar sig fadern. Denna underkastelse kunde även gälla sexuellt, där pojken hade sexuella fantasier om fadern.

Flertalet psykoanalytiska förklaringsmodeller efter Freud såg dock homosexualiteten som ett psykiskt sjukdomstillstånd. I sin genomgång av dessa modeller är Lars Bohman starkt kritisk mot att underlaget ofta utgjorts av homosexuella som p g a störningar hamnat på analyssoffan, och inte av »vanliga« homosexuella.[42] En mer respekterad tolkning är dock Irving Biebers 1962. Han ser det som att modern binder sonen till sig, uppmuntrar till flicklekar och genom sin asexuella framtoning – gossen ser inte modern som ett sexuellt objekt – leder in sonen på ett feminint beteende och en homosexuell läggning. Men även detta är teorier som starkt har ifrågasatts, speciellt om man ser homosexualitet som något genetiskt medfött. Bohman presenterar utifrån den inställningen en alternativ tolkning av Biebers modell. Den ursprungligt homosexuelle sonens omanliga karaktärsdrag provocerar där fadern, som svarar med aggressivitet. Sonen tar då skydd hos modern, som inte känner sig lika provocerad utan de känner igen sig i varandras drag och intressen. Allt detta skapar konflikter i familjen, och kan leda till psykiska problem hos barnet som därför hamnar på analyssoffan. Bohman påpekar också att många förklaringsmodeller som så ensidigt fokuserat moderns roll, har helt i onödan skapat skuldkänslor hos många mödrar.

Utifrån dessa modeller kan man också granska deltagarnas berättelser. Mikael har berättat om hur han varit sexuellt intresserad av fadern, men inte som någon underkastelse utan av fascination. Och denna fascination har han *samtidigt* riktat mot andra män i sin omgivning, liksom många andra i undersökningen. Det negativa oidipuskomplex Freud talar om borde snarast benämnas ett omvänt Elektra-komplex, eftersom det är fråga om en kvinnlig identifikation – Mikael talar också om sitt intresse för mammas långa klänningar vid samma tid. Om detta skulle utgöra någon prägling från mammans sida verkar i de flesta fall tveksamt. Visserligen berättar Peter om hur han kläddes som flicka och fotograferades av sin mor, men i samtliga andra fall (även Peters övriga utsagor) tycks detta beteende har kommit från pojkarna själva – hur Per agerade »hemmafru« åt sin äldre killkompis, hur man velat spela och sjunga och ägna sig åt »tjejintressen« och att man helt enkelt inte hade lust att sporta. Det som i Biebers förklaringsmodell kallas att modern »uppmuntrar till flicklekar« tillhör en cementerad syn på könsrollerna och är i grunden ett förlamande heterosexistiskt synsätt. Och vad är egentligen flicklekar? Här rör det sig snarare mest om föräldrar som varit lyhörda för vad barnen intresserat sig för, och sedan uppmuntrat det. Så Bohmans förklaringsmodell ligger närmare till hands, där den ursprungligt homosexuella sonen och modern känner igen sig i varandras drag och intressen.

Även om jag personligen inte menar att man föds homosexuell utan att vi alla ursprungligen föds bisexuella, så måste vi ha rätt att få utvecklas i den riktning vi önskar och enligt vad som pockar på inom oss. Arv och miljö får på det sättet också intressantare innebörder. Men oavsett om den sexuella läggningen är betingad av ens genetiska arv eller ens miljö, så har modern visat sig viktig som ett identifikationsobjekt för den blivande homosexuella unga sonen. Denna tråd är intressant att hålla fast vid, med tanke på den kvinnliga identifikationen och operabögarnas starka intresse för de kvinnliga rollerna och sångerskorna. Utifrån vad som har sagts är även pappornas funktion viktiga att studera som jämförelse.

Vid detta stadium har operaintresset för de allra flesta ännu inte riktigt väckts, men några iakttagelser kan ändå göras. Tre-fyra stycken har på egen hand börjat intressera sig för amerikanska musicalfilmer o dyl, och detta ledde senare till ett operaintresse. Detta är en aspekt som Koestenbaum trycker hårt på, eftersom det var hans egen ingång.[43] Kanske är detta en nationell skillnad, eftersom genomslagskraften av den typen av underhållning är starkare i USA. Framöver kommer säkert också en tidsmässig skillnad att skönjas – morgondagens operabögar kanske kommer in via *Kristina från Duvemåla* eller *Nibelungens ring* som dataspel.

I princip alla som börjat intressera sig har gjort det i sin ensamhet och intresset hemifrån är inte särskilt starkt. Bara ytterst få har sagt att opera ingått som en del i en borgerlig kultur eller uppfostran, och därmed kan det knappast ses som en klassfråga då deltagarnas bakgrund härvidlag är högst brokig. I Willmar Sauters undersökning *Braaavo!* konstaterar han med en blick på äldre publikundersökningar på Operan att tjänstemannasektorn ökat radikalt jämfört med arbetarklassen i Stockholm. Det har kommit Operans publik till del, även om den gamla socialgruppsindelningen inte tillämpats i hans egen undersökning. Där ser han istället utbildningsnivån som en klassfråga, och konstaterar att drygt hälften av publiken (53 %) har universitets- eller högskoleutbildning.[44] Hos de tre som gått på Operan med sina föräldrar, har operakonsten ändå setts med ljumt intresse och ibland närmast förakt. Pappan till Hans tog med honom på opera med orden »nu ska du få se på något löjligt« som enda förberedelse. Här tycks båda vara offer för ett starkt normerande beteende. Litet opera bör ingå i ens tillvaro, även om man egentligen inte gillar det. Men om man blir hängivet intresserad av det, är det närmast queer – speciellt för en man. Notera också Eriks dragning till opera via pappan för att det låg något förbjudet över det. Dubbelt utanförskap eller inte; om hur det ena av dem, homosexualiteten, fortsättningsvis ger sig till känna handlar nästa kapitel.

# 2. Att upptäcka sin läggning

Vad som tynger mig?
Kärlek...
Vredgas inte...Länge har jag kämpat
för att kuva den... All min styrka har den
besegrat, alla samvetskval.
Trösta mig, eller förmana,
rädda mig från mig själv,
rädda mig från mitt hjärta.

Adalgisa i Bellinis *Norma* (1831)[45]

Som framgick av enkäten var den genomsnittliga åldern för insikten att man var homosexuell 17 år, operaintressets början 18 år, och för att komma ut 25 år. Flertalet anger att insikten kom under puberteten, dvs 13–15 år, och några har också känt dragningar redan under barndomen. Att snittvärdet ändå blir högre beror på att ett par andra fått insikten först när de närmat sig 30-årsåldern. De allra flesta får alltså insikten innan operaintresset börjar på allvar, men även där finns några undantag. I vilket fall ägnar sig de flesta åt operaintresset medan de brottas med sin läggning.

Att komma ut är ett relativt begrepp som operabögarna har definierat litet olika, vilket har försvårat undersökningen. Ingen menar att det är när man bejakar det för sig själv. Men några, som Hans, definierar det som när man tar sitt första steg på en böglokal och visar upp sig, att »jag tillhör den här klicken som går hit«. Någon påpekar att det är först när man berättar det för någon, som man kan definiera sig som homosexuell – även för sig själv. De flesta är ändå inne på linjen att det är när man börjar leva homosexuellt, gå på bögställen etc, och utifrån det öka kretsen av dem som »vet«. Jag har valt att skildra detta i två faser: den första går från de tidiga aningarna via de första homosexuella kontakterna till att acceptera det för sig själv. Utifrån det egna accepterandet börjar sedan den andra fasen, komma ut-processen. Då börjar man berätta för sin omgivning, vänner, familj och kanske även en del arbetskamrater. Det är också min definition på begreppet komma ut.[46] I detta kapitel skildrar jag första fasen, medan den andra kommer i kapitel fyra.

Dessa faser kan variera väldigt i hastighet, från individ till individ, och vissa kan ta mycket lång tid på sig från t ex aningarna till att omsätta det i praktiken, medan nästa steg till accepterande kan gå desto fortare. För andra kan det vara tvärtom. Några enstaka kan gå igenom alltihop på ett år, medan andra har en enormt utdragen process hela vägen. Men först: hur känns de första aningarna?

## Spänningar på »fel« ställe

Flera har känt laddningar till samma kön redan i tidiga barndomen, men de har då inte haft några begrepp för det eller kunnat sätta ord på det. Det är först i efterhand som man kan minnas att de här spänningarna faktiskt har funnits, och i puberteten kan man koppla det till just homosexualitet. Man börjar se sig om och upptäcka att man inte reagerar som andra killar, att man inte är intresserad av tjejer på det sättet. Man ser helt enkelt inte kvinnor som sexualobjekt, och möjliga orsaker till det har nyligen diskuterats. När man sedan, som Carl-Magnus beskriver det, »får stånd på fel ställe, för att uttrycka det grovt, av 'fel' anledning, då blir det ju ganska uppenbart«.

Till en början kan attraktionen riktas mot båda könen – »det var mer personen kanske«, som Daniel uttrycker denna dubbelhet. Han fick sedan i 12–13-årsåldern (början av 90-talet) klart för sig att det var homosexuell han var, och vad det innebar. Något som många känner igen sig i är när Daniel läste i Kamratpostens frågespalt. Där stod det som svar på en fråga att det ibland går över. Han levde därför i förhoppningen att han skulle få familj och barn som alla andra. Men efter ett år insåg han att det inte skulle gå över, det var bara lögn. Då blev han deprimerad och självömkande: »oj oj oj, hur ska det gå för mig?« Tankarna rör sig för många just kring att inte få barn och kunna bilda familj, att leva ett »normalt« liv. Flera får känslan av att de är ensamma i hela världen om det här, det kommer att bli mycket svårt att kunna träffa någon och »det är väl bara jag och så nån ful gubbe som bjuder på godis i ett buskage ungefär«. Många väntar en tid, precis som Daniel, på att det ska gå över.

Fleming är nästan 20 år äldre än Daniel, och kommer från en högborgerligt präglad småstad. Han minns att när han läste psykologi i skolan på 70-talet, så sorterades homosexualitet under sinnesjukdomar. Dessutom minns han en känd barnpsykiater som besökte skolan och pekade ut över aulan och sa att »om ni är si och så många här, så är det si och så många som kommer att bli homosexuella«. Varpå alla naturligtvis förskräckt såg sig omkring. Fleming ramlade ner i ett schakt när han var fjorton och närmade sig insikten, ett schakt liknande Daniels men värre. Han kom upp ur det, men rasade ner igen med jämna mellanrum:

> Men jag tror inte att jag riktigt tog tag i det heller. Jag tyckte inte jag hade någon miljö att göra det... jag hade inte förmågan... Jag hade ju, och det är ju en av paradoxerna med mitt liv, jag är ganska handlingskraftig normalt. Och väldigt framåt, alltid först på allting. Hoppar utan att fundera på vad som finns där nere och så. Men här var jag väldigt feg.

Det är vanligt att man frenetiskt börjar leta information kring homosexualitet när man känner de här dragningarna. Tidningar och frågespalter har redan nämnts, och bättre lycka än Fleming hade Karl, som nu är i dryga 50-årsåldern. Han läste i Blå boken hemma, en uppslagsbok om sexualitet på 780 sidor. Och enligt Karl föredömligt skrivet om homosexualitet, »jag fick ju begrepp och termer på det här väldigt snabbt«. Har man ingenting hemma är det vanligt att man går till biblioteket, där jakten på populärvetenskapliga och skönlitterära böcker om homosexualitet ofta blandas med skivor och operaböcker. I romanerna kunde man söka identifikationsobjekt – de var inte många på den tiden – men även dokumentära böcker om verkliga personer har kunnat fylla den funktionen. Fredrik lyssnade på *Valkyrian* på biblioteket, och blandade upp det med Andy Warhol-böcker: »man letade ju efter böcker med bögmotiv, man gick igenom varenda hylla och tittade på alla som hade konstiga titlar« (för honom var f ö Wagner lika förbjudet som homosexualitet). Bill hittade böcker om sex av Inge & Sten, och kunde också via bibliotekets tidningar få information om vart han kunde gå för att träffa någon, framför allt under sina resor till Stockholm.

Något som är mycket vanligt är att man blir kär i sin bästa killkompis. Johan minns hur han hade en kompis i gymnasiet som han blev oerhört förälskad i. Ibland råkade de ta i varandra, och då kittlade det i hela kroppen. Lars-Erik märkte att så här reagerar inte andra killar på ömhet och närhet när man umgås. Han blev också kär i en kompis i klassen när han var 16 och ville någonting mer. Men det ville inte kompisen. Bättre tur hade Rolf, som blev kär i sin bästa vän när han var fjorton och såg till att förföra honom. Och kompisen tyckte om det, så det fortgick några månader. Även Fleming »höll på lite grann« med en kompis i 15–16-årsåldern. Och själv insåg han att det här »var grejer som jag tyckte var ganska kul«. Men han menar att kompisen nog inte tyckte det, i efterhand.

## Plötslig insikt senare i livet

Det är inte alla som upptäcker de här laddningarna under puberteten. För några har dessa känslor legat så djupt eller varit så förträngda, att de inte har flutit upp till ytan förrän långt senare. Att man till en början har levt med en kvinna är ganska vanligt, och flera har gjort det samtidigt som de innerst inne vetat om att de är homosexuella. Det kan ha varit en tjej i bekantskapskretsen, och man har ingått i gängbildningen med jämna par.

Men Emil hade ingen utpräglad dragning till killar under puberteten, utan han menar att de känslor han hade kunde han leva ut i operamusiken. Istället blev han ihop med en tjej i gymnasiet, som följde honom åt till 25 års ålder. Sexuellt var han närmast präglad på henne, och såg inte åt någon annan, oavsett kön. Det var snarare individen som var viktig, menar han, »det var inte nödvändigtvis homosexualitet eller heterosexualitet, utan det var vi två«. Först när det förhållandet slutade med dunder och brak, upptäckte han att han egentligen inte var intresserad av några andra kvinnor. Det var män han innerst inne ville ha.

Magnus var under tonårstiden inte ett dugg sexuellt intresserad, vare sig av män eller kvinnor, förutom att han tillfredsställde sig själv. Vid 21 års ålder var han för första gången tillsammans med en kvinna, en kvinna som sedan blev hans hustru och de höll ihop i 15 år. När han var i 30-årsåldern kom en RFSL-representant till Magnus arbetsplats på biblioteket. Representanten ville göra en utställning om homosexuella, och de blev så småningom vänner. Denne man, som var 10 år yngre, fick Magnus att fundera och tänka tillbaka. Skygglapparna bröts ner en efter en, och Magnus började minnas olika förtjusningar från tonårstiden. Han hade ju tittat på killar och sprungit efter dem på skolgården utan att själv fatta någonting alls! Han hade också blivit intresserad, och egentligen klart förälskad, i en killkompis utan att ha förstått det själv. Alla dessa poletter ramlade ner för Magnus, som sedan inledde en process som tog 6–7 år innan han slutgiltigt bestämde sig för att skiljas och leva homosexuellt. Vägen dit gick via ett bögläger, där han mötte en »klok kille« som varit i samma situation. Han fick honom att inse att man måste leva *ett* liv, man kan inte leva dubbelt som Magnus hade gjort sedan han fått insikten. Det sistnämnda kallas även för att leva heterosocialt, dvs man har ett heterosexuellt förhållande utåt med ett ganska obetydligt sexuellt innehåll, medan man lever ut sin sexualitet i homosexuella relationer vid sidan om.[47]

Det är ganska vanligt att man får kontakt med eller aktivt söker sig till en öppen bög i ens närhet, när man håller på att nå fram till insikten. Ville, som brutit upp en förlovning med en kvinna när han var i 20-årsåldern, hade också haft en dragning till män som inte velat flyta upp till ytan. I efterhand kan han säga att han nog tyckt att killar varit snygga, men att han inte vågat, utan tryckt ner allting. I samband med förlovningen ville han bryta med sitt tidigare liv, dock inte sexuellt till en början. Han ville söka sig en ny bekantskapskrets, sluta dansa folkdans och »inte vara knätofskille«. Ville tog kontakt med en kille från sitt f d folkdanslag som var singel, låt oss kalla honom Paul. Att han visste att Paul var homosexuell måste ha spelat roll, även om den orsaken inte låg på ett medvetet plan. Paul tog med honom till Piperska muren, varpå han raskt blev av med sin homosexuella oskuld.

Lasse tog i 21-årsåldern kontakt med ortens kantor, som var öppet homosexuell. Samma sak där: Lasse ville lära sig mer orgelspel, men kantorn blev den som öppnade honom och hjälpte honom att komma över sina svårigheter. Även i Lasses fall låg det någon baktanke med uppsökandet, även om han inte ville erkänna det då. Kantorn blev så småningom också hans första homosexuella erfarenhet.

Men den sena insikten kan komma på ett helt annat sätt. För Erik slog den ner som en bomb. Han var i 20-årsåldern och skulle göra lumpen:

> Och jag hade hämtat ut dom gröna kläderna och kom med säcken så här, och skulle in på det och det logementet, och så öppnade jag dörren. Och då satt det en kille som just hade börjat prova sina kläder och fått på sig kalsongerna. Och så satt han på sängen med benen i kors och han tittade på mig och sa: »hej«. Och det var som blixten slog ner. Han var vacker, han är otroligt vacker och är det fortfarande – vi är fortfarande jättegoda vänner. Han bara tittade på mig med dom här ögonen, »hej«, och så reste han sig upp och skakade hand. Och jag fick inte fram ett ord. Jag visste inte vad som hade hänt; jag var alldeles... jag började stamma. Jag blev varm, jag blev kall – jag kände mig som Cherubin. Och jag bara ställde ner säcken och andades häftigt, och han fattade ju ingenting – han är helstraight, han fattar fortfarande inte.

Detta var allra första gången som Erik känt sig attraherad av en man, men han har aldrig berättat det för sin vän. Inte heller för sig själv vågade han tänka tanken till slut i början. De var ute och raggade tjejer tillsammans, men att det var vännen som Erik egentligen ville ha, det förstod han först senare.

En relativt sen insikt fick också Anders, och den väcktes också hastigt på ett högst originellt sätt. Han var 20 år och var på Operan. Han hade dittills bara haft kvinnor och levt i heterosexuella kretsar. I pausen inleder en vacker kvinna en flirt med honom, och i nästa paus frågar hon om de kan ta ett glas vin efteråt. »Det är bara en hake«, sa hon, »att min pojkvän ska vara med också.« I detta ménage à trois insåg Anders, även om kvinnan var i centrum, att »det här var ju lite spännande med män; det väckte till liv nånting som kanske hade legat dolt väldigt länge hos mig«. Detta blev en första insikt som inledde en lång procedur där Anders, som räknar sig som bisexuell, till sist valde att leva helt homosexuellt.

## På bögklubb

Att gå på ett ställe för likasinnade där man känner tillhörighet, kan vara ett sätt att ta itu med det som pockar inom en. En möjlighet att träffa någon, eller bara nyfikenhet att titta hur alla ser ut. Några menar också att detta är första steget på komma ut-processen. Eftersom flera är uppvuxna på en mindre ort, så har detta skett efter flytten eller under en resa till framför allt Stockholm. Febrilt har man letat efter information och adresser i tidningar. Ett annat sätt kan vara att söka upp en bekant som är öppet homosexuell, och gå med ut. De som går ensamma första gången är förstås hemskt nervösa men nyfikna, och går ofta flera varv kring kvarteret innan de vågar gå in. Väl inne kan reaktionerna bli litet olika. Hans gick ut efter en lång inre process under flera år. Han hade dittills inte tagit några sexuella kontakter, men kände till sist att det inte längre gick att dölja för sig själv. Så hittade han en adress till Timmy i en tidning och gick dit.[48] Han tyckte allt var jättetrevligt, och gick snart dit igen. På Timmy hittade han sedan adresser till andra ställen, och efter första gången i svängen gick processen snabbt. Hans är en av dem som menar att »första utgången« är ett sätt att komma ut.

Ingmars handlande är i stort sett identiskt. Efter en tioårig kamp utan några sexuella kontakter kände han att det här går inte längre. Han måste försöka komma ut och börja umgås i den homosexuella världen för att träffa

Foto: Pekka Koskenvoima

likasinnade. I likhet med många hade han sett framför sig en bög som en effeminerad fjolla, något han inte kunde identifiera sig med. Det är också den bilden som inte minst TV har gett av homosexuella män, vilket kan ha försvårat det egna accepterandet. Ingmar uppsökte discot i RFSL-huset på Sveavägen. Lustigt nog var det första han fick se två drag queens, som sprang omkring och sjöng operaarior (!). Men resten var precis som vilka män som helst – det var en enorm befrielse för honom att få uppleva det då.

För Ulf gick det inte lika lätt. Han hade förnekat sin läggning, och gjorde allt för att drömma om kvinnor och uppfylla familjens önskemål. Men när han var 18 bestämde han sig för att gå på ett gaydisco. Han betalade entré efter att »ha gått fram och tillbaka minst 15 gånger«. Väl inne gick man upp för en trappa, och så fort han kommit upp »kom nån ful gubbe och satte handen på min rumpa«. Ulf sprang direkt ut, och det dröjde flera år innan han gick till något sådant ställe igen och vågade ta tag i sin sexuella situation.

## Sexdebuten

Att omsätta sina drifter i praktiken behöver inte innebära att man accepterar sin läggning ens för sig själv till en början. Några känner att det är homosexualiteten som är rätt innerst inne, men vill fortfarande inte helt bejaka den. Andra menar »okej, det blev den här gången, men sedan aldrig mer«. Åter andra har det väldigt lätt och tänker att »javisst, det var ju det jag har känt hela tiden«. Daniel och Nils visste att det varit rätt redan innan de prövat på det, och Nils och Lasse kom t o m ut för sina föräldrar före sexdebuten, trots stora komplikationer.

En handfull gjorde väldigt tidiga sexdebuter; frågan är bara vad som är tidigt med homosexuella mått mätt. Enligt ett heteronormativt beteende skulle folk kanske inte reagera på någon som har sitt första samlag i 13–14-årsåldern. Några hade sina första homosexuella erfarenheter med kompisar, vilket redan framgått, medan andra gjorde det med män äldre än de själva. Inte sällan har de som yngre part tagit initiativet – de har vetat vad de ville. Bosse hade sin första kärlek när han var på läger med kyrkan i sjunde klass. Partnern var en av ledarna i 25-årsåldern, och vem som förförde vem minns han inte. Själv tyckte han att det var spännande och »det var rätt känsla«. Efter det började han åka in till stan och gå på gayställen, även om han fick tricksa sig förbi dörrvakterna p g a sin ringa ålder.

Per var 12 första gången, och han uppsökte det själv. Han upplevde det inte alls som obehagligt eller något han som 12-åring inte kunde värja sig emot. Eftersom mannen var betydligt äldre, vill jag här förekomma en eventuell pedofildebatt genom att återge Pers egna ord:

> Det är inte intressant för mig att diskutera huruvida, vad det betydde för honom att vara med en tolvårig pojke. Men för mig kändes inte det som ett övergrepp. Jag laddar inget i det, för jag var nyfiken och själv ville jag det. Sen måste han uppenbarligen ha haft en dragning till yngre pojkar, men för mig känns det ointressant. Man skulle kunna diskutera om det är rimligt av honom att betrakta mig som en yngre man, eller om han inte borde betrakta mig som ett barn. Men som sagt, för mig är det ointressant.

Även Georg, som är knappt 30 år äldre än Per, hade en liknande erfarenhet. Han kommer från en liten ort på landet, »och tydligen hade dom där bondkillarna en väldig sexualdrift, så att de höll på litet med varandra. Men sen slutade dom upp med det och fick sina flickvänner.« Georg hade alltid känt sig dragen till killar, och i 13–14-årsåldern hade han en historia hemma hos en man runt 30. Inte heller Georg kände sig skrämd, och han kunde också ha sexuellt umgänge med de jämnåriga bondpojkarna. Han sökte en fadersgestalt, vilket även ligger nära till hands för flera av de andra.

Det vanliga är annars att man är något äldre och antingen får ihop det med en vän i ens omgivning, vilket kan bli en relation på upp till några månader, eller med någon man har mött på en bögklubb och som då oftast blir en engångsföreteelse. Låt oss ta ett exempel av varje. Tomas var 21 och träffade en jämnårig man som var i Stockholm och studerade konst. Mannen hade ingenstans att bo, och Tomas som då hade en liten stuga sa att »du kan väl bo hos mig ett tag, tills du hittar någonting«. Sagt och gjort, och efter en vecka hamnade de i samma säng. Det var Tomas som själv tog initiativet, och hans egen reaktion var i stil med »why not? Jag kan väl tycka om pojkar också«. Sin egen läggning hade han anat sedan ungefär ett år tillbaka, och under den följande veckan hade de ett förhållande, tills mannen hittade någon annanstans att bo. Efter Tomas första lite lättsinniga reaktion förstod han att saker och ting var mer komplicerade än så. Han hamnade i en djup depression, som hade med hans hela livssituation att göra och inte enbart hans sexuella läggning. Efter tre år var han mogen att gå på sin första bögklubb.

Ville, som vi nyligen följt med sin »knätofskompis« Paul till Piperska muren, fick sin första homosexuella erfarenhet redan samma kväll, med en man inne på klubben. De drog sig ut till en närliggande kyrkogård, men när Ville kom hem efter kärleksakten kände han sig enormt neurotisk: »jag fixar inte det här«. Det blev inte bättre av att mannen från kyrkogården hörde av sig och ville träffas: »Det fanns inte på kartan för mig att ha ett förhållande, jag var inte mogen för det«. Trots sin ångest fortsatte han att hänga med Paul och dennes kompisar, för att bygga upp sin nya bekantskapskrets. Han gick med dem på flera gayställen, och ett tu tre så hade han en homosexuell livsstil. Detta är ett mycket vanligt fall.

## Att acceptera sig själv

Det sista steget innan komma ut-fasen börjar är att acceptera sin läggning. Det skulle också kunna benämnas ett startskott till att börja komma ut. Många kommer till denna punkt långt efter att de börjat omsätta sina drifter i praktiken. Det som gör det svårt att acceptera sig som man är handlar mest om olika slags förväntningar – förväntningar som ens omgivning, föräldrar och andra har på en, men också förväntningar man själv har på sitt framtida liv. Att skaffa barn och leva ett »vanligt« familjeliv är vad både föräldrar och man själv förväntar sig, och också ser fram emot. Man tycker synd om sig själv och undrar varför det är just jag som har drabbats av det här. Ett första steg kan därför vara att säga till sig själv »OK, jag är väl bisexuell då« (som Tomas) eller »nej, nu ska jag passa på att leva och vara gay, åtminstone fram till jag är 25, sedan kanske jag kan gifta mig« (Kenneth). Så blev det sedan inte för någon, men Kenneth menar att om han hade levt för 50 år sedan, som samhället såg ut då, så hade han varit gift vid det här laget. Gift och ändå levt som homosexuell (jfr heterosocialitet). Han är inte säker på att det skulle vara sämre.

De förväntningar och den längtan man haft efter att få barn kan också ha bromsat det egna accepterandet. Den som starkast uttrycker sådana känslor är Emil. När vi lämnade honom senast hade hans långa förhållande med en kvinna tagit slut, och Emil gjorde ytterligare två försök med kvinnor. Han märkte att det inte fungerade och började känna sig mer och mer dragen till killar. När han var 30 kom han i en djup kris:

> Det jag har längtat efter hela tiden är barn. Kolossalt mycket. Och det var nog ett sista desperat försök... att på nåt sätt få till det. Som tur är idag har jag två gudbarn som är fyra och sju år gamla, som jag ser minst en eller två gånger i veckan. Och där jag duger lika bra som mamma och pappa till barnvakt osv. Så jag har ju dom nu som ersättning, men den längtan har varit väldigt stark. Och idag är den s a s tillfredsställd på ett sätt.

Magnus levde också i ett längre förhållande med en kvinna, där de gjorde stora försök att få barn, utan framgång. Carl-Magnus är däremot glad att hans långa förhållande inte resulterade i barn. Charles, som aldrig hade någon längre relation med en kvinna, funderade mycket under sin accepterandeprocess på att han skulle sakna att inte få barn. Han sökte ofta tröst i en scen ur *Die Frau ohne Schatten*, där det djupare skälet till barnafödandet avhandlas (se sid 114).

Något annat som kan hindra bejakandet är rädslan för aids, även om det bara är Alf som har uttryckt sådana känslor. Precis när han var i färd med att ge efter för sina drifter – han hade börjat titta på gayporrfilmer – så kom de första aidsrapporterna i Sverige. Skräcken blev total och han lade allt sådant på hyllan: »Det där kan jag ju bara inte börja med«. Rädslan fördröjde honom närmare åtta år, och under den tiden gick han helt upp i sitt arbete. Sedan började han arbeta utomlands, gick på informationsmöten om aids för att systematiskt ta till sig allt om hur man skyddar sig etc. Först när han kände sig säker kunde han leva ut sin sexualitet.

Att gå ner sig i arbete eller studier är mycket vanligt under denna process. Man försöker tränga undan det andra, kompensera det med hårt arbete och ofta täta operabesök, tills det inte går längre. Men ibland kan man få en plötslig varningsklocka och tvingas ta tag i sitt liv. Sven hade en framgångsrik karriär som rektor, han skrev böcker och medverkade i TV, men hans privata liv då beskriver han som en öken. Han hade sporadiska homosexuella kontakter, men det var »ganska dåligt och platt alltihop«. Sven är född i början av 30-talet, så vid den här tiden fanns det heller inte så många ställen att gå till. När han var 37 år körde han i full fart till en konferens, vurpade med bilen på en bro och hamnade på andra sidan av ett räcke. Han vaknade upp på intensiven, där allt sedan gick bra. Sven fick gott om tid att fundera över sitt liv på sjukhuset. Han insåg att han levde ett halvliv: professionellt var allt fint, men privat var det absolut ingenting. När han kom ut »i helt skick« började han aktivt söka sig en partner. Han var ute i svängen men mötte, som han säger, väldigt trasiga killar: »Jag ville inte vara kurator, jag ville ha ett jämställt förhållande mellan två människor«. Då började han annonsera, och efter att ha avverkat ännu fler »trasiga« killar mötte han Robert, som han fortfarande lever med sedan 30 år. I och med detta började också komma ut-processen för Sven, som enligt sig själv föddes på nytt när han vaknade upp på sjukhuset.

En flytt till en större stad betyder mycket för de flesta i att komma till rätta med sig själv och byta livsstil. Det är inte bara föräldrarna man bryter upp ifrån, utan de vänner och den omgivning man haft i den mindre staden. Att flytta till en storstad innebär större anonymitet, mer valfrihet och fler möjligheter att träffa inte bara homosexuella, utan även att kunna se mer opera och att skaffa sig ett mer specificerat umgänge. Oftast sker flytten någon gång efter studenten, man flyttar för jobb eller universitetsstudier och allt det andra kommer på köpet. Bill flyttade till Stockholm som 23-åring under förevändning att han ville gå mer på Operan, medan det djupare skälet var att han ville kunna leva som bög.

Att komma in i andra kretsar, träffa likasinnade som kanske hunnit längre i processen än en själv är viktigt. Att bli vuxen och få leva sitt eget liv. För även om man har flyttat hemifrån, behöver man bryta upp från invanda mönster och det gör man lättast genom att flytta till en större stad.

# 3. Operaintresset börjar på allvar

Opera handlar om oss, våra liv och dödliga passioner
– alla älskar vi och vi ska alla dö.
Du får följa med någon gång...

Stephen i McNallys *The Lisbon Traviata* (1985)[49]

Även om många har ett visst musikintresse med sig hemifrån och redan under barndomen börjat nosa på opera genom radio och TV, är det för de flesta först under sena tonåren som operaintresset skjuter fart. Drygt hälften menar att det var något de började med på egen hand. Resten blev indragna i det av någon intresserad person, som sedan kunde fungera som mentor, och ett litet fåtal upptäcker det tillsammans med någon som är lika ny i gamet. Fascinationen kan i många fall komma plötsligt i form av ett startskott, och man kommer vanligtvis in via en av komponenterna i operaformen, oftast sången (en röst) eller musiken i sig. Ett mindre antal har kommit in via ett intresse för talteater, och eftersom de flesta bott på en mindre ort så har intresset varit svårt att utöva till en början. Bibliotek, TV och radio har spelat en viktig roll, liksom någon skivaffär på närmaste större ort. Urvalet har då blivit slumpmässigt, och om den enda operainspelningen på Domus i Borlänge var *Rhenguldet*, så fick det bli den. Intressant nog kan det i början finnas ett visst motstånd, något som man får kämpa sig igenom trots att det verkar konstigt och svårt. Men fascinationen driver en vidare. Låt mig nu bena upp varje område i det jag just nämnt.

## Ett startskott

Mikael är 18 år och tillbringar sitt sista sommarlov på familjens lantställe. Radion står på och han går runt matsalsbordet. Plötsligt spelas Donna Annas första aria ur Mozarts *Don Giovanni*. Birgit Nilssons röst väller ur högtalaren: »Or sai chi l'onore...« Mikael minns: »det var det vackraste jag nånsin hade hört. Och just den där fantastiska rösten, när... ni kommer ihåg den där höga tonen som kommer flera gånger om där. Det var oerhört fascinerande.« 16 år senare ljuder exakt samma musik med samma sångerska hemma hos Örjan. Han är 14 år och varit med familjen på Tempo i närmaste ort och inhandlat LP-skivan Önskeartisten 1:

> Och vi satt vid köksbordet och skulle äta middag och jag satte på den där skivan i vardagsrummet, och den började med Donna Annas första aria där. Och jag minns, jag hade aldrig hört opera så där med orkester och alltihop innan, och när jag hörde de där tonerna – jag *sprang* in i vardagsrummet: vad är det här för nånting? Och föll totalt, pladask. Jag visste ingenting om opera innan. Och jag lyssnade på den där dubbel-LP:n flera gånger om dan ibland. Det var ljudet. Soundet, Birgit Nilssons röst, jag älskade hela skivan vad det än var. Men det var det första jag hörde, Donna Annas aria, den är ju så superfrän.

Detta är två typiska berättelser om hur en liten musiksnutt drabbar en explosionsartat, och sedan är man fast. Båda drogs till den speciella klangen i en röst, kombinerat med den musik de hörde. Att det sedan ingår i en större helhet, ett drama med roller och olika miljöer som ska sättas i scen, det kommer in först senare för dem. En levande operaföreställning kan också vara ett startskott, men det vanligaste är faktiskt att man har hört något på radio eller grammofon, eller att någon har berättat något som väckt nyfikenheten.

## På egen hand

Att biblioteken kan spela en oerhört stor roll för att väcka och hålla liv i operaintresset har redan framkommit. Där kan man antingen låna hem skivor, eller sitta och lyssna i hörlurar. I gymnasiet hörde Nils en flicka sjunga Zerlinas och Ännchens arior på en musiktävling i skolan. Dagen därpå rusade han till biblioteket för att låna inspelningarna av *Don Giovanni* och *Friskytten*. Efter hand avverkade han hela bibliotekets operautbud.

Bill hade musikhistoria på musiklinjen och började bli nyfiken på det här med Wagner: om nu så många tycker om hans operor, så kan det väl inte vara så dåligt? Nästan på trots började han på ett tidigt stadium sätta sig in i Wagner. Att göra det som en mindre revolt är han inte ensam om; många har blivit itutade hemifrån att Wagner är konstigt, svårt och inget man kan lyssna på. Bill gick till biblioteket och hörde två skivor av *Tannhäuser* om dagen. Till en början förstod han ingenting, han uppfattade ett sammelsurium av klanger och röster där han bara kunde urskilja Tannhäusers sång till Venus, eftersom den återkom med jämna mellanrum. Men Bill kämpade vidare, han tog om och tog om, och efter en tid kunde han greppa *Tannhäuser*.

Att man får arbeta och kämpa sig igenom är mycket vanligt: till en början är inte alltid upplevelsen så angenäm. Men man känner på sig att det innerst inne är bra, och att man kommer få sin belöning. En ännu större »bragd« gjorde Emil. Som tolvåring fick han en inspelning av en släkting som ville göra sig av med en present hon fått, ingen direkt vänlig gåva med andra ord. Det var Beethovens *Fidelio* och Emil förstod då inte ett ord tyska. Men han satte sig med ordboken, lyssnade och slog upp ord för ord för att sätta sig in i vad det handlade om.

För de flesta betyder alltså skivor oerhört mycket för att väcka intresset, men också för att upprätthålla det livet ut. Till en början kanske kassan är skral, och om man inte får skivor av sina föräldrar, så kan utbudet begränsas till några få operautdrag som spelas om och om igen tills man kan önska sig något nytt i julklapp. Gustav och Rolf hade båda ett utdrag ur *La Traviata* som första operaskiva. Enligt Gustav räcker ett utdrag för att man ska kunna skapa sig någon helhet, det finns ju bakgrundstexter och dessutom inspirerande bilder. När Rolf sedan samlade till att köpa sin första kompletta inspelning föll valet på Strauss *Elektra*. Han hade hört talas om den och tyckte det lät intressant, med en spännande story. När han satte på skivan lät det förskräckligt: »det värsta jag hade hört. Men numera älskar jag *Elektra*.« Åter igen hårt arbete för att sätta sig in i det – som ny är man heller inte så insatt i vilka olika typer av operor det finns.

## Peppande partner

Operans värld öppnas alltså som regel på egen hand, men i vissa fall kan det vara någon som öppnar dörren åt en. Ibland kan det vara en älskare, rent av en av de första, vilket då ger en extra laddning åt det hela. Davids intresse hade börjat så smått, men intresset fick en extra puff av att han blev tillsammans med en operaintresserad man som också sysslade med sång: »Då blev jag verkligen biten, och lärde mig mycket som jag inte hade vetat förut. Hela vårt liv var centrerat kring opera ett halvår ungefär.« Vad David lärde sig mer om var röster och roller, i och med att hans partner också sjöng själv.

Ännu mer omvälvande blev det för Per, som 19-årig träffade en man. Han flyttade hemifrån till sitt livs första stora kärlek och det var på många arenor som allt förändrades, bl a fick han tillträde till vuxenlivet på ett annat sätt än tidigare. Mannen var starkt operaintresserad, och umgicks också i likasinnade kretsar. Låt oss kalla honom Richard. Hemma hos Richard levde Per mer eller mindre som lyxhustru under ett drygt år, och blev snabbt fascinerad av sin partners intresse. Eftersom han var nyfiken på honom ville han också ta del av Richard mer ingående och vad som intresserade honom: »Sen var det också lite kusligt att upptäcka att han ibland försvann, upplevde jag, bort från mig. Han försattes i nån form av trance när han satte på nånting, och så pågick det en, uppfattade jag, hemlig process med honom. Och jag tänkte att jag vill också ha excess.« På dagarna ensam hemma kunde Per botanisera bland älskarens stora skivsamling. Han kunde sätta på någonting som såg spännande ut, för att upptäcka att det lät konstigt och istället pröva något annat.

På ett tidigt stadium i förhållandet satt de i soffan en kväll. Per bad Richard att sätta på något som han trodde att Per skulle tycka om. Efter en stunds funderande fastnade Richard för en mjukt vaggande nocturne, en duett mellan två kvinnoröster i Berlioz *Béatrice et Benédict*. Den som hört den meditativa och erotiskt färgade stämningen kan nog förstå att Per trillade dit direkt, inte bara för musiken utan även för Richard: »och sedan levde vi lyckliga i två år«, kommenterar Per. Han fick inte bara opera presenterat för sig, utan även mannen framför sig och stunden mellan dem som Richard ville färga på detta vis. »Jag kom i kontakt med opera med just den här duetten, och det kommer jag alltid att minnas«, säger han.[50]

Per var noga med att försöka göra intresset till sitt, och han ville ha vissa delar som skulle vara hans egna. På en skivbörs hittade han Mozarts *Mitridate*, som Richard inte hade, och han revolterade mot hans Callasdyrkan genom att skaffa sig en »egen« diva: Montserrat Caballé. Men deras första gemensamma operabesök blev en flopp. Övertygad om att det skulle bli fantastiskt, upplevde Per Debussys *Pelléas och Mélisande* som något gräsligt och hemskt – han ville bara därifrån. Men det har ju redan framgått att för en operabög in spe är sådana hinder bara till för att övervinnas...

Att förhållandet förgår medan operaintresset består finns det många exempel på. Ingmar blev indragen i operaintresset genom en man som sysslade med sång. Deras förhållande sedan fem år är nu på väg att ta slut, men Ingmar är övertygad om att han kommer att fortsätta med sitt intresse: »jag har gått mycket på Operan utan honom också, för jag känner att det ger mig något enormt, den här världen som har öppnats«.

Ibland kan nyfikenheten på opera väckas av en partner vars intresse går över alla bräddar och inte verkar riktigt sunt. Risken kan då vara att man slår bakåt och vänder sig från opera i stället. Men Kenneth och Tomas fortsatte istället att utveckla ett eget, mer modest intresse. Kenneths första kille var operaintresserad på »ett tokigt sätt«: »Han var helt galen i opera, sprang jämt på Operan och satt på tredje raden. Och han spelade bara opera, i alla sammanhang skulle det vara opera på.« Det blev problem, och det hela var på gränsen till vad Kenneth tyckte var acceptabelt. Problemen hängde också samman med att partnern var arbetsskygg och blev förtidspensionär. Men för Kenneth blev han en ingång såväl till opera som till gaylivet.

Tomas flyttade ihop med en man som var besatt av sopraner i allmänhet och Kiri Te Kanawa i synnerhet. Mannen satte visserligen fart på Tomas operaintresse, men inte heller det var problemfritt. Partnern hade inte vågat komma ut som homosexuell och spelade Kiri dag som natt: »gudskelov var det två rum och kök som vi bodde i, så jag hade mitt eget rum och kunde gå in och se på *Spanarna* på fredagar. Så fick han lyssna på Kiri i sitt rum.«

I dessa fall har partnern öppnat intresset. Men Sven var själv en peppande partner, och till skillnad från de förra har hans förhållande inte tagit slut. Hans sambo Robert är också med i projektet, och hans intresse är mindre än Svens. Robert tillstår själv att han inte hade haft något operaintresse idag om de inte hade träffats. De andra som fått intresset väckt av en partner hävdar att intresset hade kommit förr eller senare ändå.

Men man kan också upptäcka opera *tillsammans* med sin partner, där båda är lika nya i branschen. Då peppar man istället varandra på ett mer jämställt sätt. Peter och Bosse är några av de få vars operaintresse väcktes efter att de kommit ut. De var båda knappt 30 när de träffades, båda bodde då i Stockholm och tämligen omedelbart satte deras intresse igång. Peter hade möjligen ett litet försprång genom att han varit på Operan några gånger, men den verkliga kicken hade ännu inte kommit. Den kom istället när de såg *Mästersångarna i Nürnberg* tillsammans på Stockholmsoperan. De hade visserligen börjat lite försiktigt med *Tosca* och *Trollflöjten*, men att gå på 5½ timme Wagner... Bosse var inställd på att gå efter första akten om det skulle bli för jobbigt, men det blev en totalupplevelse som sällan överträffats för någon av dem. Omskakade gick de ut som på små moln: »Det är en av de få gångerna jag riktigt känt att allt varit helt samspelt. Jag hörde ingenting annat, det fanns ingenting annat«, minns Bosse. Båda hävdar bestämt att de hade kunnat sitta av 5½ timme till utan vidare. Följande sommar började de springa på Drottningholmsteatern, de satte igång att köpa mängder av operaskivor, de började resa och se opera, de pratar om opera hemma jämt... »Efter *Mästersångarna* var det kört. Sedan har det spårat ur alldeles«, säger Peter lakoniskt.

## Peppande polare

Den peppande motparten behöver inte vara en älskare, det kan också vara en kompis. Carl-Magnus, som kommit in så smått via musikaler och operetter på TV, menar att han i samma veva blev »inlurad« på opera av sin bästa vän i skolan. De var i 13–14-årsåldern och precis som Peter och Bosse var det i stort sett något de upptäckte tillsammans, med kompisen ett litet steg före. Han började prata om opera, »och då skulle inte jag vara sämre«, minns Carl-Magnus. Efter det följde besök på de operagästspel som förekom på den mindre orten, och framför allt började de »sin lilla tävling« om vem som samlat flest operainspelningar. Tävlingen fortgår alltjämt, men på distans efter att Carl-Magnus flyttat till Stockholm.

Även bland vännerna finns exempel på hur den ena kan sitta inne med kunskaperna och erfarenheten, och fungera som en mentor för den andra. Anders började gå på Operan med en lärare i gymnasiet, till en början på en plats som denne hade över. Läraren var operahabitué och hade flera abonnemang, så till sist gick de på Operan upp till fyra gånger i veckan, »det var en orgie i opera då«. Vännen kunde allt om opera, berättade innan om det de skulle se, och Anders blev mer och mer tränad. Han behövde inte tycka om en viss opera första gången, de gick flera gånger på samma uppsättning och lärarvännen försåg honom med nycklar för att kunna tolka och uppleva. När en nyckel äntligen visade sig fungera, kunde Anders bli så ivrig att han sprang och såg nästa föreställning av samma verk ensam.

Vänner betyder mycket även för att upprätthålla och vidareutveckla intresset. Mer om det kommer jag att ta upp längre fram, i samband med den sociala sidan av operautövandet.

## Vad drogs man till?

Att frågan om när ens operaintresse började fick snittvärdet 18 år i enkäten förefaller ganska logiskt. Det är i den åldern man mer slutgiltigt formar sin identitet, man bygger upp sin personlighet och börjar sitt liv som vuxen. I det ingår också att man skapar sina egna intressen och lämnar den kollektivism som skola och gymnasium utgör. De faktorer i operans väsen som attraherar till en början, behöver inte vara desamma som sedan får en att fortsätta med intresset. Hur man sedan går vidare med operaintresset och vad det är som håller det vid liv tas upp i senare kapitel.

### SÅNGRÖSTER

Musiken och rösterna är ofta en ingång som nämnts. Även rösten frikopplat från musiken, alltså röstkvaliteten i sig, kan fascinera och vara något som man även senare sysselsätter sig med. En personlig timbre, dvs en lätt identifierbar röst är också något många framhåller. Hans menar: »röstkvalitén betyder väldigt mycket. Det kan också vara som ett instrument, man är inte intresserad av vad dom sjunger riktigt, utan man tycker om tonen och så där i deras röster, det kan vara väldigt givande.« Den fysiska kraften i en röst som drabbar en kan vara ett startskott, även när den inte klingar live. Birgit Nilsson nämndes redan i inledningen, och för många i projektet har hennes röst varit en verklig ingång i operaintresset och för att botanisera vidare. På gott och ont enligt några, eftersom ribban tidigt lagts mycket högt när man jämför med andra sångare. Man blir snabbt kritisk och kanske inte omedelbart upptäcker de positiva kvaliteterna i ett verk med andra uttolkare. Men när en röst griper en totalt, då kan det vara som Kenneth beskriver, att man själv är inne i rösten.[51]

En särskild röstkvalitet kan vara en absolut renhet och klarhet, och en förmåga att låta som en ung flicka. Även om många kvinnliga operaroller föreställer det, så är sångerskan mera sällan en ung flicka i verkligheten. Både Daniel och Bosse blev tidigt fascinerade av Edita Gruberova av just det skälet. Daniel såg henne på TV och häpnades över den rena höjden och att det lät som en liten flicka som sjöng. Bosse fullkomligt trollbands av hennes Linda di Chamounix (Donizetti), där hon lyckades ge fullkomlig illusion av en ung, längtansfull flicka t o m under ett konsertant framförande. Det kan bli som ett mirakel, att det man hör inte är det man ser.

Apropå Gruberova kan koloratursång ofta vara en tidig öronöppnare; Daniel och Rolf är knappast ensamma om att ha Nattens drottning som en första favorit t ex. Carl-Magnus kom ursprungligen in via »kvittrandet« (eller snarare joddlandet) i *Sound of Music* och Emil plågade i unga år grannarna med att höra Joan Sutherland i Lakmés klockaria dagarna i ända. Det kan »låta kul«, det är medryckande och ofta glad musik som ger ett häpnadsväckande, nästan övermänskligt intryck med all sin ekvilibrism.

Redan vid operaintressets början kan de två falangerna »bel cantobögar« och »Wagner/Strauss-bögar« skönjas. De förstnämnda blev tidigt intresserade av koloratur, medan de sistnämnda ofta hade Birgit Nilsson som ingång. Inte sällan står man dock med en fot i vardera läger, men helt klart är att dessa två områden tilltalar operabögarna mest.

### MUSIKEN OCH KÄNSLOLIVET

Musiken i sig är ett betydligt vidare begrepp att ringa in. Även här finns flera undergrupper. Melodiken är en viktig egenskap som kan attrahera till en början. Medryckande och slagkraftiga melodier nämner flera som en ingång, speciellt från italienska operor. Anders minns hur han gick på Operan med sina föräldrar som barn, och hur han redan innan operaintresset kommit igång blev imponerad av körerna i Verdis *Trubaduren*. Tonslingorna satte någonting i rörelse hos honom, och det är ofta glada körer med mycket folk på scenen. Även Carl-Magnus nämner melodiken: »jag älskar ju en bra låt, som man säger så vanvördigt. En bra melodi. Bra gjord, det är väl där det tekniska kommer in.« Hör det sedan till stilen att sångerskan ska göra utvikningar i form av koloratur, fortsätter han, ska det helst vara så mycket som möjligt. Melodiken är en egenskap som fortfarande är viktig för Carl-Magnus operaintresse och utmärker flera av hans favoritverk, t ex Verdis *Attila*.

Musik har genom olika metaforer ofta kopplats till känslor och det undermedvetna känslolivet, t ex att den kan gå direkt till hjärtat utan att passera vägen över hjärnan. Operabögarna är ofta inne på denna koppling – Kenneth säger: »är det något som berör ens innersta inre, som verkligen når in, så är det faktiskt musiken. Mer än någon annan konstform. Mer än bildkonst och mer än mycket annat.« Musik kan vara en spegel för känslolivet, och Dowling påpekar med stöd av Susanne Langer att musiken representerar *dynamiken* i känslorna, inte det specifika innehållet.[52] Med andra ord, den härmar känslolivets form snarare än dess innehåll. Redan

Peterson-Berger var inne på liknande tankegångar när han menade att musik inte kan beskriva en bestämd känsla, men uttrycka känslans rörelse.

Men musik kopplat till en text gör det redan mer komplicerat, eftersom texten ger uttryck för något mer specifikt. Ändå har jag gång på gång stött på i undersökningen att musiken har väckt starka känslor hos åhörarna, utan att de närmare kan specificera vilka känslor det är. Det ovanstående kan alltså vara en förklaring. Merparten talar om att bland det första de fascinerades av var de starka känslostormarna på scenen, utan att koppla det till handlingen eller till specifika känslor inom en själv. Charles fick svara på frågan vad han berördes så starkt av i de första föreställningarna han såg, bl a Wagners *Lohengrin*. Hans svar är signifikativt för många i gruppen:

> den här väldiga klangmassan, de kraftfulla rösterna, det här intensiva känsloflödet. Men då grät jag inte, vilket jag har gjort många gånger senare. Utan det var på ett annat plan, det var oerhört intensivt och märkvärdigt. [...] Det var musiken det handlade om, hela tiden. Det var det då. Och jag var då inte gripen av Elsas öde i *Lohengrin* på det sättet, det var jag inte.

De starka känslorna i musiken är alltså en vanlig ingång, och först senare söker man en helhet med texten, handlingen, regin och spelet.

Frågan är om man kan se det som en flykt, precis som när man lever sig in i en annan känslovärld genom att läsa en roman. Det är egentligen bara Georg som har uttryckt något sådant. Hans operaintresse började närmast som en protest mot sin omgivning. På Operan fann han en fristad från allt som var jobbigt under hans ungdomstid, och på frågan vad han drogs till svarar han: »starka känslor, hysteriska kvinnor och kärlek. Jag levde mig in i detta, jag ville komma ifrån mig själv«. (Jämför citatet ur *Norma* på sid 58!) Men Ulf ser inte detta som en verklighetsflykt, utan snarare en verklighetsförstärkning: »ibland upptäcker man känslor som man annars kanske inte visste att man hade just då, i det undermedvetna. Det plockar fram dom.«

Det är alltså tydligt att musiken kan elda på känslor som man annars tycker att man saknar, eller hjälpa en att lyfta fram dem. Musiken kan då fungera som en ventil för att släppa ut detta som har legat och tryckt. Erik menar att den i vissa ögonblick kan träffa hans innersta på ett mycket speciellt sätt. Han gråter ofta på Operan när det är bra. Vilka känslor det är anser han inte att det går att uttrycka, det kan röra sig om någon vändning eller ackordföljd i musiken. För att åter tala med Dowling, rör det sig om »symbolical inducation«, dvs när de olika symbolerna i musiken – ackord, fraser – bildar mönster som skapar förväntningar, spänningar och avspänningar hos lyssnaren.[53] Även här gäller att musiken kan härma känslans form eller rörelse, men inte dess innehåll och att det därför inte går att mer exakt specificera vilka känslor det gäller.

Även för Harald var det starka känsloutspelet en tidig öppning: »Jag tilltalas också av de här stora dramatiska rollerna, och kanske karaktärer som inte är så sympatiska, men som har en häftig musik och ett häftigt utspel.« I dessa roller kan han känna igen känslor hos sig själv, men också känslor som han tycker att han saknar. Det kan finnas drag av aggressivitet mot omvärlden, men också av mod som rollerna uttrycker i ens ställe.

Här börjar vi närma oss något som kan liknas vid en sublimering eller en ersättning för något man dittills saknar. Under ens ungdomstid, när man inte har fått leva ut sina lidelser och sin könsdrift, kan det vara naturligt att operan drar med sina känslokaskader och sin erotiska musik. Per-Olov lockades av de väldiga känslostormarna, »som man kanske inte hade haft så många innan, faktiskt«. Han menar att det var känslor som fanns inom honom själv som han då inte levt ut riktigt. För honom, liksom för många andra, blir det en form av aha-upplevelser när de ser tillbaka på den här tiden. Vilken roll operan kan ha spelat när intresset var alldeles nyväckt är inget de medvetet tänkt på. Men Daniel är i den processen nu och har hittills inte kunnat leva ut sin läggning. Med sin längtan efter ett förhållande och sitt relativt nyväckta operaintresse bekräftar han att operan kan ha en sublimerande roll.

## TEATER KONTRA MUSIK – EN HELHETSVERKAN

Som nämnts kom de flesta in på opera via musiken. Att intresset för musik även senare i livet har ett övertag mot det teatrala visade redan enkäten, där de flesta går oftare på klassiska konserter än talteaterföreställningar. Bara ett fåtal drogs in via talteatern, och till dem hör Magnus. Han är också den enda i hela undersökningen som har angett att han går oftare på talteater än opera. Han kom in samtidigt på talteater och opera i 13–14-årsåldern. För Alf blev Genteles *Maskeradbalen*-uppsättning ett tidigt startskott, och hans berättelse går emot många andras. Det som bet sig fast i minnet för honom var inte musiken i sig, utan sättet att framställa handling och betydelser i musik: »Först när jag något år senare hörde *Maskeradbalen* på radion, så blev jag förvånad – det var ju väldigt slagkraftig och rolig musik det där. Då kom jag att närmare sysselsätta mig med den.« Fascinationen över samspelet mellan text och musik kan alltså komma in tidigt, även om det de flesta begränsar sig till en flyktig förundran över att man sjunger istället för talar.

Men att dramat och det sceniska har stor vikt råder det inget tvivel om, även om det för de flesta kommit senare i utvecklingen. Karl uttrycker det så här: »För mig är dramat det centrala, och musiken är där för att ge dramat förstorade och fördjupade psykologiska dimensioner. Den kan också genom sin egen uttryckskraft och sin egen skönhet förädla även ett ganska enkelt drama eller en ganska enkel text.«

Den vanliga vägen är annars att man först fångas av musiken, efter hand börjar läsa på texten och vad det handlar om, och som sista stadium börjar intressera sig för hur operan är uppsatt med regi, scenografi, kostymer och ljus. För flera kan det sistnämnda fortfarande vara relativt ointressant. Men för Gustav var tidigt scenografin och det visuella viktigt:

> nästan viktigare än musiken ibland, eller samverkan med musiken i alla fall. Musikklangerna sammanfaller så väl med färger tycker jag. När jag lyssnar på musiken så tänker jag mig en gestaltning. Ibland när jag lyssnar på opera på CD eller på grammofon, så brukar jag ofta ha librettot och följa mig in i handlingen och tänka mig in i scenbilden. Ibland läser jag librettot först, lyssnar på musiken samtidigt som jag tittar i librettot osv, så att jag försöker tänka mig in i gestaltningen.

Gustav säger också något som är högst kontroversiellt för nästan alla i undersökningen: »För mig tycker jag att operaartisterna ska vara helt anonyma; de ska vara identiska med rollen. Även om sångarna är världskända, så bryr jag mig inte om att ta reda på vem som sjunger vilken roll. Utan jag tycker man behöver mycket starkare regi.« För de flesta som haft sången som ingång kan det här tyckas häpnadsväckande, och det starka intresse för röster som många har fortsatt att odla är alltså ingenting för Gustav. Men helheten har ändå kommit att bli viktig för flertalet, och de säger sig också ha haft sina starkaste upplevelser just när alla komponenter – sång, musik, regi, scenografi, kostym och ljus – flyter ihop till en obruten helhet. De upplevelserna brukar komma efter en tid när man har fått litet mer »kött på benen« i sitt intresse. Men det kan också vara en form av startskott, som att operakonsten visar sig från sin allra bästa sida och man förnimmer vad opera verkligen kan vara. Här kommer t ex Bosse och Peters upplevelse av *Mästersångarna* på Stockholmsoperan in.

Ulf beskriver opera som den högsta konstformen, där alla andra närliggande konstformer är stenkol som slipats ihop till en diamant – opera. Erik menar att när alla bitar trillar på plats, inte bara orden och musiken, utan också ansiktsuttryck, kroppsspråk, regi och scenografi, då blir allt som händer på scenen *sant*.

Svens ingång till opera har också att göra mer med den litterära sidan eller helheten. Han kopplade den tidigt till sin homosexualitet, som han upptäckte redan innan det hade upphört att vara kriminellt 1944. Han är den enda som på ett medvetet plan kopplar sin dragning till operakonsten till sin homosexualitet. De flesta bekräftar den koppling som finns, men menar att det har legat på det omedvetna eller undermedvetna planet, och de har egentligen inte konfronterats med de här frågeställningarna förrän de drogs in i projektet. Men Sven har funderat länge kring dessa frågor och kommit fram till vissa svar redan innan han gick till samtalen. Men innan jag går närmare in på dem, ska vi följa deltagarna från det nyvunna intresset i operasalongen till steget ut ur garderoben.

# 4. Ut ur garderoben

Mamma, det finns saker jag aldrig berättade för dig.
Jag föddes för tidigt och talade för sent. [...]
Mamma, jag har legat med över tusen män.
Om du inte vet det redan,
Jag är gay, queer, bög – annorlunda.
Men jag vågade aldrig säga dig det.

Harvey i Stewart Wallaces opera *Harvey Milk* (1995)[54]

Denna bok handlar om svenska operabögar vid sekelskiftet 2000. Det är viktigt att ha i åtanke både den geografiska och tidsmässiga avgränsningen. Att leva öppet som homosexuell i Norden har under de senaste decennierna varit lättare än i många andra länder, även om det finns mycket kvar att åstadkomma. Partnerskapslagen gick igenom i Danmark, Norge och Sverige under början av 90-talet,[55] och även om man ännu inte kan åberopa olaga diskriminering eller hets mot folkgrupp i likhet med flera andra utsatta grupper, så kan det tyckas att man numera vanligtvis kan leva öppet utan alltför stora risktaganden eller umbäranden. Ändå kan vägen till att vara öppen vara lång och svår. Att det finns viktiga skillnader mellan olika länder och kulturer behöver man inte gå så långt som till de länder där det är belagt med dödsstraff för att se. Den amerikanska kultur som Wayne Koestenbaum eller Terrence McNally i *The Lisbon Traviata* beskriver ligger en viss tid tillbaka, där »garderoben« fortfarande är en realitet för många, trots faktorer som Stonewallupproret 1969.

I min undersökning deltar bögar från flera olika generationer. Jag trodde på förhand att klivet ut ur garderoben skulle varit mer smärtsamt för de äldre deltagarna, men så är inte fallet. För några av de äldre har det gått förvånansvärt lätt, medan flera yngre har haft näst intill traumatiska erfarenheter och tvingats bryta med familjen en tid osv. Men också vice versa. Det går alltså inte att se något tydligt mönster kopplat till vilken generation man tillhör. Det har istället varit sociala och personliga förhållanden som har styrt hur det har varit att vrida om garderobsnyckeln, snarare än hur samhället i stort har sett ut vid den aktuella tidpunkten.

Johan menar att det är först när man börjar berätta att man är homosexuell som det är definitivt – det är då man *är* homosexuell, då har man tagit sitt beslut. Och så kan det vara för många. Snittvärdet i enkäten för att komma ut är drygt 25 år, dvs åtta år efter att man började inse sin läggning. Som jag skrev i kapitel 2, så var det egna accepterandet en startpunkt till att börja komma ut. Att gå på bögklubb och umgås bland likasinnade kan vara en början ut, men det medför inte alltid att man har accepterat sig själv. Inte heller de första sexuella kontakterna behöver automatiskt medföra det. Så faserna går ofta om lott, tills man nått ett självaccepterande och en någorlunda öppenhet. Att komma ut har jag definierat som att »man berättat det för vänner, familj och kanske några arbetskamrater«, men det har inte varit tillräckligt för att ringa in begreppet. Flera har nämligen föräldrar och syskon på långt avstånd, utan så mycket kontakt. Och av dessa menar många dessutom att familjen nog förstår eller anar, men man har aldrig talat om det öppet, man har aldrig »rensat luften«. Även när man har flyttat ihop med en man kan det vara så. Och dessa är helt öppna med sin läggning i många andra sammanhang, vänner, kolleger och kanske andra släktingar.

Den vanligaste gången i att komma ut är att man först etablerar sig bland likasinnade, sedan berättar man för nära heterosexuella vänner (de första brukar vara kvinnor), och till sist, kanske via något syskon eller annan släkting, för föräldrarna, som brukar vara själva prövostenen. Om man har kommit ut på jobbet är lite olika; det beror på vilken typ av arbete och vilken kontakt med kollegerna man har. Många har dock berättat för några av dem som står en litet närmare. Denna kedja har fått bilda struktur för det här kapitlet, och startpunkten blir att berätta för vänner som inte är homosexuella.[56] Alla utom två i undersökningen har kommit ut enligt den utvidgade definitionen ovan, även om som sagt graden av öppenhet är litet olika. Av dessa två är 19-årige Daniel den ene – och han har sedan intervjuerna genomfördes nu gjort det – och den andre har valt att stanna vid början av processen, vid likasinnade och mycket nära vänner.

## Att komma ut för vänner

Att komma ut kan gå till på två sätt: antingen bestämmer man sig själv för att berätta för någon, eller också blir man ställd mot väggen med en fråga (jfr outing): är det så att du är homosexuell? Det sistnämnda kan också vara att man hamnar i situationer så att man är tvungen att förklara sig. Det är alltså ett slags påtvingad komma ut-process, som kan vara antingen negativ eller positiv. De negativa har gjorts med aggressivitet och oförståelse från motparten, och har här enbart förekommit i familjesammanhang. De positiva har varit mer ett sätt att bry sig om, och en vilja att lära känna och förstå individen bättre. De har förekommit både i vänskaps- och familjesammanhang. Men låt mig börja med ett exempel där man valt att berätta själv.

Det jobbigaste kan vara att berätta för den första – då man blir homosexuell »definitivt«, och med de senare vännerna brukar man få upp farten. Det frestar på att berätta att man inte är som andra, att man inte ingår i den normativitet som har satts upp överallt i ens omgivning. Och i början, när man inte har många likasinnade omkring sig, känner man sig otroligt avvikande. Då är det naturligt att man väljer sin närmaste vän som man har stort förtroende för, och man vill genom detta att man ska känna varandra riktigt. Denna vän är så gott som utan undantag en tjej, i några fall en syster eller svägerska.

För Nils och hans bästa tjejkompis blev det också så att vänskapen fördjupades. Han inledde sin enormt intensiva midsommarvecka efter att ha tagit studenten med att berätta för henne, och innan veckan var till ända hade han berättat för flera vänner, sina systrar och föräldrar. När man väl har accepterat själv kan det gå ganska fort – som vi har sett är ofta självaccepterandet den svåra och långdragna biten. Även om det sedan inte gick som Nils hade tänkt sig, så hade han rätt i sin aning att det inte skulle vara så svårt med kompisen. De skulle äta middag hos henne, han kom dit och tänkte: jag måste berätta, det är min allra bästa vän, vi vet allt om varandra.

> Och vi börjar laga mat, och står där och rör i grytorna. Och man säger ingenting, och man korkar upp en flaska vin. Man försöker komma in på nån bra infallsvinkel, men det går inte. Sen så där fram på nattkröken så berättar jag att jag gillar killar. Och det tyckte hon var jättekul. Jag sa 'Hoppas du inte har tyckt

att jag kört med falsk marknadsföring.' Hon sa: 'Jaha'. Och jag frågade: 'Har du misstänkt nå't eller så där?' 'Nej, jag tycker bara att du är [Nils] för mig.' Och sen diskuterade vi vilka killar vi tyckte var snygga natten igenom.

Det här är en ganska vanlig situation – den ägde rum i början av 80-talet – och den medför också en stor lättnad för den som berättar: äntligen en bundsförvant som är på min sida, som förstår mig! Man slipper känna sig ensam med det här, vilket man faktiskt kan göra trots att man kommit ut bland andra homosexuella. Men Nils hade inte ens gjort det, eftersom han ovanligt nog inte omsatt sin insikt i praktiken innan han kom ut. Berättelsen tangerar också något som kan vara jobbigt för många, nämligen att man inte vill hamna i situationer där en tjej blir intresserad av en sexuellt. Man vill då inte såra den som man känner djupa vänskapliga band till, och ett sätt kan då vara att berätta hur det ligger till.

Nu kommer ett fall när det är vännen som hjälper till att »knäppa upp en«. Mikael är drygt 30 år äldre än Nils, och förmodligen ett typiskt exempel på hur det var att leva som gay i sin generation. Han hade accepterat sig själv, men levt öppet många år enbart bland likasinnade, som i en hemlig klubb. Han levde alltså två liv, ett heterosocialt och ett homosexuellt, och hade inte ens berättat för sin bästa väninna. När Mikael var i 35-årsåldern satt de i en buss under en körturné:

Då talade hon om för mig att 'du behöver inte säga nåt, jag vet redan hur det ligger till. Och du behöver inte vara orolig, jag kommer inte att försöka omvända dig'. Och det sa hon redan under andra eller tredje dagen på den här turnén som varade en månad. Och sen satt vi bredvid varandra i bussen i en månad och hade så fruktansvärt roligt, för hon levde ju sitt liv då och jag levde mitt liv, och sen så hade vi någon... vi kunde prata. Jag kunde ju prata med henne! Hon var ingen bög. Det var första gången jag pratade sex med någon som inte var bög.

Efter det inledde Mikael sin komma ut-process; han berättade för vänner, familj och en del arbetskamrater och han behövde inte längre känna att han ingick i några hemliga gäng, vilket fortfarande var vanligt i mitten på 70-talet.

Men man kan också hamna i situationer som gör att man måste förklara sig, och även det kan vara en inledning till att komma ut. David hade flyttat till Stockholm som 17-åring och just inlett sitt första förhållande med en man, som befann sig i lägenheten när hans bästa tjejkompis gjorde en oanmäld visit: »Då blev jag litet ställd och sa att det var min kusin som hade kommit och hälsat på«. David visste inte hur han skulle bete sig, men skämdes för att han hade ljugit för sin närmaste vän. När hon sedan blev ensam kvar i lägenheten med honom, tog han mod till sig och sa att »det var ingen kusin från landet«. Hon tyckte snarast att det var spännande och tog det så positivt att hon sedan aktiverade David i att bejaka sin läggning och komma ut.

En nära vän kan också hjälpa till, inte bara med komma ut-processen, utan också med det första självaccepterandet, ibland rent av innan man har tagit några sexuella kontakter. Ulf mötte vi senast som 18-åring när han sprang skräckslagen från en bögklubb, efter att ha blivit klappad på stjärten av en gubbe. Eftersom han hade en hel del problem med sin familj, som närmast ville gifta bort honom i unga år, gjorde han inga ytterligare försök att närma sig gayvärlden på flera år. Men sedan blev han god vän med en kvinnlig präst, betydligt äldre än han själv. Hon såg hur det var fatt och plockade fram det hos honom. Hon tog honom till bögklubbar där hon både skyddade honom från fler »klappar i baken« och uppmuntrade honom till att ta kontakt med män som han blev intresserad av. Väninnan skulle på bögspråk kallas faghag, en funktion som kan vara viktig för många bögar, såväl socialt som känslomässigt.

## Att komma ut för föräldrar och övrig familj

Att komma ut för sina föräldrar är ofta det som upplevs som allra mest smärtsamt, men ofta också det mest tvingande. Man tycker att de som står en nära och har hela ens historia bör veta hur man lever sitt liv. Å andra sidan är man rädd att göra dem som har fött en besvikna. Det är förväntningar som man fruktar att grusa, men man vill också visa att man har det bra, att man är lycklig och inte är ensam – man har någon att leva sitt liv med. Det vanligaste är också att man berättar när man har en stabil relation, någon som man kan stå för och vill visa upp. Man gör det i ett stadium där man är i balans och känner sig trygg med sin läggning. Men reaktionen kan ofta bli smärtsam och inte alls som man tänkt sig. Och ibland kan det inträffa när man inte är mogen för det; även här finns påtvingade »outings« och i motsats till vännerna kan de vara rent negativa.

Många tycker det är svårt för att man inte har någon relation till föräldrarna där man talar om känslor och djupare förhållanden, och en del säger att de knappt haft kroppskontakt med sina föräldrar. För en handfull kan en religiös läggning hos föräldrarna vara hinder i vägen, och lika många har synnerligen aggressiva bröder som stör relationerna. Systrar kan däremot vara en brygga över till att berätta det för föräldrarna, och är oftast dem man kommer ut för först i familjen. Andra kvinnliga släktingar kan också ha den funktionen; ofta kan en klok äldre släktning som en farmor eller moster vara den som tar det allra bäst i släkten.

Om det går lättare för mamman eller pappan att ta beskedet har fördelat sig i stort sett jämnt: åtta (mamman) mot sju (pappan), och de övriga har det varit lika för, eller också har det inte funnits två föräldrar att berätta för. Bara två är skilsmässobarn, och för några har den ena av föräldrarna inte längre varit i livet när de börjat komma ut. I flera fall har man trott att det skulle gå svårare för pappan att ta det, men i stället visade det sig tvärtom.

### FÖRSTÅENDE SYSTRAR

Men låt oss börja med en syster som Gustav valde att först berätta för. Han hade haft en hård barndoms- och ungdomstid, där han tvingats leva i en närmast hermetiskt sluten värld där känslor och fysisk kontakt konstant skjutits åt sidan. Efter en lång och svår accepterande-process hade han i 25-årsåldern inlett ett förhållande som varat ett halvår, när han bestämde sig för att tala med sin syster:

> Och jag samlade mig verkligen, jag tyckte det var litet pirr i magen att göra det. Det skedde på en restaurang nere i Gamla stan, och jag passade på när bara hon och jag var där. Vi satt ensamma vid bordet, och jag sa att jag hade något viktigt att säga henne. Och så berättade jag det här, och hon fnös irriterat och sa att du hade ju något viktigt att berätta, var det bara det här? Och så sa hon att det har jag ju vetat sen du var tolv år, så är det dags att berätta det nu? Det hade du lika gärna kunnat hoppa över. Så hon måste alltså ha vetat det ett antal år utan att jag visste om det...

Systern hade haft en nära manlig vän som var bög, och hon hade genomlevt alla hans kriser genom pubertet och tonår. »Och jag har kunnat se dig, jag har ju sett parallellen«, sa hon. En smula bittert konstaterar Gustav att hade hon sagt någonting tio år tidigare, så hade det kanske gått lättare för honom. Reaktionen från Gustavs sida blev ändå lättnad, att det hade gått så enkelt, men han blev också förnärmad över att hon ryckte på axlarna åt något som han tyckte var så viktigt för sin egen del.

Något liknande, men på ett mer positivt sätt, uttryckte Karls lillasyster, när hon sa »Jaha, ja det har jag märkt att när du har nån ny kompis med dig, då blir du så där oändligt anpassbar som jag blir när jag blir kär«. Så hon var snabbt mycket förstående för vad det handlade om.

Fredriks syster blev däremot arg och ledsen för att hon inte hade fått veta det tidigare, när han kom ut för henne och sin mamma i 21-årsåldern. Systern var då med i KMFL(r), som hade flera rabiata böghatare och drev en intolerant linje. Hade hon vetat tidigare, hade hon förmodligen tagit en mer aktiv ställning emot detta. Som så ofta har man lättare att acceptera och förstå avvikelser om man har en individ på nära håll, det må sedan gälla invandrare, handikappade eller homosexuella. De systrar som haft lättast att ta det har ofta haft någon nära bögvän sedan tidigare.

Det hade också Johans svägerska, och det visste han om när han kom ut för henne som den första i familjen. Han hade då kommit ut för en del vänner och inlett ett förhållande sedan ett år tillbaka med en man han fortfarande är tillsammans med. Svägerskan hade han nära kontakt med sedan länge, och var den i familjen som han pratade mest med. Johan uttrycker det som att det då fanns flera års inre funderingar, som behövde komma ut vid något tillfälle, och då var hon den person som fanns i hans omgivning. Hon blev först väldigt förvånad, men menade sedan att det var den pusselbit som fattades. Under ett halvår blev det deras gemensamma hemlighet i familjen, innan Johan berättade för sin bror, dvs hennes man. Vid något senare tillfälle sa Johans mamma till svägerskan i en bisats att hon trodde att Johan var homosexuell. Svägerskan ringde upp Johan och berättade detta, varpå Johan ringde sin mamma och bekräftade hennes misstankar. Mamman tog det utan större problem, men den stora gemensamma funderingen i familjen blev sedan: hur ska vi kunna berätta det för pappa? Alla tänkte att han säkert skulle bli mycket arg och besviken, och att det skulle bli uppslitande komplikationer. Efter ett helt års tassande och funderande bestämde sig slutligen mamman för att berätta, »nu får det bära eller brista«. Och alla farhågor kom på skam, han tog det fullständigt naturligt och »var väldigt snäll« enligt Johan.

## RASANDE FÄDER, FÖRTVIVLADE MÖDRAR OCH AGGRESSIVA BRÖDER

Lars Bohman skriver i *Man och man emellan* att det är ytterst ovanligt att föräldrar blir glada över att få veta att deras son är homosexuell.[57] Inte så konstigt kanske, liksom att hela situationen är upplagd för kris och ofta resulterar i en sådan. Att pappan »sparas till sist« är vanligt. I Nils familj ledde dock familjens tassande på tå kring pappan till omåttliga komplikationer. Det var Nils som kom ut för sin bästa väninna över en flaska vin, och som sedan skulle fira midsommar med sina föräldrar som nybakad student. Han hade då bestämt sig för att snabbt komma ut för så många som möjligt. Väl ute hos föräldrarna begår dock Nils det fatala misstaget att formulera det som »jag har något att berätta som jag vill tala med er en och en«. Mamman blir först ut under en hundpromenad, och sätter sig rakt ner i ett dike inför beskedet. »När jag kommer att träffa nån så kommer det vara en kille, jag vill att du ska veta det, och det är också viktigt för mig att du vet det«, säger Nils. Mamman hämtar sig snabbt nere i dikesrenen: »Du kommer alltid att vara min lille pojke för mig. Mig är det OK med, men vad gör vi med pappa?« Så det blir samma sak som med Johan, att man måste undanhålla pappan detta gruvliga problem. Mamman bestämmer raskt att de ska säga att Nils hade ett problem, som de två löste. Inför att undanhållas sonens problem blir pappan rasande, och vägrar till sist att tala med någon i familjen.

Nils bestämmer sig under tiden för att åka iväg och fortsätta sin komma ut-process för flera vänner och sina två äldre systrar, som hade flyttat hemifrån. »Jaså var det inget värre«, är den ena systerns kommentar, »jag trodde du var sjuk eller nånting«. Efter ett besök på vårdcentralen för en helt förklarlig magkatarr, återvänder Nils till föräldrarnas lantställe. Där har till sist mamman sett sig tvungen att berätta för den obstruerande pappan, vars reaktion blir att bryta ihop totalt och dricka ohejdat med sprit. Inför detta avviker Nils ännu en gång och bor hos en kompis. Pappan ringer dit och ber honom komma hem, vilket han gör. Väl hemma försöker pappan inleda samtalet med att säga »det här var kanske inte vad jag hade väntat mig, det var inte så roligt att höra«. »Nej, men så ligger det till«, var Nils svar, och sedan sades inte mer om det förrän följande dag, då det skulle grillas. De inbjudna släktingarna hade man ringt återbud till p g a de extraordinära omständigheterna.

Inför grillandet blir pappan åter sur och tvär, han vägrar att tala med någon och börjar åter dricka stora mängder. På Nils frågor förnekar han först att det skulle handla om Nils, men till sist tillstår han att »saker och ting är inte som jag har trott att de skulle vara«. Samma procedur upprepas, Nils bor hos en kompis och pappan ringer och ber honom komma hem. Nils accepterar och först då kramar de om varandra. Efter dessa tre hektiska dygn har pappan sedan inte sagt ett ord till Nils om detta. Att man inte mer vidrör ämnet i familjen efter att ha rensat luften omtalar nästan alla i projektet. Många beklagar det, de skulle gärna vilja tala om det mer, men de flesta har det så i sin familj att »det här är saker man inte talar om«.

För flera blev brytningen med familjen inte så kort som för Nils. För dem som är uppvuxna på annan ort, kan flyttningen leda till att man börjar leva ett annat liv och sedan kommer ut för familjen på distans. Men Bosse är uppvuxen i en stockholmförort och flyttade hemifrån inom samma område när han var 17. I den vevan berättade han för sin familj, och det blev en ordentlig skräll: »det fick bara inte vara så«, varken för hans föräldrar eller två yngre bröder. Det var inte som de hade tänkt sig, man ska gifta sig och en man ska ha förhållanden med kvinnor – punkt slut. Det blev en brytning mellan Bosse och familjen som varade i fyra-fem år, trots att de inte bodde så långt ifrån varandra. Den enda som inte tyckte det var stor skandal var Bosses farmor, och hon var den enda han hade kontakt med under de åren. Till sist tog pappan kontakt med Bosse och menade att så här kunde de inte ha det: »det var dags att vara ordentliga människor och börja prata åtminstone.« Men så mycket pratades det inte, utan då sågs Bosses läggning som ett oundvikligt faktum – så här är det och det går inte att göra något åt. Efter återföreningen har man sedan inte tagit upp frågan. För familjens del var det inte värt priset att man inte skulle ha någon kontakt, så de såg sig tvungna att acceptera. Bosse är också ett av de exempel som visar att svårigheterna inte avtagit för de yngre generationerna – han är yngre än genomsnittet i undersökningen.

Kenneth är tio år äldre än Bosse. Även för honom blev det en brytning under några år, men där var det han som valde att bryta. När han var 25 påtvingades hans komma ut-process av mamman, som fylld av aningar ställde en mycket konkret fråga. Kenneth svarade ja, och det blev katastrof. Hans föräldrar kunde inte ta det, och började dra upp allt det »negativa med hur bögar är«. De orkade inte med att se sådana människor, »men du är naturligtvis vår son, så det orkar vi med«. Det var ett resonemang som Kenneth ansåg inte höll, så han bröt helt med dem: »det är inte lätt att bryta från föräldrar, men det är inte heller lätt att bli sårad av sina föräldrar«. Hans syster hamnade mitt emellan, och efter några år kom föräldrarna tillbaka, de ångrade sig och sa »jag menade inte så« etc. Men efter det blev inget riktigt som förut. Flera av Kenneths homosexuella vänner som föräldrarna tidigare umgåtts med på ett otvunget sätt, kunde de sedan inte alls acceptera. Relationen blev mer urholkad, och de talar egentligen inte längre om hur Kenneth lever, vilka han umgås med osv. Föräldrarna anstränger sig för att de ska ha en normal relation, men Kenneth märker att för dem kretsar tillvaron nästan uteslutande kring hans systers barn.

En kanske ännu mer smärtsam påtvingad komma ut-process upplevde Ulf, som är i Bosses ålder. Den som tvingade ut honom ur garderoben inför familjen var hans äldre bror. Brodern ringde Ulf en natt, påtagligt berusad och frågade om han var bög. Ulf jakade, varpå brodern frågade om han var man eller kvinna i sängen, vilket Ulf vägrade svara på. Han frågade istället sin bror: »när du själv ligger i sängen, tänker du på en annan man eller en kvinna?« Han fick inget svar. Tidigt nästa morgon ringde hans mor och frågade om han hade aids. Efter att Ulf svarat nej, frågade hon ännu en gång och fick samma svar:

> Hon sa då att om jag hade haft det, skulle de inte ha tid och ork med sånt just nu. Det var hela samtalet – jag grät hela dan. [...] Och sen på kvällen ringde min mamma tillbaks och låtsades som ingenting och frågade 'varför låter du så konstig'. Jag sa att 'mamma, det här har varit den första dan i mitt liv som jag inte har haft någon mamma'. Och hon sa 'vadå, jag finns ju här'. 'Nej, i morse sa du att om jag hade varit allvarligt sjuk, då skulle ni inte funnits där för mig.' Och sen blev det en massa sex-åttasidiga brev som jag skrev till mina föräldrar, och min syster bröt kontakten totalt. Men min pappa tog det ganska bra, han sa ingenting, så min bror fick sig en läxa.

I breven ställde Ulf ett ultimatum att de antingen skulle acceptera honom och hans närmaste, eller också inte ha så mycket kontakt. Föräldrarna veknade, eller som Ulf uttrycker det »de har mognat«, medan syskonen inte accepterat det lika lätt.

Men att föräldrar fortfarande kan hoppas att saker och ting kan ändras, trots att de accepterat sin sons läggning, visar också Ulfs historia. Så länge man inte har något fast förhållande med en man, så kan »hoppet« fortfarande finnas där. För Ulfs familj var det viktigt att han skulle föra släktens fortbestånd vidare, trots att hans två syskon gjorde det. Några år efter den omtumlande komma ut-processen ville Ulf hjälpa en utländsk väninna i nöd och ingick skenäktenskap. Trots att Ulf berättat för sin familj att det hela var arrangerat, kom de stormande till Stockholm, fullastade med lysningspresenter och hoppades ändå.

Fler än Ulf har berättat om bröder, ofta äldre, som varit hatiska och

Foto: Stefan Ek / MIRA

aggressiva mot homosexualitet. Gustavs bror tog ofta upp vid familjemiddagar att han hade sett homosexuella på stan, att man borde polisanmäla dem och ingripa med fängelse osv – allt med påtaglig udd mot Gustav, men utan att visa det öppet. Fredrik minns hur han som barn kunde sitta med sin bror och kramas, när det plötsligt slog över för brodern som slog honom. Han menar att det som han representerade kom för nära brodern, som då tog till våld. Trots att Fredrik kommit ut för resten av familjen, har han aldrig kunnat tala om sin läggning med sin bror som hatar bögar. Jag ska här inte gå in på orsakerna till homofobi, även om det ligger nära till hands att se det som en rädsla för de känslor som pockar på inom en själv.[57] Det var också något Ulf listigt försökte anspela på i telefonsamtalet med sin bror ovan.

En betydligt mer positiv och omtänksam outing gjorde Anders föräldrar. Hans föräldrar var litet äldre när de fick honom, »så jag hade väl någon konstig inställning att jag skulle inte ge dom det här på deras ålders höst, så töntigt«, säger Anders. Han hade också levt som bisexuell flera år, och visste inte riktigt hur han skulle berätta det för sina föräldrar. De hade alltid respekterat honom och låtit honom leva sitt liv. Efter att ha träffat en man jag kallar Tommy bestämde sig Anders för att leva helt homosexuellt. Han berättade ofta för sina föräldrar om Tommy under ett slags kompismantel, om hur de åkte på semester och annat de gjorde. Med andra ord figurerade namnet Tommy ganska ofta, och en sommar besökte Anders sina föräldrar på deras lantställe. Han var då i 30-årsåldern och föräldrarna runt 75.

> Så kommer den här frågan som man inte vill ha egentligen, men man vill ju ha den ändå. Mamma säger så här: 'Det är en sak som pappa och jag har tänkt på, som vi skulle vilja fråga dig.' Och på en gång gick ju alla mina atomkraftverk igång i huvudet, fullt ös på hela växelsystemet, nu kommer det, nu kommer det, nu kommer det... Och så säger hon så här: 'Den här [Tommy], är det en kompis eller är det mer än en kompis?' Hon uttryckte sig så fint då, så slapp hon alla svåra ord på vägen. Och bara för att få betänketid så sa jag: 'Varför frågar du det?' Fast jag visste ju vad hon menade. 'Jo, för är det mer än en kompis, så vill vi bara att du ska veta att vi älskar dig lika mycket ändå. Det har ingen betydelse för oss, utan mår du bra så mår vi bra.' Och jag satt ju bara och gapade då. 'Jo, han är mer än en kompis.' 'Jaha, tycker du om honom?' 'Ja, jag tycker mycket om honom.' Så i stort sett sa hon bara så här: 'Ja, om du är nöjd, så är vi lyckliga och glada.'

Anders har inte heller talat så mycket om sitt samliv med sina föräldrar, men de har fortsatt att bry sig om hur han har det. När Tommys namn slutade att nämnas frågade de varför, och ville trösta när förhållandet tagit slut. Anders menar att han har haft det väldigt lätt och varit privilegierad med sina föräldrar. Han har sett på många av sina närmaste vänner som haft det mycket svårare.

## Att komma släpande med sin partner

Det vanligaste är annars att man väntar med att berätta tills man har träffat en mer långvarig partner som man kanske också flyttar ihop med, vilket då gör det mer eller mindre ofrånkomligt. Reaktionerna kan bli allt ifrån ett avståndstagande som går över i ett gradvis accepterande, till en lågmäld glädje över att man äntligen har träffat någon så att man slipper vara ensam.

Men det kräver mod att »komma släpande med någon«, speciellt om det har gått ett antal år. Erik var 26 när han hade varit tillsammans med en man i ett år och kände att han nog borde berätta om det för sina föräldrar:

> Och så tänkte jag att om dom bara får träffa honom en gång, så kommer dom säkert tycka så mycket om honom, så att då blir det inga problem att berätta det. Men dom tyckte inte alls om honom, för jag tror att dom innerst inne kände på sig att vi var tillsammans. Så min mamma framför allt blev väldigt, väldigt negativ och avogt inställd. Hon som alltid tog emot mina kompisar med öppna armar... men hon gillade inte honom. Fullständigt olikt henne. Och då blev jag väldigt negativ till mina föräldrar, så plötsligt stack vi bara därifrån och sa: 'nu ska vi inte stanna här längre, nu åker vi!' Så jag nästan bröt med mina föräldrar då.

Eriks reaktion blev att om de inte var mer postivt inställda till hans »kompis«, så skulle de minsann inte ha reda på hur det verkligen stod till. Och så förblev det i fem år. Först när han skulle flytta ihop med nästa pojkvän, som han tyckte var mer vanlig och lik honom själv, så berättade han. Mamman påstod då att de inte skulle haft någon aning om det, men det slogs raskt undan av pappan: »jo det hade vi, det har vi ju diskuterat!« Att misstanken legat i luften redan vid första tillfället bekräftades också av mammans yttrande »men den där mörke gillade vi inte, bara så du vet det«. Eriks mamma hade svårare att ta det än pappan, och hennes sätt att ta det som ett personligt misslyckande som förälder är ganska vanligt. Hon funderade över om hon hade gjort något fel som hade orsakat detta. Erik förklarade då att »det är därför jag berättar det för dig, för att du inte ska tro att jag är olycklig och att du har gjort något fel. Utan jag är istället väldigt väldigt lycklig för den person jag är.« Efter denna uppgörelse fungerade allt bra sedan.

Carl-Magnus kom ut för sina föräldrar »i sista minuten«, en vecka innan han skulle flytta ihop med sin pojkvän. Han hade separerat efter ett fjorton år långt förhållande med en kvinna, men föräldrarna fick då inte veta den verkliga orsaken till skilsmässan. Ett år senare var det dags för nästa nyhet, och den föll inte i god jord. Mamman ville inte komma och hälsa på så länge pojkvännen var hemma, vilket gjorde Carl-Magnus arg. Han lät dem inte komma när bara han själv var där. Till sist kom de, och det första mamman gjorde var att dra in pojkvännen på toaletten för att fråga om han inte borde vara ihop med en tjej istället. Sin egen son konfronterade hon inte med samma frågeställning. Carl-Magnus menar att det var signifikativt för hur det fungerade i hans familj: »Vi är mycket för att smussla undan, under mattan med det mesta obehagliga«. Även hans eget agerande har präglats av att välja den enkla vägen, tills det inte gått längre och han varit tvungen att ta sig i kragen. Efter hand verkade föräldrarna ha accepterat det hela, men som en tyst överenskommelse.

I andra familjer där man inte heller talat så mycket öppet kan accepterandet inskränka sig till ett yttrande i stil med »det var en trevlig människa, som jag hoppas du kan få mycket glädje av«, vilket Ivars pappa sa efter att ha fått träffa hans partner. Eller också visar de bara genom sitt handlande att man accepterar den person man har med sig. För flera stannar det där – det berörs inte i ord, men man vet. I några fall kan en annan släkting bidra med ett postitivt accepterande. Sven hade en moster, »en liten ogift fröken som höll ihop släkten«, som tog emot hans Robert med öppna armar. Hon blev genast förtjust i Robert, »hon adopterade honom nästan«, och till Sven sa hon högt och ljudligt: »oh vad roligt, jag tycker du har varit så ensam så«.

## Att komma ut på jobbet och samhället i övrigt

När man kommit ut för vänner och föräldrar är de mest påfrestande delarna gjorda. Vad som sedan gäller är hur man ska förhålla sig resten av livet mot sin omgivning, och det kan ta sig de mest skiftande uttryck: på jobbet, mot sina grannar, nya personer man möter etc. Man kommer hela tiden i situationer där heteronormativet råder: omgivningen förväntar sig att man är heterosexuell och lever som en sådan. Flertalet i projektet säger att jag skriker inte ut min läggning, men frågar de så säger jag som det är. När man får nya vänner, så brukar det ändå ge sig själv efter ett tag, utan att man behöver proklamera det. Hur man förhåller sig på sin arbetsplats är däremot väldigt olika. En del berättar det för närmare kolleger som man får bra kontakt med, andra har flera andra homosexuella på samma arbetsplats och då brukar det ge sig, medan en handfull håller väldigt strikt på att inte berätta på jobbet – det är en privatsak. Samma sak gäller dem som studerar: man kan berätta för de studentkamrater som man får närmare kontakt med, alternativt det ger sig självt.

Men att det inte är alldeles lätt att inordna sig i samhället och att man alltid får vara på sin vakt mot sin omgivning, vittnade Charles. Han opponerade sig mot vad en av deltagarna sa om sin komma ut-process under samtalen:

> På den punkten har jag en annan upplevelse än du. Du beskriver litet lätt tycker jag, att det är bara att vara sig själv och vara självklar, så uppfattade jag dig. Jag uppfattar det inte på det sättet. Utan jag uppfattar att det är en ständig kamp någonstans. Och efterhand som åren går, så blir kampen mindre och mindre märkbar, man integrerar sig i omgivningen. Man väljer sitt umgänge, sina bekanta, sina goda vänner efter dom krav och önskemål man själv har. Och man väljer bort allting som är otrevligt. Men verkligheten är ju den att i vissa kretsar och i vissa sammanhang så är det usch och fy, så är det helt enkelt.

Att man ständigt får leva med det förbehållet att någon kan reagera negativt, att ständigt vara beredd på att något kan hända, det är en väldigt allvarlig begränsning av ens liv, menar Charles. Han reagerar också på det ointresse som finns och det sätt man förtiger och sopar under mattan sådant som homosexualitet, för att man inte känner till det eller finner det obehagligt.

På sin arbetsplats i ekonomibranschen hamnade Charles i en laddad situation. Det här var i början av 80-talet och han var då i 35-årsåldern:

> Och då sa jag i kafferummet någonting... det blev en diskussion där jag opponerade mig och sa att jag som homosexuell inte alls kan hålla med dig. Det var ju en klar provokation från min sida. Och det blev fullständigt tyst i hela kafferummet. Då var ju jag nästan chef på det jobbet, det var ett kontor på 40 personer, och därmed litet oantastlig, och dessutom allmänt känd som en hygglig kille som det inte fanns någon anledning att angripa särskilt. Och ingen nämnde någonsin det här med ett knyst. Och jag kände mig heller inte förföljd, mer än av en enstaka litet nojig person. Men jag menar, det här speglar ju en del – det här kunde vara en utväg för många att bekanta sig närmare, och fälla någon kommentar. Men det var det ingen som gjorde. Och jag har aldrig varit särskilt provokativ, utan just valt såna här tillfällen när det har varit skäl för det.

Det som flera i gruppen betecknar som tur att man inte råkat ut för några obehagligheter till följd av sin läggning, vill Charles istället benämna som gott omdöme hos en själv för att man väljer att omge sig med bra personer som man kan lita på.

Ville har aldrig velat vara öppen med sin läggning på sina arbetsplatser. Han arbetar inom bankväsendet, något han betecknar som en traditionell miljö. Dels strävar Ville efter att väldigt strikt hålla isär arbete och privatliv, och det har inte bara med den homosexuella läggningen att göra.

Dessutom vill han inte ha det i ryggen när han söker andra jobb. Någon tidigare kollega kan ju bli chef och kanske sedan inte vill anställa honom med den dolda motiveringen »jag vill inte ha en bög i mitt gäng«. Ville har berättat för en enda kollega som han fått närmare kontakt med, men den belades med »munkavle«. Nu har han kommit upp i en ålder där det verkar konstigt att han aldrig haft sambo, fästmö eller fru, och då kan det finnas skäl att misstänka att han är homosexuell. Det är ju inte något »fel« på honom: »jag har ingen puckelrygg eller tre ben«. På sin förra arbetsplats fick han på omvägar veta att det ryktades om i banken att han var homosexuell, och det var definitivt inte han själv som spridit det. Precis som Charles menar Ville att det förtegs, det var aldrig någon som kom fram till honom och pratade om det för att bekanta sig mer.

För några år sedan bytte Ville arbetsplats, och där hade t o m ryktet gått före honom. Den kvinnliga chef som anställde honom hade berättat för sina anställda på det kontoret att »nu kommer Ville Johansson, och han är homosexuell«.[59] Det kände han inte till när han klev in på kontoret. Men det tog inte många minuter förrän en av de yngre kvinnliga anställda berättade för honom vad chefen hade sagt. De blev goda vänner, och fler har tillkommit, så nu är det öppet. Vilket det faktiskt vunnit på, menar Ville. Chefens handlande kan i och för sig diskuteras: på ett sätt är det bra att inte förtiga sådana här saker och det kom något gott utav det, men å andra sidan hade reaktionen från de övriga anställda kunnat bli annorlunda. Framför allt borde hon ha talat med Ville om det först.

Två som är ett 15-tal år yngre är Johan och Ingmar. De arbetar i en snarlik bransch, där de började i samma veva som de hade påbörjat sin komma ut-process. Deras vilja att komma ut var intensiv, och på arbetsplatsen gick det av bara farten. När Ingmar slutade på sitt första jobb, var det enligt honom 30–40 av 70 anställda som kände till det. Johan skulle man som ekonom inom finansmarknaden kunna kalla »yuppie«. Inte den första bransch man skulle gå till om man ska leta efter homosexuella, enligt Johan. På hans första arbetsplats var de ett litet sammansvetsat gäng i samma ålder, där alla visste och det fungerade utan problem. Nästa ställe var större, och där var det bara några han berättade för. Men nyligen firade företaget ett jubileum, och då var också hans sambo med – »så nu vet alla om det«, konstaterar Johan stolt.

Men att komma ut i samhället har inte enbart att göra med hur man beter sig på sin arbetsplats, det har också att göra med hur man bor. Så länge man bor ensam, kan man se ut som en heterosexuell singel. Men om man flyttar ihop med någon går det inte att dölja på samma sätt. Sven minns när han flyttade ihop med Robert i början av 70-talet, att det var många av deras homosexuella vänner som bodde ihop och hade varsitt telefonnummer, varsitt bankkonto etc – allt för att det inte skulle synas. Men det ville inte Sven och Robert: »vi tänkte att ska vi göra det, så ska vi göra det ordentligt«. Och det blev aldrig några problem, kanske just därför att de var så öppna med det. Å andra sidan har jag ibland funderat över om sådana försiktighetsåtgärder behövs – folk har ofta väldigt svårt att gå utanför sitt heteronormativa tänkande. Att två män bor ihop kan omgivningen inte sällan tro har andra orsaker än att de faktiskt älskar varandra: de kan vara bröder eller kompisar som delar bostad.

## Orsaker till att man inte kommit ut helt

Som jag nämnde tidigare är det några som ännu inte kommit ut för sina föräldrar. Av samtalen framgick att de har kommit ut för övrigt, varför begreppet fick modifieras något. Samtliga av dessa har familjen »på behörigt avstånd« i en annan del av landet utan så mycket kontakt. De säger också att skulle de fråga, så skulle jag svara ärligt – en procedur som några andra i undersökningen ju varit med om. Några av dem säger också att de kommer att berätta när de har någon mer varaktig förbindelse som de kan stå för. Att det inte bara är en undanflykt, beläggs av flera andra som tänkte så förut och sedan verkligen gjorde slag i saken när de träffade någon. Men Peter har inte talat om det med sina föräldrar ens efter att han flyttade ihop med Bosse. Han säger att de vet säkert ändå men vi talar aldrig om det, en vanlig kommentar. Han är besviken på dem för att de inte har den öppenhet han blivit van vid i sitt liv i Stockholm. Peter menar att de lever i en skenidyll, där man trycker ned allt som är obehagligt och är noga med att hålla fasaden utåt. Sina syskon har han bättre kontakt med och är helt öppen emot.

Ingen av dem som inte kommit ut för sina föräldrar blir heller plågad av frågor i stil med om man inte ska gifta sig snart. Det ser man som en bekräftelse på att de vet. Örjan, som antytt för föräldrarna att han inte är intresserad av flickor, menar att de kanske tror i sin enfald att han är asexuell. En orsak till att han inte kommit ut helt för dem är också att han, i likhet med ett par till, kommer från en familj med frireligiös bakgrund.

Det är något som också kan försvåra det egna accepterandet – »jag visste att det var fel, och även om man var det, så var det någonting som måste bort«, säger Örjan om sin homosexualitet. Hans far är pingstvän och var även med i Maranata en tid. För Örjan var det väldigt viktigt att komma bort från den miljön. Hans far har en mycket stark pondus och ordet i sin makt, så efter flytten till Stockholm blev allt mycket enklare. Örjan berättar nu för alla han lär känna närmare, så han har inga problem med öppenheten annars. Han menar att enda anledningen att berätta för föräldrarna är för sitt eget behov av att vara öppen, och »mamma skulle säkert bli hysterisk och pappa väldigt, väldigt ledsen«. Och han känner inte det behovet inför dem: »jag har ingen kontakt med dom, jag träffar dem två gånger om året och vi har inte direkt någonting att prata om då heller«.

Samma orsak anger Harald: »vi har egentligen ingenting gemensamt«. Hans föräldrar bor långt ifrån, och det kan gå flera år mellan varven innan de träffas; samma sak med hans syskon. Att han inte berättar beror inte på att han är rädd för hur de ska ta det, utan för att han känner att det inte finns någon anledning: »Det var inget som jag tyckte de hade med att göra helt enkelt. Man väljer ju dom som man vill vara öppen med. Och jag har ingen som helst vilja att tala om det för nån som jag känner flyktigt, eller som jag inte har känslor för på något sätt.« Däremot har han andra släktingar i föräldrarnas ålder som han har bättre kontakt med. De bor i Stockholm, och dem har han berättat för. Det handlar alltså om val. Man berättar för någon man har förtroende för och som man tycker om, för att man vill att de ska veta. Och ibland har det förtroendet eller den närheten brutits med föräldrar eller syskon. Att ens syskon får barn behöver inte alltid vara positivt, att »barnbarnen har räddats« åt ens föräldrar. Det kan också skapa en barriär och en känsla av utanförskap för den homosexuelle, även om det aldrig varit avsikten från familjens sida. De representerar en helt annan form av liv, där allt kretsar kring barnen, och det kan göra att man upplever en väldig tomhet de gånger man umgås med familjen.

Det kan också finnas andra orsaker till att man inte kommer ut. Georg är den i projektet som är minst öppen, och det har sin orsak i en traumatisk upplevelse i 20-årsåldern. Han hade börjat leva ut sin läggning i några kontakter, innan han började arbeta till sjöss. Sina första försök att komma ut gjorde han inför en i besättningen, men det togs inte väl emot. Ryktet spred sig som en löpeld på båten, och de skrek »bögjävel« efter honom.

»Det var en sådan terror mot mig vart jag än gick«, berättar Georg. Efter det har han hållit tyst om sin läggning, utom för väldigt nära vänner och likasinnade.

## Slutkommentar

I berättelserna är det intressant att jämföra mammornas och pappornas beteenden och reaktioner. Oavsett om det gick lättast för mamman eller pappan att ta beskedet, är det i samtliga fall mamman som är den dominerande och handlingskraftiga, medan papporna drar sig undan och förhåller sig tämligen passiva. I två fall (Nils midsommarfest och Johan som kom ut via svägerskan) bestämde mammorna att de skulle undanhålla den sexuella läggningen en tid för pappan. Här, liksom i flera andra fall, har mamman varit något av bundsförvant till sonen och de har förstått varandra. Att man präglats av och speglat sig i modern tycks ligga nära till hands, och bland de övriga är det alltid kvinnor – väninnor eller systrar – som visat förståelse och gemenskap, medan männen – bröderna – emellanåt svarat med aggressivitet. Bland fäderna är det bara en (Nils igen) som reagerat så, och den enda pappan som omtalats med pondus och makt är Örjans, och han har ännu inte ställts inför beskedet. Men i samtliga fall är det påtagligt att »mamman sköter snacket«, som när Carl-Magnus mor drog in hans sambo på toaletten för att tala honom till rätta eller den ömsinta förfrågningen som Anders äldre mor utsatte honom för. I några fall har mammorna reagerat med stor besvikelse (som Ulfs mammas telefonsamtal om han hade aids, Kenneths mors hårdnackade outing och Eriks mammas ovilja gentemot hans första partner), men bakom ligger ofta det som Lars Bohman nämner att de i onödan skuldbelagt sig själva för det som hänt. Hans förklaringsmodell (se sid 55) tycks i de flesta fall stämma ovanligt väl, och om modern som identifikationsobjekt och en fortsatt kvinnlig spegling i operadramerna kommer jag att återkomma till.

Oavsett hur samhället ser ut, och hur öppet det än kommer att bli i framtiden, så kommer det för varje homosexuell alltid att finnas ett kliv att ta ut ur garderoben. Det kommer alltid att vara en process att acceptera att man är annorlunda än majoriteten. Dessutom tar processen egentligen aldrig slut, eftersom det hela tiden dyker upp nya personer som man måste berätta det för. Så garderoben kommer alltid att finnas kvar, även om den kanske inte kommer att vara lika svår att ta sig ur.

Varken homosexualiteten eller operaintresset är statiska begrepp, utan dynamiska processer som utvecklas och ser olika ut vid olika tillfällen för varje individ. Operaintresset kan ha en funktion när man står i begrepp att kliva ur garderoben, och en annan när man står utanför. Det förstnämnda ska behandlas nu.

# 5. Vad operaintresset betytt under komma ut-processen

Hon måste ha det här förbjudna, annars kan hon inte bli hel igen, även om det är hennes undergång. Och litet grann så kände jag – jag hade varit ihop med den här mannen, men sen tänkte jag leva »normalt« efter det. Men jag insåg, kanske med hjälp av den här musiken, att jag måste ha det här förbjudna i alla fall, annars klarar jag det inte.

(Erik om rollen Salome i ett av samtalen)

Som enkäten visade, så har alla utom sex stycken haft sitt operaintresse med sig under processen från att de upptäckte sin läggning till att de kom ut. Flertalet vittnar även om att det var under denna period som de upplevde opera känslomässigt starkast. Det var också då man utövade intresset som mest, även om det har hållit i sig senare. Utifrån innehållet i samtalen har jag kommit fram till sex punkter kring vad operaintresset har betytt under denna period. På ett plan kan det se ut som om operaintresset kan ha alla dessa funktioner för alla människor, oavsett sexuell läggning. Men här är det fråga om en alldeles särskild ventil, förebild etc, kopplat till de frågeställningar man brottas med i sitt eget liv – att acceptera, bejaka och slutligen att våga visa sin sexuella läggning och sitt känsloliv, även om det kan ses som något udda och rent av förkastligt.

- *Ventil*. Opera kan ge en möjlighet att få släppa på trycket, och få utlopp för sina känslor. Detta är en *utlevelse* där man kan kanalisera det man bär inom sig, men som tryckts ned av frustration och självbehärskning.
- *Förebilder* som inger mod. Personerna på scenen visar upp känslor eller gör handlingar på scenen som man skulle vilja ha/vilja göra – att man skulle våga löpa linan ut. I detta fall rör det sig naturligtvis om att bli stärkt till att våga bejaka de känslor man faktiskt känner, trots omgivningens fördömanden.

- *Spegling/identifikation*. Detta är ett flitigt använt men knappast glasklart begrepp. I sin avhandling *TV-tittande som dialog* konstaterar Margareta Rönnberg att nästan ingen forskare menar samma sak med begreppet identifikation som någon annan. Även om begreppet är hundratals år äldre än Freud, menar hon vidare, så är det hans utgångspunkter som ligger till grund för teoretiserandet kring det ända fram till idag.[60] I ett vedertaget psykoanalytiskt lexikon, Laplanche & Pontalis *The Language of Psychoanalysis*, definieras identifikation med utgångspunkt från Freud som »en psykologisk process där subjektet assimilerar en aspekt, egenskap eller attribut hos den andra och transformeras, helt eller delvis, efter den modell som den andra besitter. Det är genom serier av identifikationer som personligheten är konstituerad och specificerad«.[61] Där påpekas också att i vardagligt tal överlappar termen en hel grupp av psykologiska koncept som imitation, tyskans Einfühlung (empati), sympati, mental smitta, projicering m fl. Många i projektet har inte velat använda ordet identifikation, eftersom man ofta upplever det för statiskt, att man helt och hållet enbart skulle identifiera sig med en roll i precis allt den gör. Istället kan man känna igen vissa drag hos sig själv i en rollperson eller i en viss sekvens i handlingen. Man kan intressera sig för och känna sympati med en roll, gripas av den och det som händer med och inom personen. Därför har jag oftare använt ordet spegling, eftersom det gett friare spelrum att byta position och tillfälligt spegla sig i en person, istället för att gå helt in i den. Genom speglingen kan mötet med opera få en terapeutisk verkan: man kan bearbeta svåra frågeställningar och upplevelser man har inom sig. Man kanske upptäcker känslor inom sig som man inte visste att man hade, och operaupplevelsen lyfter fram dem ur ens undermedvetna.
- *Flykt*. Konstupplevelser kan vara ett sätt att fly från verkligheten när den blir för svår, genom att gå in i en annan värld. Men det kan också vara ett sätt att fly bort ifrån *sig själv*. Verklighetsflykt eller eskapism har av tradition dåligt rykte och ordet har en negativ klang. Det tillskrivs enligt Rönnberg ofta dem som ser mycket TV och film, men betydligt mer sällan dem som flyr in i romaner. Idén om verklighetsflykt har sina rötter i det freudianska perspektiv som nästa punkt berör, nämligen en »ställföreträdande behovstillfredsställelse« som har sin grund i en frustration över verkligheten och som då leder till verklighetsflykt.[62] Det finns mycket att bli frustrerad över för en homosexuell man som håller

på att upptäcka och bejaka sin läggning, men *Flykt*-momentet visade sig faktiskt vara den minst förekommande punkten.

- *Substitut/sublimering*. Enligt Laplanches psykoanalytiska lexikon är substitut en »[p]rocess antagen av Freud som mänskliga aktiviteter som inte har någon uppenbar förbindelse med sexualitet, men som antas vara motiverad av den sexuella instinktens kraft. Huvudtyperna av sådana aktiviteter som beskrivs av Freud som sublimerande är artistiskt skapande samt intellektuell forskning. Instinkten sägs bli sublimerad på så sätt att den avleds mot ett nytt, icke-sexuellt syfte och att dess objekt är socialt högt värderade.«[63] En homosexuell man liv upplever ofta i början att han saknar kärlek, ömhet och/eller sex. Det beror antingen på att man ännu inte upptäckt de kanaler som finns för att träffa någon eller på att man ännu inte vågat ta steget ut. Operaupplevelsen kan då bilda en ersättning för allt detta; man kan lyfta över det till en annan nivå och sublimera sin upplevelse. Detta kan man dock inte göra hur länge som helst, men det kan fylla den funktionen under en period. För dem som inte saknar sex kan opera istället vara en ersättning för en djupare förälskelse och för att våga engagera sig känslomässigt i en annan människa.
- *Tröst*. Slutligen kan framför allt musiken ge tröst i svåra stunder, när man känner sig ensam, avvikande och oförstådd. Den här punkten tangerar *Flykt*, men att man söker tröst behöver inte innebära att man flyr ifrån sin situation.

Observera att opera kan ha dessa funktioner i lika hög grad när man lyssnar hemma på skiva som under operaföreställningar. I hemmet kan man också återkomma till samma opera eller samma avsnitt om och om igen. Jag ska nu gå igenom punkt för punkt med exemplifieringar och vidareutvecklingar. Punkterna går ibland i varandra och kan emellanåt vara svåra att skilja åt, men jag har ändå försökt hålla isär dem.

## Ventil

En ventil öppnar man för att släppa ut luft när trycket blir för starkt. För att förhindra en explosion, kan man släppa ut litet då och då. Den metaforen gäller i hög grad för många av operabögarnas berättelser. Det är många känslor, förträngda för en själv eller inte, som sjuder inom en. De pockar på att brisera om man inte släpper ut litet i taget. Här finns likheter med både spegling och substitut, men i motsats till spegling, som innebär ett reflekterande och en inlevelse, är detta istället ett slags utlevelse. Vid substituering ersätter ens upplevelse ömhet eller sex, medan det här är fråga om en mer direkt form att leva ut sina känslor.

Att 1800-talsoperan kan utgöra en ventil är logiskt, eftersom den är ett slags tryckkokare i sig. Den tid då dessa operor skrevs var svår att leva i på många sätt, till skillnad från det ofta mer liberala 1700-talet. Allmänt har den viktorianska eran tillskrivits bigotteri, pryderi, dubbelmoral och förtryck under en tid då industrialismen ven fram, klassklyftorna ökade och den sociala nöden var stor. I de borgerliga hemmen fanns det mycket att lägga locket på för, och pryderiet lär ha nått sina mest absurda former när man klädde in bordsbenen i tyg för att de inte skulle väcka syndiga tankar. Detta synsätt har på senare år till viss del reviderats, och det intressanta här är vilken roll konsten har spelat mot en känslomässigt förkvävande omgivning. I antologin *Rewriting the Victorians* söks från ett postmodernistiskt synsätt efter underliggande, alternativa berättarstrukturer och glidningar i könstillhörighet inom olika genrer. Marion Shaws bidrag »To tell the truth of sex« ser bekännelse och förnedring som centrala inslag i några sena victorianska romaner.[64] Men av alla konstyttringar är det endast inom operan som den viktorianska epokens bidrag utgör grundstommen i vår kulturkonsumtion idag. De dramer som räknas till standardrepertoaren på t ex Dramaten är vanligen skrivna under 1600-talet eller 1900-talet, medan Operans repertoar till stor del bygger på 1800-talsverk. Den tidens förträngningar kommer indirekt till uttryck i texterna och tonspråket i de olika operorna, där känslolivet kan ges fritt spelutrymme. På samma sätt som den tidens publik kunde släppa på trycket mot den offentliga sexualfientligheten, kan vår tids homosexuella få en kanal för sin sexualitet och sitt känsloliv, som omges av samma typ av pryderi (och fobi) som sex i allmänhet under 1800-talet. Detta kan vara ytterligare ett skäl till att just operakonsten appellerar till homosexuella män.

»Så har operaintresset fungerat för mig, att jag har kanaliserat känslor som jag inte tillåtit mig på annat sätt«, säger Fredrik om den perioden i hans liv. Och för Erik hade blixten slagit ned när han kom in i logementet i lumpen och såg en vacker man. Utan att riktigt förstå att han egentligen var förälskad, började han intensivt att utveckla sitt operaintresse:

»Jag tror det var ett sätt att få leva ut de här starka känslorna som hade kommit över mig. Det blev nån slags ventil, för det där som jag beskrev när jag kom in i lumpen och drabbades av honom, då var det som ett slags crescendo som aldrig fick explodera. Men på Operan fick det det.« I operalyssnadet fick han utlopp för allt som han bar inom sig, men ännu inte kunde tillåta sig att leva ut eftersom hans omgivande samhälle signalerade honom att låta bli.

Inte heller Emil var på det klara med sin homosexualitet förrän han närmade sig 30-årsåldern. Men hans operaintresse började redan under senare delen av barndomen. De känslor han sedan hade i samband med puberteten kunde han leva ut i samband med operamusiken, hävdar han. Hans beskrivning tangerar substitut, liksom Ivars berättelse. Ivar hade fått en oerhört rigid uppfostran – bl a fick han inte ens säga du till sina föräldrar – och när han var i 20-årsåldern under mitten av 60-talet, kunde han uppleva mycket i operakonsten som befriande. Sin sexuella läggning hade han inte haft någon möjlighet att praktisera: »Så det pockade ju på någon form av kanalisering, kanske genom det här«, säger han om sina första operaupplevelser.

Sven, som hade börjat upptäcka sin läggning kort innan förbudet hävdes 1944, hade en pragmatisk syn på sin homosexualitet. Han menade att det var inte så mycket att göra åt, och bestämde sig för att leva ett heterosocialt liv. Trots det hade han »en hoper konstigheter, svarta hål osv« inom sig. Det känslomässiga i operan bistod honom då: »Det hjälpte mig, tror jag, att kanalisera och få vila i mig själv ett tag, dessa operor både till musik, text och innehåll.«

Men ventilen kan också se ut på andra sätt. Den kan också ha att göra med den sociala sidan kring operautövandet tillsammans med andra likasinnade. För Charles kunde Stockholmsoperan i sig utgöra en ventil under slutet av 60-talet. Han gick också på barer och dansade, men musiken tilltalade honom inte. På Operan kunde han njuta av musiken och samtidigt uppleva litet livsluft, träffa andra människor. Han kunde knyta kontakter – vänskapliga eller sexuella – med andra homosexuella och fann en glädje i att gå på Operan tillsammans med dem. Operabyggnaden blev en oas där han kunde känna sig hemma och få släppa ut det som verkligen var han. Den sociala sidan av operautövandet behandlas mer i nästa kapitel.

Slutligen kan opera vara en ventil mer i största allmänhet i ens vardag, genom att lätta på trycket från allt som kan ha varit jobbigt under dagen. Den kan naturligtvis ha samma funktion för heterosexuella, och i den funktionen kan opera spela en viktig roll livet ut. Anders säger: »För mig är opera ventilen hemma, att spela och få utlopp för mina känslor. Jag tycker att operan under hela mitt liv har varit en ventil – jag skulle inte kunna leva utan den, absolut. För mig, om jag inte får komma hem och sätta på någonting som jag vill spela då, det är hemskt.« Hur man väljer operamusik efter sitt sinnestillstånd råder det delade meningar om. Flera har sagt att de gärna väljer sorgsen musik när de är nedstämda och »frossar« vidare i de känslorna, medan Anders har motsatt strategi: »när jag är olycklig så måste jag spela glad opera, och tvärtom. Jag kan ta den tyngre operan när jag är väldigt uppåt och i god form.«

## Förebild

I sin bok *Opera, or the Undoing of Women* analyserar Catherine Clément ett antal kvinnorollers öden och konstaterar att de förgörs, förtrycks och går under. Allt kretsar kring död och kvinnorna, dessa operakonstens juveler, gör uppror, tystas och dödas inom ett manligt paradigm av kompositörer, librettister, dirigenter, regissörer och... åskådare? »Inte många kvinnor har tillträde till det mäktiga maskulina arrangemang som omger detta spektakel, uttänkt för att dyrka, och också att döda, den kvinnliga rollkaraktären«, skriver Clément.[65] Den manliga blick som hon beskriver och även kritiserar gör det komplicerat när man enbart talar om manligt – kvinnligt, eftersom den homosexuelle mannen inte dyrkar kvinnan på ett sexuellt plan. Enda gången då Clément antyder att den manliga blicken kan vara en annan än den strikt heterosexuellt manliga, är när hon beskriver Maria Callas-dyrkan: »Kom igen, män, håll käften. Ni lever på henne. Lämna den kvinnan i fred, vars jobb är att behagfullt iklä sig era förträngda homosexuella fantasier. Klä inte upp henne mer. Skala av all den där falska kärleken och kvävande ömheten. Låt den aska som hon ville skulle förbli aska få någon frid.«[66]

Inte alla kompositörer under det victorianska 1800-talet var heterosexuella, för att inte tala om den tidens publik. Den feministiska diskurs som Clément anlägger är lätt att förstå ur en heterosexuell kvinnas synvinkel, för de tragiska operornas intriger är sannerligen ingen upplyftande läsning: kvinnofigurerna sviks, förmenas sin kärlek, de dödas, avrättas (inte sällan oskyldiga), offras eller väljer att själva ta livet av sig.

Alternativet tycks vara att gå in i en galenskap, som ofta också slutar med död. Eller så kan de bli grymma och hatiska monster, som själva dödar och intrigerar. Vad kan detta utgöra för slags förebilder?

Paul Robinson, själv homosexuell, menar att operahjältinnorna i handlingen utstår alla tänkbara former av förtryck, men att de vokalt står i paritet med männen.[67] Han spekulerar vidare i om operans sopraner därför ger röst åt den homosexuelle mannens annars stumma protest. Däri skulle en av förklaringarna till banden mellan homosexuella män och opera ligga, menar han, där opera blir ett »garderobens« fenomen. I så fall, fortsätter Robinson, skulle opera så småningom sluta att ha den funktionen i takt med att homosexuella inte längre behöver gömma sig och kan leva mer öppet. Koestenbaums *The Queen's Throat*, som Robinsons artikel var en replik på, benämndes av vissa kritiker som ett »försvar av garderoben«, och man har talat mycket om dess nostalgiska ton. Sam Abel å sin sida irriteras i *Opera in the Flesh* över Koestenbaums beskrivning av en »opera queen«, som sitter bleksiktig i garderoben och spelar samma operastycke om och om igen.[68] Vad som inte berörs i någon av beskrivningarna är att detta är en dynamisk process hos varje människa. Varje bög, oavsett vilken tid eller i vilket samhälle han lever i, sitter i garderoben en kortare eller längre tid. Och denna garderob utgörs inte minst av en själv. Som jag har visat, så har ofta det egna accepterandet varit en svårare procedur än att ta klivet ut ur garderoben. Därför kan opera med dess roller och skeenden spela en funktion under *en viss tid* av en operabögs liv, men sedan kan den funktionen avta och ersättas med andra.

Detta har också att göra med hur man väljer att läsa de kvinnliga rollerna. Tiina Rosenberg påpekar i *Byxbegär* att Clément och andra feministiska forskare bygger sina analyser på kvinnoroller uteslutande i de tragiska operorna.[69] Kvinnoroller i komiska operor och byxroller lämnas därhän. Så riktigt, men personerna i min undersökning har bara uttryckt intresse för de tragiska kvinnorollerna – antingen de går under, protesterar, hämnas, dödar eller blir vansinniga. Och väljer man istället en läsning som ligger närmare Robinsons synsätt, så kan rollerna istället associeras med ett bejakande av livet snarare än döden. Teaterns roll har ju också ända sedan antiken, med den katharsiseffekt som publiken skulle gripas av, varit att varna för och påpeka misshälligheter i samhället.

I de exempel jag har valt nedan, har rollerna i operorna kunnat inge mod och utgöra något slags förebild för männen i min undersökning. Det har skett under kortare och längre tid, och ibland har de också kunnat se i backspegeln på Operan och associerat till hur det varit tidigare i livet, innan »de tog steget«.

Ivar minns tydligt hur han såg *Carmen* 1961 i Göran Genteles uppsättning. Carmen själv i Kerstin Meyers gestaltning var fräck, utmanande och satte samhällets värderingar på prov. För honom var det fascinerande, »hon uppförde sig inte som man förväntade sig att en kvinna skulle göra på den här tiden«. Med den strängt konventionella uppfostran han hade fått, upplevde han det som mycket befriande.

Den roll som mest går att associera med förebild är Salome i Richard Strauss opera. Den fjortonåriga prinsessan, som står helt utanför sin förkvävande omgivning, blir totalt fängslad av den asketiske profeten Johannes Döparen. Han är så ren, så annorlunda mot allting vad hon dittills upplevt. Hon lockas av hans vita kropp, hans mörka hår och hans röda läppar. Åtrån växer och hon vill röra hans kropp, smeka hans hår och kyssa hans mun. Men Johannes avvisar henne och uppmanar henne istället att vända sig till Gud. Då hennes styvfar Herodes, som är attraherad av henne, lovar henne vad som helst om hon dansar för honom, går hon med på det trots att hon äcklas av Herodes. Efter dansen begär hon Johannes huvud på ett fat och står obevekligt fast mot allt som Herodes erbjuder henne istället. När hon till sist får huvudet, kysser hon läpparna i en orgiastisk slutscen:

> Jag törstar efter din skönhet, jag hungrar efter din kropp, och varken vin eller äpple kan släcka mitt begär. Vad ska jag göra nu, Johannes? Varken floderna eller de stora vattnen kan kväva min lidelse. Ack, varför såg du inte åt mig? Om du hade sett mig, så hade du älskat mig. [...] Ah! Jag har kysst din mun, Johannes. Det var en bitter smak på dina läppar. Var det en smak av blod? Nej, men kanske var det en smak av kärlek... De säger att kärleken har en bitter smak. Men vad betyder det? Jag har kysst din mun, Johannes, jag har kysst din mun.[70]

Kort efter att Salome kysst det avhuggna huvudet, befaller Herodes sina soldater att hon ska dödas.

Librettot till *Salome* utgörs av en något förkortad översättning av Oscar Wildes pjäs med samma namn. Wilde, som av sitt viktorianska samhälle dömdes till fängelse för homosexuella handlingar, skrev i *Dorian Grays porträtt* att »det enda sättet att att bli av med en frestelse är att ge efter för den«. Det är lätt att applicera på hans Salome-gestalt, men naturligt-

Foto: Enar M Rydberg

*Berit Lindholm som Salome och Terje Stensvold som Johannes Döparen i Stockholmsoperans uppsättning 1982.*

vis också på honom själv som homosexuell man i ett repressivt samhälle. Och visst kan man se scenen mellan Salome och Johannes i inledningen som en dialog mellan två män, där den ene med kristendomen som »förevändning« avvisar den andre. Ivar minns hur han tänkte att »det här är Bibeln i bögen Oscar Wildes tappning« när han såg *Salome*: »visst är det fascinerande det här, 'hur röda är dina läppar', hur lockande är det att få en kyss från dig, fast det är förbjudet. Och hur förbjudet det än är, så ska jag ha det. Om det så kostar dig livet. [...] Ja åh, vad det drog där«, fortsätter Ivar, ledsagad av flera instämmanden i gruppen.

Att ge efter för eller att bejaka sina drifter är något som många har fångats av i Salome-gestalten. Att se till att de stillas trots en oförstående omgivning, och trots att priset blir högt. Det faller sig därför logiskt att rollen Salome, trots den grymma handling hon utför och trots att hon straffas med döden, kan utgöra en förebild för många operabögar.

Eriks operaintresse var ganska nyväckt när han hade fått en tjänst på en liten ort långt upp i Norrland. Han hade en homosexuell erfarenhet utomlands, men bestämt sig för att det fick vara den gången och sedan inte mer. Han hade lyssnat mycket på italienska operor och njutit av dem, och så hade han köpt en inspelning av *Salome* med Birgit Nilsson – men kanske var det bara det spännande omslaget som lockade, för efter en genomspelning hamnade den snabbt långt in i skivskåpet. Erik tyckte att det var hemsk musik, grötig och underlig. Efter att en vän sagt åt honom att man måste lyssna på musiken noga och följa med i texten samtidigt, bestämde sig Erik för att ge *Salome*-inspelningen en ny chans. Han satt ju ändå isolerad och hade ingenting att göra. Efter en ensam middag med vin satte han sig med en Dry Martini och började lyssna: »Och då hände nånting alldeles avgörande. Då plötsligt hängde musiken ihop med orden. Det var ett ögonblick som var helt fantastiskt.« I efterhand har Erik insett att det var inte bara operan som föll på plats för honom, utan också viktiga delar av honom själv. Dels kände han igen sig i Salomes utanförskap, men framför allt kunde rollen inge mod genom sin obeveklighet:

> det var just när jag själv började förstå att jag var homosexuell, som jag lyssnade på detta. Jag hade flyttat upp till mitt första jobb, och satt ensam och var egentligen kär i den här killen. Mina föräldrar tyckte inte om honom, då var det ju väldigt förbjudet, det här. Och det var så mycket som gick runt i huvudet på mig, så lyssnade jag på den här musiken och det är ju ångestladdad musik. [...] Hon åtrår det förbjudna och hon kan inte ge sig för någon, hon måste ha det.

Hon måste ha det här förbjudna, annars kan hon inte bli hel igen. Även om det är hennes undergång. Och litet grann så kände jag – jag hade varit ihop med den här mannen, men sen tänkte jag leva »normalt« efter det. Men jag insåg, kanske med hjälp av den här musiken, att jag måste ha det här förbjudna i alla fall, annars klarar jag det inte.

Erik påpekar att det var inte något han tänkte uttalat när han lyssnade på musiken om och om igen. Men han har förstått i efterhand att det hjälpte honom på ett undermedvetet plan. Kort efter sattes *Salome* upp på Stockholmsoperan i Göran Järvefelts regi, och Erik åkte ner och såg så många föreställningar han kunde. Det stärkte honom ytterligare i sin känsla. Där framställs Salome som den enda som är riktigt normal: »Då är det lätt att identifiera sig med henne, som gör det här fruktansvärda. Men hon gör det ju på grund av att hon är ärlig. Och sann.«

Apropå att operahjältinnor associeras med död och undergång fortsätter Erik: »jag känner det positivt, för mig är det symboliskt att hon fick det hon åtrådde, trots att det betydde död för henne själv och den hon älskade. Det var värt priset, för att hon hade i alla fall levt. Hon fick det hon åtrådde.« Det är alltså snarare ett bejakande av livet. Hellre utstå det Salome gör, än att aldrig riktigt ha levat.

Många operaroller kräver att få leva sitt liv, trots umbäranden, omgivningens fördömande, död och förintelse. Traditionellt kan man kalla dem outsider-roller. Operalitteraturen vimlar av dem och operabögar fascineras av dem. En roll som går sin egen väg och till sist vågar stå för det, är Norma i Bellinis opera. I hemlighet trotsar hon sitt löfte som kyskhetsprästinna och älskar en man, som sedan sviker henne. I slutscenen väljer Norma att istället för att ange sin rival, »outa« sig själv och ta sitt straff på bålet. Johan såg den nyligen i Stockholm och blev engagerad i handlingen. Apropå slutscenen säger han: »det är något man kan leva sig in i, att se någon människa som har bestämt sig för någonting och att tro på nånting. Att ha en ståndpunkt som man har tagit, och sen ska man hålla sig till den.« Johan hade kommit ut långt innan han såg *Norma*, och många kan också i efterhand känna igen sig i operaföreställningar. Då blir det inte lika känsloladdat, utan mer ett reflekterande och igenkännande. I likhet med rollfiguren har man enligt Johan funderat igenom sin situation under ett antal år, och sedan har man valt en inriktning i sitt liv. Erik drar parallellen med rollerna som går sin egen väg så här:

Foto: Mats Bäcker

*Lena Nordin som Norma i Stockholmsoperans uppsättning av Bellinis Norma 1997.*

har man väl bestämt sig för att leva som homosexuell, då har man verkligen tänkt till hur man vill ha det. Då följer man ju inte strömmen, för de flesta heterosexuella behöver ju aldrig fundera på hur de ska leva, utan dom bara gifter sig och får barn och pam, pam, pam. Och kanske missar mycket i livet, därför att de har inte tänkt till. Men vi har ju faktiskt gjort det. Vi har ju brutit mot alla konventioner egentligen. Och då plötsligt kan man få en annan dimension i livet, som jag känner det en högre dimension. Och på nåt sätt känner jag att i opera får man utlevelse.

Det som Robinson benämner som den homosexuelle mannens stumma protest *inne i* garderoben, är snarare att rollfigurerna visar på en väg *ut ur* garderoben. En ledstjärna snarare än ett substitut. Att rollerna kan ha en uppfordrande funktion, snarare än en identifierande, bekräftas av Ulf:

Jag har väldigt svårt att tänka mig att jag skulle identifiera mig själv med de här kvinnorollerna, eller någonting annat om att det skulle vara min röst utåt, nej det känner jag inte igen. Däremot är det ofta just det här tragiska, mot slutet när någon går till döden och dom ger hela sitt hjärta tillsammans, det är ju väldigt romantiskt, det är väldigt mycket 1800-tal. Men just det här att man offrar allt. Det är snarare känslor man skulle vilja ha inom sig, att man skulle våga löpa linan ut.

Elektra i Strauss opera är också en roll som absolut går sin egen väg, utan kompromisser, och hon är en maximal outsider gentemot sin omgivning. Oerhört fascinerande för många inte minst av den anledningen, och rollen nådde en topplacering i enkätens favoritroller. Strauss kanske mest extrema operahjältinna lever närmast som en hund på gården till sitt födelsehus, trots att hon är prinsessa. Hon vägrar att leva tillsammans med resterna av sin familj, sedan hennes mor tillsammans med sin älskare mördat hennes far. Hon är besatt av en enda tanke – att hämnas detta mord. En anda av att »stå på sig« ingöt Elektra i Örjan:

Jag kan nog förstå henne. Med tanke på vad hon har varit med om. Hur hon har blivit behandlad och hur hennes far har blivit behandlad osv. Och hur alla dom andra följer spelets regler bara för att ha det lugnt och skönt och hon vill inte spela med i det där. Det kan jag också förstå, för jag är också sån att jag gör inte vad som helst för att behaga andra, utan då är jag hellre själv. Även om det är så att det kan vara till för- och nackdel det också.

Örjan känner igen sig i att stå utanför och se andra spela ett sådant spel, oavsett det gäller att leva ett heterosocialt liv eller andra saker. Att roller som Elektra eller Salome skulle vara onda vill många inte instämma i – det går tydligt att förstå dem och se det spel som omger dem. Elektra har fascinerat Nils för att hon trots sin kompromisslöshet egentligen inte åstadkommer något själv, men ändå ser hon till att få som hon vill ha det: hämnden på modern och älskaren genomförs. Efter det har Elektra inte något mer att leva för, och dansar sig till döds. Bill, som också har *Elektra* som en av sina favoritoperor, distanserar sig ändå skämtsamt: »det är litet främmande för mig att driva en fråga så långt så att man dör av det«.

Färgarfrun i Strauss opera *Die Frau ohne Schatten* lockas i likhet med Salome av det förbjudna. Gift med den grovhuggne men godhjärtade färgaren Barak, längtar hon bort från den kvävande tristessen, och till hemmet kommer kejsarinnan med sin trolldomskunniga amma. De lockar med en underskön yngling och allsköns rikedomar, för att färgarfrun ska avstå sin förmåga att kunna föda barn till kejsarinnan. Det yttersta tecknet på den är hennes skugga. Men innan frun säljer sin skugga kommer tre nattväktare med ett viktigt budskap till färgarparet:

> Ni makar, ni som bor i denna stad,
> älsken varandra mer än er själva
> och veten: ej för edert eget livs skull
> har livets frö blivit er anförtrott.
> Nej, blott och bart för eder kärleks skull.[71]

Ibland kan också några textrader ur en opera få en viktig innebörd och något att tänka över. Så var det för Charles med dessa rader. För honom ingav Hofmannsthals text både mod och tröst. Istället för att referera vad Charles har sagt, ger det mer att citera hans uttalande in extenso:

> Mitt sätt att tolka det här är att sexualiteten och människors kärlek till varandra, är inte framför allt givet oss för att vi ska föra släktet vidare. Utan vår gåva att få ta hand om barn, den har vi för att vi älskar varandra. Det har givit mig ett oerhört starkt och intensivt budskap, och det är alltid bra med litteratur då man känner sig bekräftad. Och det här är så otroligt vacker musik dessutom, så man bara smälter. Och dessutom tycker jag det är en sån förträffligt fångad sanning. Jag menar, det är ju hemskt med dessa människor som inte alls tycker om varandra och som får barn huller om buller. Här har vi alltså frukterna av den bejublade heterosexuella kärleken, som ju inte bär nån vart alls.

> Medan däremot två lesbiska kvinnor eller homosexuella män som lever i harmoni med varandra naturligtvis är oändligt mycket bättre föräldrar, apropå den moderna debatten. Därför att dom är kärleksfulla och dom vet vad kärlek är, och kan därför ge sina barn kärlek. [...] Det är kärleksfullheten mellan människor, mellan två män, mellan två kvinnor, som gör att det finns en rätt, att det är rättfärdigt att uppfostra barn.

Som tidigare nämnts har en längtan efter barn ibland försvårat accepterandet av den sexuella läggningen. Men samhället ger ibland märkliga och snedvridna budskap i fråga om barnalstrandet. Att som homosexuell man se döttrar som efterlyser sina försvunna fäder i TV3:s »Spårlöst försvunnen«, och höra de uppspårade fäderna säga att de inte tänkt särskilt mycket på att de hade barn, är smärtsamt och känns djupt orättvist. Men så kommer en operatext från 1919 som ett slags varningsklocka åt heterosexuella par, samtidigt som den ger ett uppmuntrande budskap åt homosexuella dito! Att ett klassiskt libretto kunde utgöra ett modernt argument i debatten om homosexuella föräldrar, anade jag inte ens i min vildaste fantasi när jag startade detta forskningsprojekt.

Vi har gått från modingivande förebilder hos olika rollgestalter till ett enskilt textställe. Avslutningsvis ska jag också nämna att operaartisterna själva kan inge eller utstråla mod, frikopplat från sina roller på scenen. Kenneth nämner att det finns knappast någon som visar så mycket mod som operasångaren på scenen, där den blottar sin röst. När en sångare griper honom totalt under ett liveframförande, kan han uppleva det som att han är inne i rösten, och ger Birgit Nilsson som exempel. Rösten är det mest personliga man har, och Ville hävdar att när han är »som lyckligast i en operaföreställning eller av en operaupplevelse, när det är trovärdigt. Och då menar jag inte skådespelarmässigt så mycket, utan det är sången.« Att sången kommer inifrån är viktigt för Ville. Det är det allra svåraste med att sjunga, att verkligen uttrycka sig. Att sjunga vackert – det är en sak, att sjunga tekniskt – det går också bra. Men, fortsätter Ville, att sjunga med sina känslor, att använda det man har djupt inom sig och uttrycka det, det är då det verkligen händer någonting, och han nämner Callas som ett föredöme.

Det är också de utpräglade personliga rösterna som har eftersträvats när vi har diskuterat sångare i grupperna. Att en artist öppnar sig och blottar sina innersta skrymslen kan också inge mod till publiken. Inledningsvis i detta avsnitt citerades Catherine Clément, som irriterade sig på män som enligt henne iklädde Maria Callas sina förträngda homosexuella fantasier. Hon fick dock genast mothugg av Koestenbaum:

> Callas, en ikon som cirkulerade redan genom kulturen, placerades inte på marknaden på homosexuella mäns anstiftan. Genom att dyrka henne, stör jag inte kvinnan som sover inne i avbildens skal: min kärlek kan inte skada den döda Callas. Och ändå vill det homofobiska samhället att jag ska överge mina fantasier. Att kräva att jag förnekar min vördnad är som att föreslå det önskvärt att utplåna vad som gör mig gay.[72]

Får man dessutom tro flera deltagare i projektet, så kan alltså en sådan röst snarare ha en motsatt effekt än att vidmakthålla förträngningar. Koestenbaum skriver vidare om Callas: »Hennes hämndlystna salvor ger oss mod, och inspirerar oss när vi kämpar för att vara öppna och inte stängda, fridfulla och inte utplånade, mänskliga och inte degenererade.«[73] Tvärtemot vad Clément, Robinson och Koestenbaum på flera andra ställen hävdar, så är det ett sätt att *öppna* garderobsdörren, snarare än att ta till sig upplevelserna *innanför* dörren, som de personligt blottande rösterna kan inspirera till.

## Spegling

Spegling har mer att göra med en jämförande betraktelse, där man jämför med sig själv, sin egen situation och sina känslor. Till skillnad från den tidigare kategorin är det här ofta roller som inte protesterar lika högljutt och inte tar för sig på samma sätt, utan istället ger uttryck för en sorg över sitt öde. Med andra ord en mer traditionellt passiv kvinnoroll (och i några fall mansroll), och till skillnad mot »förebildsrollernas« uppfordrande funktion ger de här upphov till ett reflekterande. I förlängningen kan man få hjälp att bearbeta svåra frågeställningar och funderingar, eller det kan bara vara befriande att leva sig in. Med andra ord kan det ha en terapeutisk verkan, och det behöver alltså inte enbart ha med enskilda roller att göra, utan operorna i stort med det skeende som musiken ger uttryck för.

Att spegla sig i detta är därmed mer ett sätt att stärka och upptäcka den egna identiteten, snarare än att fly från verkligheten in i någonting annat. Ulf kommenterar det så här:

Opera *kan* vara verklighetsflykt, men det kan också vara verklighetsförstärkning. En förstärkning av den verklighet man redan befinner sig i. Det är ungefär som att läsa en god bok, man kan verkligen känna in i den. Jag tror att opera fyller samma funktion. Ibland upptäcker man känslor som man annars kanske inte visste att man hade just då, i det undermedvetna. Det plockar fram dom.

Erik är inne på samma linje: »Jag tror att det lyfter fram känslor som jag redan har, men jag är en ganska kontrollerad person i verkliga livet. Sitta hela dagarna och vara trevlig och göra fina saker, jag måste alltid vara perfekt. Och jag tror på nåt sätt, när det blir mörkt i salongen, att jag kan leva ut känslor som jag inte kan annars. Jag gråter ofta på Operan när det är bra.« Uttalandet tangerar också kategorin ventil, men att opera också har en terapeutisk och bearbetande verkan visar fortsättningen av Eriks berättelse:

För mig är att det så att vissa föreställningar och vissa ögonblick när opera är som bäst, då träffar det mitt innersta på nåt mycket, mycket speciellt sätt. Så när jag går ifrån en sån föreställning, så känner jag att jag är på nåt sätt förändrad, att det är som nån sorts psykoanalys, det tränger så djupt in i mig så att jag... det blir på ett obeskrivligt sätt så. Opera har betytt så otroligt mycket för mig, att det är nästan som en psykoterapi ibland. Att åka ner till Bayreuth och vara där en vecka och se hela *Ringen*, det är det bästa tänkbara. Det är en slags rening, framför allt *Ringen* tycker jag skildrar alla mänskliga känslor, det är som att leva igenom hela livet och tänka igenom hela livet. Det är nånting som man aldrig blir färdig med, jag tror aldrig jag blir färdig med *Ringen*, utan man hittar nånting nytt varje gång.

Detta är naturligtvis en funktion opera kan ha för alla människor, och behöver inte ha att göra med om man är homosexuell eller inte. Att bearbeta frågeställningar och existensiella problem vid olika stadier i ens liv är en funktion all konst kan ha för oss. Men att just opera kan ha funktionen att bearbeta en viss sorts frågeställningar kring kärlek och utanförskap för att komma vidare, har att göra med den utvidgade arena som operan utgör. På den skapas förutsättningar för alternativa tolkningar, och vilket kön det är på personen på scenen spelar ofta inte så stor roll för operabögarna, utan det är vad den uttrycker. Med musikens hjälp kommer man snabbare in i känslolivet, ofta på ett sätt så man inte kan värja sig – man dras obönhörligt in i skeendet.

Att kunna bearbeta sina upplevelser och också spegla sig i skeendet blev tidigt en viktig funktion för Sven. Han hade haft med sig operaintresset från barndomen, men efter hand fick operorna en annan innebörd för honom:

> Plötsligt upptäckte jag när jag var 13–14 att jag var gay; jag gick till Stadsbiblioteket eller Stiftsbiblioteket och kollade vad det var för nånting. På den tiden var det kriminellt att vara gay. Och då i operan fanns det en totalupplevelse som balanserade den där svåra upplevelsen. Man hittade lösningar på ens existensiella problem och det fanns nånting i operan, det var inte bara skönhet i musik och textunderlag, utan det fanns också en livs[frågeställning]. Antingen att man flydde ifrån problemen eller att man fick lösning på problemen. Det var det, tror jag, som innebar att jag fastnade för det. Det var en existentiell möjlighet att klara upp sitt liv, som var rätt jobbigt. [...] Antingen i en opera så blir det en stor tragik, det är ett livsproblem som man löser med död, förintelse och så. Eller också slutar det lyckligt, och man får alltså lösningar på existentiella problem, det får en final på notan, vilket inte ens liv har egentligen. Där fortsätter allt i samma märkliga rytm och svårigheterna finns kvar, i varje fall då. Att vara gay då, det var jobbigt.

När jag frågade Sven vad det var för slags problemställningar, svarade han att vara annorlunda helt enkelt: »Att inte kunna vara med i gamet och spela en roll att få vara med, att vara den som får vara med på lika villkor.« Många operaroller drabbas av exakt det, menar han.

Och vad gäller roller så är det föga förvånande just den typen av outsiderroller, som är viktiga i kategorin spegling. De som står utanför och avviker från samhällets normer, de som förtrycks och i förlängningen går under. En sådan roll som ofta nämns är Violetta i Verdis *La Traviata*. Som lyxprostituerad ställs hon utanför en stor del av samhället, och hennes uppriktiga kärlek till Alfredo, som kommer från en högborgerlig familj, fördöms av etablissemanget. Deras relation bedöms som inte »riktig«, och kan naturligtvis ses som ett parallellfall till homosexuella relationer. Magnus hade *La Traviata* som en viktig inkörsport till opera när han var i 19-årsåldern. Det var den första operaupplevelse som verkligen grep tag i honom, och han såg Margareta Hallins gästspel i titelrollen i Malmö åtta gånger på två säsonger. Detta var långt innan han hade insett sin egen homosexualitet, och vad som grep honom så starkt då kan han inte riktigt svara på. Långt senare såg han Zefferellis film med Teresa Statas tillsammans med sin dåvarande pojkvän. Även pojkvännen, som inte var särskilt operaintresserad, blev oerhört fängslad och berörd: »Där finns ju nånting med utanförskap och olycklig kärlek och i den här musiken, som säkert kan gripa tag i en, även om jag inte förstod nånting på den tiden i Malmö.« Vad som hade gripit tag i Magnus på ett undermedvetet plan många år tidigare, kom alltså upp på ett medvetet plan långt senare: »hon är ju tvungen att offra sin kärlek. Hon blir inte accepterad. Och det blir sedan ett oerhört tragiskt slut.« Att det var kärlek som inte accepteras av samhället, på samma sätt som hans egen, gav anledning till många reflektioner.

Även Gustav hade *La Traviata* som startskott in i operavärlden, då i form av ett utdrag på LP-skiva som han spelade hemma i mitten av tonåren. Några pengar att gå på Operan för fick han nämligen inte i sitt hem, som han definierar som en hermetiskt tillsluten, högborgerlig miljö där man levde efter strikta regler. Han fick inte ha egna pengar förrän i 20-årsåldern, och kunde därför inte ens åka buss själv om han ville, än mindre gå på Operan. Men *La Traviata* fängslades han av, han läste handlingen på skivomslaget och även Dumas roman som operan bygger på. Han funderade mycket över figuren Violetta, och identifikationen låg på det planet att befinna sig i en knepig situation och inte kunna göra någonting åt det. Liksom Violetta var han instängd i en situation där han inte hade något val, menar han.

I andra akten tvingas Violetta ge upp den man hon älskar, påtvingad av Alfredos far, som hävdar att det är för Alfredos egen lyckas skull. Lars-Erik pekar på att Violettas roll är att offra sig för att någon annan ska få vara lycklig. Så har det känts i hans egen situation, då han ofta »har haft den stora oturen att bli djupt förälskad i mina straighta killkompisar«. Speciellt en vän hade han en mycket nära relation till, på alla plan utom det sexuella. Lars-Erik upplevde det som att han fick offra sig och »ge bort« sin vän till dennes blivande fästmö. Han fick kliva åt sidan och ge bort det käraste han hade. Trots att Violetta gör sitt offer delvis av en annan anledning, så är det något Lars-Erik känt sig starkt befryndad med. Roller som avstår sin kärlek för någon annans lycka finns det gott om i operans värld, och det är situationer som griper många och ger upphov till spegling och igenkännande: Fältmarskalkinnan i *Rosenkavaljeren*, Hans Sachs i *Mästersångarna*, La Gioconda…

Även Violettas aria i första akten, när hon inser att hon verkligen kan känna djupare känslor för någon annan, har gripit Lars-Erik starkt. Även där var det känslor han kände igen hos sig själv – att komma fram till liknande insikter kan ta tid som homosexuell. Slutet av arian »är ju ganska hattig och glad ändå, men den är nån slags vemod och det här är bara nån slags subtitut, nån slags tröst att hon roar sig. Hon har ju nyss fått förstå att hon kan känna nåt«. Hela rollen med sitt vemod och uttryck för utanförskap har länge appellerat till honom: »Ibland känns det som att, när jag blir riktigt less på opera, så är *Traviata* det enda jag tycker om«.

Ett annat kärt »outsider-par« är Siegmund och Sieglinde i Wagners *Valkyrian*, Nibelungenringens andra del. De är egentligen syskon, barn till Wotan och en jordisk kvinna, men de har tidigt kommit bort från varandra och brutalt slängts ut i världen. Siegmund har mer eller mindre levt i skogen och skaffat sig många fiender, medan Sieglinde gifts bort med den vrångsinte Hunding. När Siegmund av en slump söker skydd hos Sieglinde i Hundings boning, går det långsamt upp för dem vilka de är och parallellt blir de också förälskade i varandra. Med andra ord, de är två utpräglade outsiders där han förskjutits av samhället och fått leva på dess baksida, medan hon tvingats leva med en man hon inte älskar. Två sorters utanförskap som många haft lätt att känna igen sig i, och också hur dessa finner varandra genom sin olycka. Att deras kärlek inte är tillåten, både för att de är syskon, men också för att hon redan är gift med Hunding, gör det inte mindre igenkännbart. Så här säger Alf om den stigande spänningskurvan i den långa första akt där de finner varandra:

> De hittar fram och sedan finns det ingen återvändo, men det är nånting nödvändigt. Det går inte att komma ifrån sin egen läggning, det går inte att komma ifrån kärleken, det går inte att komma ifrån det förgångna. Och i konsekvensen inser man ju då som homosexuell, att det är nånting förbjudet, nånting oacceptabelt, det är nånting som kan innebära katastrof.

Att Siegmund och Sieglinde hänger sig åt förbjuden kärlek nämner knappt rollfigurerna själva, däremot Wagners orkestersats som trots den extatiska slutmusiken i akten flera gånger upprepar ofärdsmotivet, en fallande liten sekund (ett halvt tonsteg nedåt). Där finns aningarna om att allt kommer gå mot en katastrof.

Personer som gör något förbjudet, men som inte går att hindra, finns det gott om hos Wagner. Alf fortsätter: »Det är väldigt mycket att var och en strävar mot sin bestämmelse, går emot sin bestämmelse, med utvikningar och funderingar och desperationer. Men de går ändå mot ett förutbestämt mål. Senta, Elsa och alla möjliga.« Att dessa musikdramer kan gripa mer än andra tycks ha med Wagners konstruktion av musiken att göra. Den penetrerar handlingen på ett djupare och mer flerskiktat plan, och ger därigenom spelrum för tolkningsmöjligheter. Detta spelrum ut-

Foto: Bertil Ludvigsson

*Björn Eduard som Siegmund och Monica Danielsson som Sieglinde i Wagners Valkyrian på Musikteatern i Värmland 1998.*

ökas också av att handlingen utspelas i en mytologisk-arketypisk miljö, som gör det möjligt att på ett mer direkt och omedelbart sätt översätta det till närliggande förhållanden.[74] Alf och Mikael menar att hans musik inte är, som många andras, en horisontell linje som går vidare, utan den griper vertikalt på alla plan samtidigt. Att Wagner lägger så mycket mellan raderna och att skeendet i orkestern är nästan viktigare än sångpartierna, är viktigt för flera, inte minst i *Valkyrians* första akt. Det är det gradvisa igenkännandet och förälskelsen som uttrycks i orkestersatsen mellan sånginsatserna, t ex i den ensamma solocello som fångar hur Siegmunds blick följer Sieglinde i hennes bestyr, som är fascinerande. Wagners musikaliska struktur underlättar den egna speglingen i skeendet, och ger utrymme att fylla i själv med känslomässigt tankegods.

Fredrik har länge varit fascinerad av detta operapar, deras utsatta läge och hur de äntligen »hittar hem«, hittar sig själva:

jag tycker att den här oerhörda längtan som Siegmund har visat i precis hela akten, han har ju förlorat hela sin barndom, han har förlorat hela sin sociala struktur... och är alldeles ensam. Och i det mest utsatta läget så hittar han sin syster. Jag menar, den här långsamma uppradningen av igenkännandet, det är det som bygger akten för mig. Absolut. Att hitta sitt kött och blod igen, och dessutom vara förälskad i... jag tycker det är så otroligt häftigt. Men det är igenkännandet och återknytningen till barndomen som jag tycker berör mest.

Siegmund är på väg mot döden och Sieglinde lever redan som en död, fortsätter Fredrik. Att de sedan förälskar sig – deras vandring mot döden har startat långt innan, och tragiken ligger i att de är så förutbestämda i detta båda två. De har ingen möjlighet att ta sig ur det, så vad spelar det för roll om de är bror och syster som älskar varandra? De har bara en liten tid kvar, menar Fredrik. Speciellt tyckte han att Harry Kupfers Bayreuthuppsättning, även visad i SVT, gjorde Siegmunds utanförskap tydligt. Där såg han ut att komma direkt från kloakerna eller värsta New York-slummen.

Den extatiska slutduett där allting sedan brister, blir ännu mer laddad genom att Wagner långsamt har byggt upp det så att man får uppleva det *genom* utanförskapet och det förbjudna. När de trotsar alla hinder och hänger sig åt varandra, följer man omedvetet med själv in i kulmen av deras förbjudna kärlekssaga. »Där kan jag bli riktigt upphetsad, det har hänt flera gånger«, medger Mikael.

Sieglinde är inte den enda kvinnliga operarollen som tvingas gifta sig med eller leva med en man hon inte älskar, pga samhällets konventioner och omgivningens tryck. Det finns en hel uppsjö av dem. För Ulf kunde ofta speglingen ligga på det planet: »jag identifierade mig ju på det sättet med operans roller att man ska verkligen offra sig, och jag kämpade att jag skulle försöka börja tycka om tjejer, vilket jag aldrig gjorde«. En sådan roll som Ingmar nämner är Elisabeth i *Don Carlos*. Hon tvingas av politiska skäl att gifta sig med den betydligt äldre kung Filip II, trots att hon älskar dennes son Don Carlos. I operans början har hon möjlighet att säga ja eller nej till Filip, men om hon svarar nej skulle det äventyra freden i landet. Detta kände Ingmar igen sig i, hur hans liv tedde sig tidigare. Förr kunde han välja den heterosexuella vägen, för att det blev minst bråk och upprivna känslor – han hade inte ork och kraft att kämpa emot. Den lugnaste och enklaste vägen, som Elisabeth väljer, är ju ett sätt att ge efter för omgivningens krav. Hon är i gott sällskap bland damer som Lucia di Lammermoor, Anna Bolena, Mélisande, Tatjana i *Eugen Onegin*, Luisa Miller, Isolde och många andra.

En manlig roll som Ingmar också gärna speglar sig i är Paul i Korngolds *Die tote Stadt*, en opera som framgångsrikt hade spelats på Stockholmsoperan vid tiden för våra samtal. Paul stänger in sig i den dystra staden Brügge och vårdar på ett fanatiskt sätt minnet av sin döda hustru. Under operans gång försöker han stå emot den attraktion han känner för en kvinna som är till förväxling lik hustrun. Efter att ha drömt att han strypt kvinnan med den dödas hårfläta, kan han äntligen bryta upp och lämna Brügge med en vän för att börja ett nytt liv. Ingmar känner igen sig i sin långa period från att han började inse sin sexuella läggning till att han kom ut. Han mådde länge väldigt dåligt och upplevde flera förälskelser där han målade upp en idealbild av personer som han egentligen inte kände. Precis som Paul: »han har satt upp sin döda fru som gudinna, på en oerhörd piedestal och höjt upp henne till en bild som hon kanske inte ens var«.

Men allra mest greps Ingmar av slutet, när Pauls vän frågar om han inte ska följa med honom bort från det inskränkta livet i Brügge. Paul svarar att han ska försöka, och i Ann-Margret Petterssons uppsättning gör Paul en ansats till att åter sätta sig och drömma framför hustruns porträtt, men ångrar sig. Det relaterade Ingmar till sig själv, och förstod Pauls svåra kamp att komma vidare: »man har gått vidare, man har kommit ut och sånt som man trodde var omöjligt då har man gjort nu«. De begär för den andra kvinnan som Paul hela tiden försöker kämpa emot, är också lätt att ur ett gayperspektiv se som homosexuella begär som man har försökt förneka. Slutet kommer som en befrielse och Paul, nu äntligen i balans, vill komma ut och lämna (garderoben) Brügge för att leva... Dessa insikter kom till Ingmar som ett knytnävslag i magen, vid den tredje föreställningen han såg av *Die tote Stadt*: »Då kände jag att jag kan inte leva om jag inte får se alla föreställningar som ges mer.«

De erotiska förvecklingarna i Mozarts *Così fan tutte* har många dragits till och funderat kring. Även här är förbjudna känslor och lockelser i svang. Det vad som de två männen Ferrando och Guglielmo ingår med cynikern Don Alfonso innebär att de ska förklädda uppvakta den andres fästmö, för att bevisa att deras kvinnor är dem obrottsligt trogna. Kvinnorna står emot, men efterhand bryts deras motstånd ned, och även männen själva blir under förförelseakten förälskade i den andres kvinna. Mozart demaskerar sina personer i musiken, genom att han låter oss höra hur mycket djupare passionen är i de nya konstellationerna än i de tidigare. Här punkteras det konventionella äktenskapet, till förmån för de mer äkta och spontana känslor de två paren känner.

Speciellt den andra förförelseduetten mellan det mer allvarliga paret Ferrando – Fiordiligi har tilltalat många: »Ett av dom mest sublima ögonblicken är när Fiordiligi skriker 'Consiglio' efter att han har satt in sista stöten. Fläker upp sig trots allt motstånd. Det är otroligt, det är en liten bit av mig själv där«, säger Fredrik. Det ögonblick då Fiordiligi efter lång vånda äntligen ger efter för vad hon verkligen känner för Ferrando, upplevs befriande och igenkännande. Inte så konstigt att det upplevs så av män som själva har erfarenhet av att tvingas hålla tillbaka känslor och passioner. Känslan är av mindre omtumlande slag än i t ex högromantiska operor, men »jag ler igenkännande och myser inombords«, fortsätter Fredrik.

*Così* handlar om hur flyktiga känslor kan vara och hur snabbt de kan förändras, men också hur man kan ljuga för sig själv om sina rätta känslor och vem man verkligen älskar. Charles, som länge haft *Così* som en av sina favoriter, instämmer till fullo. De två paren ljuger utåt, fullständigt hämningslöst, menar han, och inte minst männen blir intressanta här: »de är ju lika mycket bedragare och bedragna som kvinnorna«. Också Ferrandos känslomässiga läge i den ovan nämnda duetten är fascinerande. Han har sårad självkänsla när han störtar in, och spelar inför henne att han tänker ta livet av sig. Men snart uppträder han annorlunda, och tvingas tillstå att han faktiskt älskar den varelse han har framför sig – denna förändring hörs också i musiken. Charles, som har sett många uppsättningar genom årens lopp, menar att det är först på senare år som man har vågat ta fram den oerhörda ambivalens som finns hos de två paren.

Det kvinnliga temperamentet så som det framställs i *Così*, är också lätt för flera att känna igen sig i. Inte bara i den ståndaktiga Fiordligi utan även i hennes mer lättfotade syster Dorabella. För homosexuella uppstår ju inte det traditionellt heterosexuella rollmönstret att mannen uppvaktar, och kvinnan låter sig uppvaktas. För oss är det fritt fram att välja vilken funktion man ska inta när man knyter en kontakt. Därför går det också lätt att känna igen sig i Dorabellas lättsamma uppmuntrande, när hon låter sig uppvaktas av Guglielmo. De hysteriskt överspelade utbrott, som de båda systrarna eggar upp varandra till i operans inledning när fästmännen ska »resa«, är också något man ler åt. Flera ser hur fast de sitter i konventionerna: »Det är konventionen att en kvinna ska ha en fästman, och det hör till att man ska bete sig på det viset«, menar Alf.

## Flykt

Det är inte många som varit inne på att operan kan vara ett slags verklighetsflykt in i en annan värld när ens egen blir för svår. Det är bara tre stycken, och de menar också att operan hade den funktionen en begränsad tid i ungdomen. Två av dem tillstår att de flydde från saker som var svåra i deras omedelbara omgivning i samband med uppväxten, medan den tredje flydde från sin egen sexualitet. Gustav menar att operaintresset för honom fram till vuxen ålder var ett sätt att drömma sig bort och söka en sorts trygghet från den hårt tillslutna och repressiva miljö han tvingades leva i som ung, i sin högborgerliga familj i Stockholm. I hans lyssnande på operaskivor fanns sådana omedvetna stänk, han flydde in i operans värld.

Även Georg hade svåra uppväxtförhållanden, men av annat slag: han levde med sin mormor i ett litet samhälle långt norrut. Han levde sig in i operans starka känslor, de hysteriska kvinnorna och den djupa kärlek som uttrycktes. Georg menar att han i detta ville komma bort ifrån sig själv, i sin trista situation. Sin homosexualitet hade han redan börjat få utlopp för och praktiserat, men det var alltför svårt för honom att komma till rätta med den i den situation han befann sig. Operaintresset blev under den tiden ett sätt att drömma sig bort från allt det, och längta efter något annat. Det tangerar också substitut, som behandlas i nästa avsnitt.

Magnus hade däremot inte en lika svår uppväxt. Under tonårstiden lyssnade han mycket på klassisk musik, gick på teater och opera i en vänkrets av huvudsakligen andra killar. Sin sexualitet sköt han åt sidan under hela sin tonårstid. Vid 21 träffade han sin blivande fästmö och den homosexuella läggningen låg djupt fördold för honom fram till 30-årsåldern. Magnus menar att musik-, teater- och operaintresset, som han odlade intensivt, var en flykt ifrån hans egen sexualitet. Trots att det berörde honom starkt, så var det något som bara förstärkte hans egna skygglappar som fanns kvar så länge. Han flydde omedvetet från sig själv, och från att ta tag i sådant som låg så djupt i honom att han inte ens märkte det. För alla andra har alltså opera inte haft någon funktion av flykt, annat än ytterst momentant.

## Substitut/sublimering

Många i projektet talar om hur operan kan ha fyllt ett tomrum inom dem själva, oftast under den period då man upptäckt sin läggning och inte haft möjlighet att leva ut den. Då kan man få utlopp för sin saknad och sublimera sin drift i operakonsten. Men ibland kan det också uppstå under senare perioder i livet, när man upplever ensamhet och avsaknad av intima kontakter. Till att börja med kan vi gå till Daniel, som vid tiden för samtalen ännu inte levt ut sin läggning som ändå stod mycket klar för honom. Han medger att han längtar väldigt mycket efter ett förhållande, och på Operan uttrycks ofta känslor som längtan efter kärlek osv. Men på scenen får också kärleken komma till skott, och Daniel beskriver sina operabesök som »en känsloupplevelse som tar sexualitetens plats«. Även om han inte tänker så medan han lyssnar, tillstår han att det på ett omedvetet plan är så. Han hade aldrig funderat över det förrän han såg annonseringen till projektet, och då började han fundera över sig själv och hur operaintresset utvecklats. Han menar att det »kan vara ett sätt att fylla det tomrum som uppstår då ens sexualitet förskjuts. Bristen på sexuella kontakter och kärlek uppfylls då istället av den sensuella operakonsten.« Daniel var osäker på om det skulle stämma generellt, så han var nyfiken på att höra hur det kunde vara för andra.

Och det var flera som mindes att operan kunde ha den funktionen när något starkare kärleksliv inte fanns till hands. Per-Olov var i 25-årsåldern när han flyttade till Stockholm; hans operaintresse hade väckts och han hade börjat inse att han var homosexuell. Närmast häpet tillstår han att allt detta skedde samtidigt. Han började köpa skivor och springa på Operan – en tidig favorit var *Tosca*, en annan *Jenufa*. »Jag såg *allt* då. Vad man tilltalades av var väl känslostormarna, som man kanske inte hade haft så många innan. Faktiskt. Och operan är ju så sammansatt, det finns så mycket bottnar i det som man kan se som en total upplevelse.« Det som uttrycktes menar Per-Olov var outlevda känslor inom en: »man hade väl levt ett ganska tråkigt liv på ett sätt, ett ganska neutralt liv, jag visste inte var jag stod nånstans riktigt i livet, och det kan väl hända att det var ett sätt att leva ut känslor som man kanske inte annars hade gjort då. Kärlek och så.« Förundrat börjar han minnas att han även under den tiden upplevde en stark förälskelse, som operaupplevelserna kunde elda under.

Men det behöver inte vara en ersättning för sexualitet och kroppslig åtrå, det kan också vara substitut för en känslomässig närhet och en djupare förälskelse. För många kan det visserligen vara både och, men Fredrik led ingen brist på sexuella kontakter när han sprang på Operan som mest i 20-årsåldern. Han träffade män i parker, i barer, på toaletter och även på Operan. Men han hade en spärr som inte tillät honom själv att engagera sig känslomässigt och bli allvarligt förälskad. Det var en rädsla för närhet, den typen av närhet som saknades i de tysta pissoarmötena utan vidare förpliktelser. Fredrik menar att hans känslomässiga utveckling hämmats av rädslan för att hans attraktion riktades mot »fel« objekt. Men på Operan sökte han efter ett slags expressivitet, inte minst i rösterna: »det var ett uttryck i sången som jag själv aldrig hade i sexualiteten«. Eftersom han aldrig själv lyckades elda under sina flyktiga förälskelser, så förlade han sitt känslomässiga engagemang på scenen. Under denna tid kunde han ibland gå på Operan flera gånger i veckan. Först när han vid 26 års ålder träffade sin nuvarande partner Karl, tillät han sig att bli djupare förälskad. Det upplevde han som att ett helt utvecklingsstadium tog slut, först då kom han »i puberteten«. Efter det avtog också operan successivt att ha denna funktion för honom.

Men även senare i livet kan opera ha denna substituerande funktion, då man för kortare eller längre perioder har en avsaknad av djupare kontakter och längre förhållanden. Örjan, som är i 35-årsåldern, har visserligen levt ut sin sexualitet men har inte haft något stadigt förhållande. Han är lycklig med många vänner och stort umgänge, men menar att Operan fyller ut ett tomrum för honom i hans liv: »Jag får enorma upplevelser och känslostormar där«. Att opera fyller ett tomrum för många ensamma bögar är uppenbart även efter att man kommit ut.

Örjan menar också att om man bevistar en stark operaföreställning kan man få en rent sexuell förnimmelse, som griper tag i hela kroppen. Man har varit med om en så enorm upplevelse, så att man efteråt »mår litet konstigt«. Speciellt gäller det senromantiska kompositörer som Richard Strauss eller Korngold, där man »duschas i en musikalisk orgasm«. Även *Elektra*, som handlingsmässigt inte innehåller några erotiska förbindelser mellan personerna på scenen, har en musik som är ytterst erotisk i sig. Med röster som därtill verkligen berör, blir man »förälskad och farlig, lycklig och vill ta hela världen i sin famn« enligt Örjan. Jämför Sam Abels uttalande »Jag vill veta varför opera känns för mig så mycket mer fysiskt, så mycket mer förkroppsligat, än någon annan konstform. Jag vill veta varför opera känns så mycket som sex. Jag är säkert inte den första personen att notera sambandet mellan opera och fysiskt begär.«[75] Men att det därmed inte alltid behöver ha den substituerande funktionen är Abel noga med att påpeka.

För man kan inte enbart substituera eller sublimera sina upplevelser hur länge som helst. Om man ska må bra och vara i balans måste man också ta sig ur detta och leva i det verkliga livet, även om det varit värdefulla och djupa upplevelser som man aldrig velat vara utan. För Sven var opera ett substitut under många år, då han upplevde sitt känslomässiga liv som en öken. Han gick ofta på opera, teater och läste mycket för att på något sätt komma ur sin svåra situation. Men »man kan ju inte i och för sig sublimera eller stänga inne så länge, man måste på något sätt komma ut. Även om man inte kom ut till en partner, så måste man komma ut ur sin oro och sina svårigheter.« Opera kan därför ha en dubbel funktion, man kan sublimera och ersätta sin saknad, men man kan där också hitta en väg att ta sig ur sitt fängelse. Det har de tidigare avsnitten, inte minst »Förebild« visat. Man kan också, som Sven påpekar, i det sociala livet med andra operabögar bearbeta sina problem och hitta vägar ut. Det är något han upplevt både bland vänner, i projektet och i föreningen OperaBögarna. Tvärtemot vad folk kanske kan tro, att detta är subkulturer som bildats för att utestänga andra, så kan de istället ha uppstått för att stötta varandra i att vända sig ut mot världen.

## Tröst

Många har berättat att operan har kunnat ge tröst när mycket omkring en har känts svårt. Så kan det naturligtvis vara för många människor: musik och konst har kunnat trösta utan att det behöver röra sig om verklighetsflykt. Tröst berör alla de ovan nämnda områdena, men kanske mest spegling. Att med musikens hjälp dras in i skeenden som på många sätt påminner om ens egna, kan ge tröst. Man får insikt om att man inte är så ensam om sina svårigheter. Ett tydligt exempel är Georg, som ofta har funnit tröst genom att lyssna på *Tristan och Isolde*. Vid en hastig titt kan den operan vara en av de mest heterosexistiska av alla, men som i så många andra verk uttrycks en kärlek som spränger flera förbjudna gränser. Tristan och Isoldes passion är otillåten eftersom hon ska gifta sig med kung Marke, men det finns ingenting som kan stoppa deras känslor för varandra. Wagnergestalter som går mot sin bestämmelse, trots att det innebär katastrof, har nämnts tidigare, liksom att det inte går att komma ifrån sin kärlek.

Under samtalet spelade Georg som favoritavsnitt Tristans svar på kung Markes monolog i andra akten. Vid denna punkt i handlingen har parets otillåtna förbindelse just uppdagats, och Marke frågar sig hur Tristan, hans bäste vän, kunnat göra honom detta. Tristans svar blir: »O kung, det kan jag inte säga. Vad du frågar om, det kan du aldrig erfara.«[76] Detta kan lätt översättas till den homosexuelle mannens svar gentemot en oförstående omgivning: hur kan man förklara att man känner som man gör? Hur ska de kunna förstå när de aldrig varit med om samma sak och aldrig befunnit sig i samma situation? »Jag känner väldigt mycket för just det stället«, säger Georg. »Det finns en utsatthet, en sårbarhet. Han försöker försvara sig, men dom är ute på förbjuden mark båda två.« Just Tristans sätt att svara »berör mig så fantastiskt«, fortsätter han, och menar att han alltid identifierat sig mer med Tristan än Isolde. För honom är kanske övertrampet ännu större än för henne, och Georg har också ofta hämtat tröst ur tredje aktens inledning. Där har paret skilts åt, och Tristan ligger feberrusig och längtar efter Isolde med en besatthet till dödens gräns.

Även Erik ser uppenbara paralleller med homosexuell kärlek i *Tristan*: »det är förbjudet men jag vill så gärna. Trolldrycken är ju också nånting symboliskt där, att den blir den förlösande faktorn som gör att jag vill leva, och därför måste jag ta till mig kärleken.« De flesta har den allmänt vedertagna uppfattningen om kärleksdrycken som vägröjare för känslor som redan fanns där: »en halv flaska vin brukar ju hjälpa«, skämtar Erik.[77]

Men enbart musiken i sig kan vara tröst. Vissa klanger eller ackordföljder kan vara som en smekning på kinden och gripa en så djupt att man gråter, man har lyfts upp till en högre andlig dimension. Erik sökte ofta tröst efter en olycklig separation i en tersett ur *Così fan tutte*, »Soave sia il vento«. Det är den trio systrarna och Alfonso sjunger när de vinkar av båten, eftersom flickorna tror att deras fästman ska ut i kriget. De vaggande klanger som härmar vågornas stillsamma rörelser, anses vara bland det vackraste Mozart har skrivit. Men Erik hade också haft en gemensam stark upplevelse av denna musik tillsammans med sin f d pojkvän:

Då åkte jag upp till fjällen och gick och vandrade ensam länge. Jag hade med mig min freestyle, och i den hade jag med mig *Così fan tutte* och *Tristan och Isolde*. Och så gick jag där och lyssnade och tittade ut över landskapet. Och var ledsen. Gick upp till toppen av Kebnekaise. Och satt där helt ensam i stugan och lyssnade på musik.

Men inte heller här var det faktiskt oviktigt i vilken handlingssituation stycket kommer in, eftersom det handlar om separation: »stämningen här är viktig«, menar Erik, »det är riktigt vemod och vi ska skiljas åt«. För honom fick det symbolisera olycklig kärlek och avsked. Att det var ett stycke som de hade haft gemensamt gjorde det inte mindre starkt. Det är vad Dowling och Harwood kallar för »Indexial induction«, dvs musik som väcker känslor genom att vara associerat till ett visst minne. Men anledningen till att han greps av ackordföljderna från början torde bero på symbolerna i musiken, de olika element som genom sin struktur med andra symboler skapar förväntningar eller överraskningar hos lyssnaren.[78] För Erik blev i vilket fall detta lyssnande ett sätt att komma igenom saknaden och till slut acceptera separationen som ett faktum. Det är något som alla, oavsett sexuell läggning, kan känna igen sig i.

## Slutkommentar

Röster och musik har gått som en röd tråd genom denna framställning. Även om de konkreta situationer som uttrycks i handlingen lätt tillåter en queerläsning genom utanförskap, längtan efter kärlek eller en förebild som inger mod, så är det de personligt blottande rösterna och den känslomässigt beskrivande och mångtydiga musiken *under* allt detta som är avgörande. Rösterna och musiken skapar de betydelser som är viktiga för operabögarna i de handlingar som framställs, och som aldrig skulle framstå på det sättet på en talteaterscen. I absolut musik å andra sidan finns inte texten och handlingen att tolka musiken igenom. Därför blir just opera så viktig i detta sammanhang. Den sensualism och expressivitet som rösterna uttrycker kan bilda en ersättning för något man saknar i sitt eget känsloliv. De kan penetrera lyssnaren i hans innersta och ibland, tillsammans med orkesterns klanger, nästan ge en sexuell upplevelse. Men de kan också, genom sin personlighet och styrka, inge mod och förtröstan till åskådaren att våga något själv i sitt liv. De kan bli en ventil att få skrika ut sina egna, ibland förtryckta, känslor igenom. De kan ge tröst, men bara ytterst sällan har operan utgjort något slags verklighetsflykt för deltagarna.

Det mångtydiga själsliv som orkestermusiken uttrycker genom kompositörens skapande, bildar en vid arena eller en outsinlig brunn att ösa ur. Alla människor kan ha något att hämta däri, men för operabögarna kan det särskilt under en period vara en existentiell förutsättning för att bearbeta svåra frågeställningar i sitt liv kring sin sexualitet, så att man sedan kan gå vidare. Att de djupare orsakerna till hänförelsen alltid ligger på det undermedvetna planet och aldrig formuleras för en själv i samband med föreställningarna är inte konstigt. Skulle man veta det omedelbart, upphör fascinationen och det skulle inte finnas någon anledning att återvända till verket gång på gång; man skulle inte ha något att bearbeta längre.

Det rollerna uttrycker genom allt detta är brott mot tabun, kamper för att kunna älska och att få vara sig själv. Wagners gestalter erbjuder genom den flerskiktade musikaliska strukturen och handlingens arketypiska innehåll möjligheter framför allt till spegling. Även Mozarts ironiska distans parat med djupaste allvar blottlägger hur intrasslade vi kan vara i samhällets konventioner. Och Richard Strauss högexpressiva hjältinnor uppviglar och ropar ut sin kamp att få nå sitt mål, att älska och att slippa infoga sig i det patetiska spel som pågår omkring dem. Flertalet operahjältinnor möter döden på slutet. Men frågan är på vilket sätt: inte sällan har de nått sitt mål och kan nå en försoning med den de älskar, i döden eller före döden. På vägen dit har de också gjort oss uppmärksamma på misshälligheter och protesterat mot förtryck och fördomar, på ett sätt som annars skulle vara omöjligt under den tid operorna skrevs. Det är på tiden att vi omvärderar dessa lidande primadonneroller. Att döden bildar slutpunkt på notan innebär inte att de har gått under som passiva offer: tvärtom uppmanar de oss att ta vid där de slutar. Det är bara för oss, i våra alldagliga liv, som allt går vidare och vidare i en sällsam rytm. För oss blir kampen evig.

# 6. Den sociala sidan av operaintresset

Nick lägger på en skiva.
»Den här är bra«, säger han. »Den är så melodiös.
Öppna dig nu, låt musiken smälta ihop med dig.«
Joakim ligger på sängen. Låter musiken smälta ihop med sig. Fnissar lite.
»Är det inte vackert?« [...]
En duett ur Arabella av Richard Strauss. Två kvinnoröster, en sopran, en mezzo, förklarar Nick.
»Du hör så fint Strauss låter dem mötas«, säger Nick.
Så säger han att den duetten får bli deras kärleksmusik.

Ur Bengt Martins roman *Sodomsäpplet* (1968)

Så småningom börjar en operabög i sitt liv upptäcka att han inte är ensam, varken med att vara homosexuell eller att vara intresserad av opera. Helt naturligt börjar man att söka sig till personer som har gemensamma referenspunkter och som man vill umgås med. Man ser sig omkring i operahuset och upptäcker flera andra i samma situation som man själv. Den upptäckten är något positivt: det upplevs som trevligt och ofta befriande, men samtliga i projektet är noga med att påpeka att det är en bieffekt av det hela – man har sökt upp Operan av ett eget intresse för operakonsten, och det andra har kommit »på köpet«.

## Operahuset – en social mötesplats för likasinnade?

I det andra gruppsamtalet har vi talat om den sociala sidan av operautövandet, och till skillnad från det första har jag låtit deltagarna diskutera fritt med varandra, istället för att var och en berättade sin historia mer sammanhängande. Jag har styrt samtalet genom att vartefter ställa olika frågor som diskussionsunderlag. Den första frågan gällde om man överhuvudtaget har upplevt och noterat att det funnits likasinnade på Operan, och i så fall hur det har känts. Alla har svarat att de har noterat det, och ett fåtal har sagt att de inte tänkt närmare på varför förrän denna undersökning kom på tal. Jag har aldrig velat komma fram till något procenttal på hur många i operasalongerna som är homosexuella män, eftersom det svårligen skulle låta sig göras p g a mörkertal och annat. Dessutom utövar inte de mer inbitna operaentusiasterna enbart sitt intresse genom att gå på Operan. Egentligen är det inte heller intressant, utan det viktiga för mig har varit varför denna koppling finns, hur homosexuella har upplevt det och vilket utbyte intresset har givit. Många deltagare har, trots att de varit intresserade och anmält sig frivilligt, varit motsträviga till att koppla ihop homosexualitet och opera på detta sätt. De menar att ens sexualitet är en sak, och operaintresset en annan. Trots det kan de i nästa mening säga något som tydligt visar en koppling mellan dessa två.

I vilket fall är alla överens om att bögar förekommer som ett påtagligt inslag i operapubliken, men man är oense om i hur stor utsträckning. Att se homosexuella män (tillsammans med äldre/medelålders damer eller »tanter«) som bärare av kulturlivet i allmänhet ligger nära till hands för de flesta. De flesta menar också att man upplever fler bögar på Operan än t ex på Dramaten eller en konstutställning. Magnus, som även går mycket på talteater och klassiska konserter, menar att det är en markant skillnad. Fredrik påpekar att man har igenkänningstecken på Operan, som gör att han mycket lättare kan avgöra vilka som är bögar där än t ex på ett konstmuseum. Balett har inte så många någon större erfarenhet av, men de som har det säger att andelen tycks vara lika stor eller rent av större, fast det tycks vara helt andra personer som går. Den slutsatsen kan man också dra av enkäten med tanke på den låga besöksfrekvensen på balettföreställningar bland de operaintresserade.

Svaret på frågan om vilken typ av operaföreställningar som drar till sig mest homosexuella har också stor samstämmighet med enkätsvaren: det är åter de två falangerna Wagner/Strauss och bel canto-operor som nämns. Dessutom menar flertalet att vid premiärer och föreställningar med någon extra krydda, t ex ett intressant gästspel, »är alla pojkarna där«. Inför Willmar Sauters publikundersökning *Braaavo!* på Operan ställde jag mig först frågande till att endast 3 % av publiken gick i manliga par (som dock bara avsågs vara goda vänner). När jag såg närmare på vilka föreställningar som undersökts, fick jag förklaringen: vardagsföreställningar av Puccini, Mozart samt två moderna verk. Wagner/Strauss och bel canto lyste med sin frånvaro. Den näst vanligaste sammanslut-

Foto: Ove Axelsson

ningen (24 %) var dock grupper om tre eller fler vuxna utan angivet kön, där flera bögkonstellationer naturligtvis är tänkbara.[79]

De i projektet som går på premiärer gör det inte för att visa upp sig, utan av nyfikenhet på det nya verket/den nya uppsättningen. De tycker det är roligt att få vara först om att ha sett det, och kan bilda sig en egen uppfattning innan tidningarnas recensioner kommit. Dessutom anses det vara en speciell stämning i salongen på premiärer, även om en mindre andel undviker dem av irritation på personer som tycks komma utan egentligt intresse för operan i sig. Flera påpekar dessutom att bögar verkar höra till den trogna publiken – de har sett många av dem på flera föreställningar av samma uppsättning.

Ingmar och Per blev introducerade i opera- och gayvärlden genom sina dåvarande pojkvänner, som var oerhört operaintresserade (den ena hade det t o m som yrke). De kom in i kompisgäng av bögar som gick på Operan. Ingmar berättar att eftersom han kom in i operavärlden på detta sätt, så blev Operan genast förknippad för honom med ett ställe med många bögar. Ingmar är en av de få som också går på pop- och rockkonserter, och han upplever inte alls samma gayvänliga atmosfär där.

Per fick snabbt ett oerhört stort kontaktnät genom pojkvännen och senare också via en kollega. Förutom att man gick på Operan ofta, blev han inbjuden till fester och privata tillställningar där han träffade ännu fler operaintresserade människor, en del av dem med arbeten eller studier inom operabranschen. Alla hade ett enormt intresse och var homosexuella män. Det ligger nära till hands att beteckna sådana sammanslutningar som kotterier eller subkulturer. Det finns dock stora skillnader mot t ex de homosexuella kotterier under 50- och 60-talen som beskrivs i antologin *Sympatiens hemliga makt.*[80] Enligt Göran Söderström hade de skarpa gränser och socialt avgränsade klasser. Möjligheterna att ta sig in i ett motsvarande kotteri idag är betydligt enklare, och det beror sannolikt på att homosexuella kan leva öppnare och att klassgränserna ser annorlunda ut. De sammanslutningar som projektdeltagarna beskriver behöver inte ens vara exklusivt homosexuella.

Alla upplever fenomenet med bögar i operasalongen som något positivt, även om det inte är något mål i sig: »om jag är ute efter att hitta någon, så går jag på ett annat ställe än Operan« är en signifikativ replik. Men många upplever det som befriande: »det är litet som att komma hem«, menar t ex Bosse. En gayvänlig atmosfär och man kan lätt få kontakt med folk eftersom man har föreställningen och operaintresset som gemensam referenspunkt. Man ser folk som man känner igen, och kan smidigt bli introducerad till nya personer via bekanta. När man diskuterar föreställningen i pausen spelar det för de flesta mindre roll om de andra också är homosexuella, men genom atmosfären känner man sig avspänd, otvungen och slipper förställa sig. Att man är så avspänd gör också att man har tentaklerna ute på ett annat sätt.

Några menar att det säkert finns bögar som går på opera av andra skäl än ett starkt intresse för konstarten, kanske för att träffa någon. Örjan påpekar att opera ingår som en del i gaylivet, och att den drar till sig bögar tycks allmänt vedertaget i gaykretsar. Karl blev för länge sedan förvånad när en god vän till hans bror visade sig väldigt intresserad av att Karl tyckte om opera. Vännen själv var nämligen inte det minsta operaintresserad. Men mannen visade sig vara homosexuell, och när Karl började upptäcka att det vimlade av likasinnade i operafoajén ramlade poletten ned. Broderns vän hade tagit operaintresset som en kod, om Karl var operaintresserad var det också troligt att han var homosexuell.

På samma sätt minns Nils sin allra första sexuella kontakt. De satt på ett uteställe och drack öl, när mannen sa om sig själv att han tyckte om opera, och framför allt Wagner. Nils medger att det fick honom att »trilla dit«, men senare visade det sig att mannens operaintresse inte var så starkt – han visste överhuvudtaget inte mycket om vare sig Wagner eller annan opera. Nils menar att det var något han sagt för att imponera och lättare få kontakt; att ett operaintresse skulle gå hem tog han för givet. Bögars operaintresse tas för något självklart, inte minst – paradoxalt nog – bland bögar som inte själva har intresset.

Detta faktum var bekant för Lasse, när han i 18-årsåldern var på väg att acceptera sin homosexualitet. Han hade börjat gå på Operan genom fribiljetter från en anhörig dekormålare. När han brottades med sin komma ut-process upplevde han Operan som en spännande och nästan litet farlig plats. Han visste att här kan man träffa homosexuella, så det blev laddat och omskakande för honom, blandat med litet förhoppningar innan han tog steget själv. Just för att han var så oerfaren, blev laddningen så mycket starkare – möjligheten till något som var okänt, han skulle kunna träffa någon. Han var extra observant t ex när han gick på toaletten, och iakttog vad det var för människor. I dagsläget har den laddningen försvunnit för Lasse, eftersom han är på det klara med var han står.

Men för Emil och Carl-Magnus, som båda kom ut sent i livet, var det ingen självklarhet med bögar på Operan. Emil kom till Stockholm på 70-talet, då han började gå mycket på Operan och även köa till olika gästspel. Han pratade och fick kontakt med många män, utan att fatta ett dugg om »hur det stod till«. Först tio år senare har han mött dem på Huset och förstått att det finns en stadig bögpublik på Operan. Tidigare hade han inte förmågan att läsa signalerna, och inte heller Carl-Magnus som nog tittade efter, men utan att vara tillräckligt observant. Carl-Magnus levde med en tjej då och var inte så mycket »ute i bögsvängen«, så han kunde inte läsa tecknen – det är något man lär sig med tiden. Denna förmåga att kunna identifiera har egentligen inget med flirt att göra, och det går självklart inte att se på alla. I många fall har man sett dem i andra mer uppenbara sammanhang, men man kan också se på killar som kommer tillsammans, hur de uppträder gentemot varandra, hur de rör sig och talar etc.

## Vilka går man med? Hur är operabesöket upplagt?

I enkäten frågade jag om man utövar operaintresset tillsammans med vänner, i så fall hur många och hur många av dem som också är homosexuella män. På den första frågan svarade alla utom två ja. Snittvärdet på hur många blev 5,68 stycken, och hur många som också var homosexuella män 3,05 stycken. Det finns alltså en viss övervikt för att utöva intresset med andra bögar gentemot heterosexuella och lesbiska. Detta stämde bra i samtalen: ofta är det andra bögar som följer med, och för övrigt är det nästan uteslutande heterosexuella kvinnor. När jag frågade om någon hade en heterosexuell man som nära operavän, var det bara en enda i hela undersökningen, nämligen Lars-Erik. De kunde dock gå med som perifera vänner i större gäng. Lesbiska kvinnor förekom inte heller annat än i något enstaka fall. Ingen menar dock att man medvetet valt operavänner efter sexuell läggning, och det anses egentligen inte viktigt. Man har fortsatt att gå på Operan med människor man trivts med, och det har oftast varit andra bögar.

De flesta föredrog att gå i mindre grupper om två–fyra personer, och man växlar ofta mellan att gå tillsammans med någon/några eller ensam. Det är ändå viktigt för nästan alla att ha någon att dela intrycken med, helst någon som är någorlunda initierad och på samma linje som en själv – det kan förhöja upplevelsen. Ensam kan det vara skönt att gå om man ser om en uppsättning, och då spontant bestämma sig för en sista minuten-biljett till halva priset. Att inte alltid behöva planera sitt operabesök i god tid kan ha sin charm. Tre stycken påpekar dock att de inte alls tycker om att gå ensamma. Ingen av dem lever i ett förhållande, vilket har betydelse – då gör man så mycket på egen hand ändå. De bögar som följer med är kompisar eller partners (även f d partners förekommer), medan de heterosexuella kvinnorna är goda vänner eller släktingar.

Fyra stycken – Ingmar, Emil, Mikael och Rolf – fungerar litet som »missionärer« och tar ibland med sig stora grupper från sina arbetsplatser. Det är ofta personer med ringa operavana men som vill komma iväg till Operan, och Ingmar och de andra brukar då ofta berätta om verket innan. Nästan alla de övriga tycker det är jobbigt att ta med sig någon operaovan person, och flera av dem har tidigare »missionerat« men slutat med det. Skälet är att man är så orolig för hur den ovana ska ta emot det, att den egna upplevelsen blir störd och man känner ett visst ansvar för att man har valt rätt föreställning osv.

Nästan alla talar om vikten av att ha lugn och ro inför föreställningen, och inte komma stressande i sista minuten. Om det är en föreställning man länge har sett fram emot med höga förväntningar, så känns det innan i kroppen hela föreställningsdagen – flera omvittnar att det är en pirrande känsla. För en föreställning mitt i veckan försöker många gå i god tid från jobbet för att hinna hem och byta om och äta något lätt. Det förutsätter att man bor i innerstan, vilket drygt hälften i undersökningen gör (22 stycken). Att gå ut och äta tillsammans med vänner före operabesöket ser merparten som förkastligt mitt i veckan, eftersom det blir för stressigt. Under helgen kan man däremot tänka sig att ladda upp tillsammans, och om en speciell förfest berättar Lars-Erik:

> Jag känner fortfarande så pass för kvarlevor i tonåren med förfestandet, så inför *Tosca* satt vi hemma hos mig i Gamla stan med kandelabrar och hela baletten, och hade på musiken svagt svagt i bakgrunden. Litet så oldfashioned. Och det var rätt kul, så kom vi i rätt stämning, och sedan promenerade vi över bron och så var man där.

När man anlänt till operahuset, måste många kolla rollistan trots att man redan har sett den i dagens tidning, för att förvissa sig om att inga ändringar har inträffat.

Att gå ut efteråt föredras framför att göra det innan, men det beror också på om det är mitt i veckan, hur lång föreställningen är och vilken typ av verk som spelats. Efter de tyngre verken av Wagner eller Strauss säger flera att man hellre går hem ensam för att smälta det man varit med om, än att störa den genom att gå på lokal. Efter en Mozart- eller bel canto-opera kan man däremot vara litet mera »uppåt« och kanske gå ut efteråt. När man är utomlands gör man det regelmässigt, eftersom man då normalt är på semester och bara har ett hotellrum att gå hem till. Att gå på bögklubb efter en operaföreställning föredras inte av någon. Nästan alla har gjort det någon gång, men konfrontationen med discodunk har förstört hela upplevelsen, då man fortfarande har operamusiken kvar i kroppen på väg dit. På bögklubbar går man istället i andra sammanhang. Däremot kan man, speciellt en fredag eller lördag, gå till en lugn restaurang eller hem till någon, för att diskutera vidare – man har ofta ett behov av att ventilera sina upplevelser och diskutera framförandet. Att sätta sig och direkt prata om helt andra saker upplever de flesta som hemskt och något operaovana människor gör.

Att lyssna på någon musik efteråt, och i så fall vilken, är tveeggat. Har framförandet varit bra väljer man ofta att ha det tyst omkring sig. Har det varit mindre lyckat, kan flera tänka sig att jämföra med andra tolkningar på skiva. Per menar att det kan handla om att återställa: »det är ju ett bra verk egentligen«. Många lyssnar flitigt på operan innan, men flertalet undviker det samma dag för att vara mer nollställd inför tolkningen av kvällens föreställning.

Samtliga är överens om vikten av att vara väl förberedd inför det man ska se. Ingen kan tänka sig att komma helt oinsatt till en föreställning, utan man lyssnar igenom verket flera gånger, läser på handlingen, köper gärna programmet i förväg och läser mycket runt omkring. I vissa fall tvingas man dock att besöka föreställningen »prima vista«, framför allt när det gäller nyskrivna verk. De gånger man slinker in på en sista minuten-biljett gäller det verk som man redan känner till och har sett.

## Att diskutera opera med hetero- eller homosexuella

Nästan alla i projektet påpekar att föreställningen måste få sjunka in innan man kan diskutera den på ett djupare plan. Därför är det för tidigt att säga något i pausen eller ens direkt efteråt, annat än några kortare kommentarer om det tekniska utförandet. Först efter några timmar eller helst nästa dag kan man börja säga något om vilka associationer föreställningen gav eller hur den har berört en. Även ännu senare kan det poppa upp insikter eller idéer, om föreställningen har etsat sig starkt fast i minnet. »De bästa diskussionerna som man haft om operaföreställningar, det har man inte samma kväll som man ser föreställningen. Man kan få en diskussion vilken kväll som helst, när man träffar nån som har sett samma föreställning«, säger t ex Hans.

Alla utom tre menar att det inte finns någon avgörande skillnad mellan att diskutera föreställningen med hetero- eller homosexuella. Observera att det här gäller hur de homosexuella männen *upplever* skillnaden mellan att diskutera opera med likasinnade resp heterosexuella – det är inga jämförelser mellan de olika grupperna sedda utifrån. När jag frågade om det inte är viktigt att ha gemensamma referenser, t ex hur det är att vara homosexuell för att förstå varandras associationer, så blev svaren att det viktigaste för en bra diskussion är att man känner varandra väl och att den andra är ordentligt operakunnig.

Flera hävdar att det däremot är viktigt att samtalspartnern känner till ens homosexualitet så att man kan associera fritt. Man måste kunna referera till sin läggning: »många av mina erfarenheter som jag använder har hänfört sig till den sfären, och då måste jag kunna snacka fritt om det, så att det blir en intressant diskussion«, säger Karl. Magnus påtalar att det bara är inför ens mycket nära vänner som man utifrån en föreställning verkligen berättar vad som berör en, vilka gestalter man identifierar sig med och om det väcker någon problematik hos en själv. Att göra det utan att diskussionspartnern känner till ens homosexualitet är då omöjligt.

De av deltagarnas nära operavänner som inte är bögar är nästan uteslutande heterosexuella kvinnor. Är man nära vänner, men utan att ha samma sexuella läggning och kön, har man många gemensama referenser ändå: båda vet hur det är att älska en man och att bli sviken av en man t ex. Kärlek och kärlekssorg är vanliga operaingredienser som väcker referenser till ens egna erfarenheter, och det kan man lika gärna diskutera med sin heterosexuella väninna. Några operor där homosexualitet uttrycks mer direkt finns egentligen inte i standardrepertoaren, utan det blir på den nivån som har uttryckts i kapitel 5. »Man känner igen övergivenhet och utanförskap och såna mer allmänna saker«, säger Karl apropå sådana diskussioner, och förutsatt att ens relation till väninnan ligger på det djupare planet så kan man alltså minst lika framgångsrikt diskutera sådant med henne som med en annan bög – det är inte det avgörande.

Men homosexualiteten blev högst relevant för Karl när han en gång såg *Rosenkavaljeren* med en lesbisk väninna. Då fick han en reaktion som han inte riktigt väntat. Väninnan hade just gjort slut med sin kvinna när hon fick se Octavian och Fältmarskalkinnans uppgörelser i första akten. Karl menar att hon inte alls såg samma sak som han: hon såg två kvinnor på scenen och sin egen trasiga kärlekshistoria och övergivenhet i det som skedde. »Hon blev ju alldeles förstörd av denna akt«, fortsätter Karl, för att inte tala om uppbrottet i sista akten. Även om han menar att det var aningslöst av honom att inte tänka så långt, så fick också han en häftig upplevelse genom hennes starka reaktion. De slutsatser Tiina Rosenberg drar kring det lesbiska begäret uttryckt på scenen stämmer alltså här ovanligt väl.[81] Så många andra lesbiska väninnor nämns faktiskt inte under samtalen, och även om man har homosexualiteten och utanförskapet gemensamt så har man inte samma kärleksobjekt, vilket ju bögar har med sina heterosexuella väninnor.

Några mindre skillnader mellan att diskutera med hetero- och homosexuella har dock framkommit, och de är inte direkt smickrande för de homosexuella männens del. En del framhåller att bögar ibland kan inta en skvallernivå och kommentera sådant som ligger långt utanför den konstnärliga upplevelsen, t ex »om någon såg bra ut eller inte, såna oviktiga kommentarer« (Ulf) eller »om inte tenoren har blivit bredare om arslet eller nåt sånt, och det kan man ju inte säga till andra människor« (Ivar). Gustav nöjer sig med att antyda att »man kanske skvallrar om litet andra saker efteråt«. Det är en sida som ingen verkar särskilt stolt över, men det skrattas igenkännande. När jag frågar om de inte tror att kvinnor också skvallrar så med varandra efter en föreställning, får jag svaret att det kanske de gör, men det kan man inte ha en aning om.

En annan skillnad av det mindre slaget kan röra sättet att kommentera framför allt sångarnas prestationer. Emil framhåller att andra bögar överlag diskuterar sångarna mer. De tar oftare ställning för eller emot – man tycker att det är antingen bra eller dåligt. Utifrån det argumenterar man sedan i större utsträckning än heterosexuella, som kan vara mer överslätande enligt Emil. Per går ett steg längre och menar att bögar oftare kan vara rent fördömande: »Om man har sett en föreställning och så sprack sopranen. Då kommer den här bögbekanta säkert att vara mycket syrligare och hemskare i sina omdömen än vad t ex min mamma är, fast hon kanske också är operaintresserad. Så där kan det vara en skillnad i hur man pratar och hur man dissekerar det.« Han medger att det kan bli litet för mycket sådant bland bögar, och att det därför kan vara uppfriskande att diskutera med någon helt annan, för att slippa analysera sönder det hela. Tonen kan lätt bli oförsonlig och »bitchig«, och Per menar att det bland bögar ibland är viktigare att hitta slagfärdiga formuleringar än att hålla sig till vad som faktiskt försiggick på scenen.

Den snobbiga besserwisser-bögen tecknas av bl a Koestenbaum och Witomski som grymt bitchig, småsint och krävande, något Sam Abel reagerar emot. Gemensamt är att de inte ger någon egen vittnesbörd av fenomenet. De skriver att det antas vara så, att operabögarna har det ryktet etc – med andra ord, en bild som konstruerats. Lars Bohman härleder bögars bitchighet i allmänhet till ensamhet och att de blivit brända i förhållanden.[82] Några korn av sanning måste ha funnits för att denna bild kunnat uppstå, och personligen har jag ibland upplevt detta fenomen. De krav deltagarna själva har uttryckt på att deras operavänner ska vara rejält kunniga för att de ska få något i utbyte, är också en viktig pusselbit i detta mönster. Ändå tycker jag att det ofta framhållits som den enda bilden, vilket är gravt missvisande. Även Terrence McNally ger en nidbild av det sin pjäs *The Lisbon Traviata*, där operabögarna Mendy och Stephen försöker överträffa varandra i elaka nedgöranden av stora sångare som Marilyn Horne, Eva Marton och

Montserrat Caballé – det är bara Maria Callas som klarar sig någorlunda helskinnad undan. I eftersnacket till föreställningen var det många i undersökningen som kände igen tonen på deras fiktiva samtal från sina egna kretsar. Flera kände igen hur man vill slå varandra i huvudet med vad man sett eller hört som den andra inte har upplevt. Ivar minns när han berättade för några bögar hur starkt han hade upplevt Hjördis Schymberg som Violetta i *La Traviata*. »Ja, men det var väl i Stockholm«, blev svaret. »Då skulle du ha hört henne i Reykjavík.« Det svaret skulle utan vidare platsa i pjäsen.

Tre stycken menar att det ändå finns mer långtgående skillnader mellan att diskutera med hetero- eller homosexuella. Sven spinner vidare på det som sagts om att bedöma sångare och menar att bögar helt enkelt är mer kunniga om både artister och operornas innehåll. Dessutom – och det är en än viktigare skillnad – finner Sven en förmåga hos homosexuella män att verbalisera sin upplevelse bättre. Det kan tyckas som det här mer uttrycks åsikter än erfarenheter, men Sven ger några exempel på vad han själv varit med om. Han går ibland med sin partner Robert och ser opera tillsammans med några heterosexuella par som också är operaintresserade. Efter en föreställning kan det andra paret säga att de tyckte att det var mycket bra och fint sjunget. När Sven frågar *varför* de tyckte det och *vad* de egentligen tyckte om, så kan de inte svara. Han menar att denna förmåga att verbalisera har kommit ur en nödvändighet att sätta ord på vissa traumatiska upplevelser som ofta förekommer i olika operor. Att välja en homosexuell livsstil är på många sätt mer besvärligt än att gå »den vanliga vägen«. Har man kommit ut som homosexuell tidigt och fått örfilar av samhället och kanske av sin familj, då måste man sätta sig ned och fundera och sätta ord på det man varit med om, fortsätter Sven. Man får ett existensiellt ordförråd som man kan använda när man diskuterar opera. Man lär sig att sätta ord på sina upplevelser, sin vånda, ångest, glädje, kärlek eller vad det nu kan vara – man måste göra det för att överleva. Det kan vara en anledning enligt Sven till att man som bög väljer att utöva sitt operaintresse tillsammans med andra likasinnade, därför att man hittar denna förmåga hos dem och man får något i utbyte.

Charles nöjer sig med att jämföra hetero- och homosexuella *män* och menar att de förstnämnda inte ser nyanser och vad som egentligen händer i operan på samma sätt som de sistnämnda. Som tidigare sagts har ingen (med ett enda undantag) någon heterosexuell man som nära operakompis. När jag frågar Charles om man ändå inte kan mötas ifall han kände en mycket operakunnig och intresserad heterosexuell man, säger han att »den heterosexuelle man som är *så* intresserad av opera, har också släppt de mesta av sina fördomar«. Olle tycker det är betydligt svårare att få heterosexuella män att öppna sig: »man brukar inte prata på samma känslomässiga nivå med dom«. Med bögar kan man komma in på ett annat djup efter en föreställning, med direkta reflektioner från dramat till sitt eget liv, fortsätter han, medan heterosexuella män är tysta och lyssnar men sedan blir det oftast inget mer.

Karl vänder det Olle uttrycker som att heterosexuella män kanske har ett mer intellektuellt förhållningssätt till vad de ser. De har i många sammanhang bara kunnat gå på rakt fram, fortsätter han, även om de naturligtvis har haft andra saker att tampas med. Detta uttryckte Karl paradoxalt nog efter att han sagt att det inte var så stora skillnader mellan att diskutera med hetero- och homosexuella. Även om bara Sven, Charles och Olle från början hävdade avgörande skillnader, så instämde många i deras reflektioner när man gick litet vidare i frågeställningarna. Det är heller inte alla som vill diskutera en operaföreställning på ett djupare, mer självutlämnande sätt, men ibland finns ett outtalat samförstånd i vad man har varit med om i sitt liv. I att upptäcka sin läggning, acceptera den och sedan komma ut finner var och en som varit med om det, oavsett om det var lätt eller svårt, något gemensamt med den andre.

Men det kan också vara intressant att distansera sig något från deltagarna och betrakta dem mer utifrån. Även om de inte själva upplever det som att de avgränsar sig ifrån andra i sitt operaintresse, så ger de uttryck för det indirekt genom sina krav på operavännernas kunnighet och förförståelse. De mindre kunniga har rensats bort successivt genom åren. Det har då egentligen inte att göra med om vännen är hetero- eller homosexuell, utan att han/hon ska kunna tillräckligt mycket för att utbytet ska vara givande. Men detta har man oftare funnit hos sexuellt likasinnade vänner, och när det handlar om att sätta ord på sina upplevelser så vill flera exkludera framför allt heterosexuella män. Där har man inte funnit denna förmåga, och frågan är om dessa murar ligger djupare än så. Efter att själv blivit exkluderad från en gemenskap vid unga år därför att man varit avvikande, väljer man kanske att i sin tur exkludera dem långt senare. Det kan jämföras med äldre tiders klasskamp, men beror nog mest på att man pga sina dåliga erfarenheter helt enkelt inte vill ha med dem att göra. Efter Svens uttalanden om sina heterosexuella operavänner, frågade jag skämtsamt om han hade heterofobi. Han svarade inte, utan tillade skrattande att det är ett bra ord, varpå Ville blixtsnabbt replikerade: »Det existerar, kan jag säga«. Lars-Erik påpekade i ett annat samtal att han har stött på »heterofobiska« uppfattningar hos många homosexuella vänner: »och det tycker jag nästan är det farligaste. Det känns som att det är farligare än att vara homofobisk, för här skall han alltså föreställa att vara en människa som har känt på utanförskapet och ska ha blivit insiktsfull, och sedan som nån slags hämndbegär går tillbaka.« Lars-Erik har mycket svårt att förlika sig med det tankesättet; han har en bögbekant som gång på gång förklarar att allt som är bra med honom, all hans kreativitet och skapande kan förklaras med att han är homosexuell. Så långt har ingen gått i projektet, men i några av de sistnämnda uttalandena går det att finna spår av ett sådant synsätt.

## Social gemenskap med CD-skivor

Den sociala sidan av operaintresset behöver inte enbart innebära att man går på föreställningar tillsammans och diskuterar dem. Att samla och lyssna på inspelningar är en viktig del av intresset för i stort sett alla, och mer än hälften finner dessutom en social gemenskap kring detta. Visst är skivsamlandet och skivlyssnandet till stor del en enmanssyssla, och den aspekten behandlas i nästa kapitel. Men även det sociala utbyte man kan få kring inspelningarna är viktigt. En del menar t o m att det ger mer socialt utbyte än att gå på föreställningar, där man ändå sitter tyst och lyssnar och bara kan diskutera efteråt. »Man kan ju inte bygga en vänskap på Operan, det blir ganska torftigt«, säger Carl-Magnus. Han var god vän med Hans redan innan projektet började, och även om de går på föreställningar tillsammans då och då, så är de överens om detta.

Det sociala utbytet kring CD-skivorna ligger på två plan, som kan betecknas som ett yttre och ett inre: dels kan man tipsa om inspelningar eller berätta vad man hört är på gång i inspelningsväg, och dels kan man lyssna på inspelningar och diskutera dem. Det förstnämnda kan man göra i princip när som helst, i telefon eller om man råkar ses på sta'n, medan det sistnämnda normalt äger rum hemma hos någon.

### SKIVTIPSANDE

Båda dessa aspekter utövar man i ännu högre grad med andra homosexuella män än heterosexuella kvinnor, och allra mest skivtipsandet.

Väninnorna går gärna med på Operan och de kan tänka sig att höra en skiva tillsammans någon gång, men något större intresse för ens skivor tycks inte finnas. På frågan om man hade någon kvinnlig vän som delade den sidan av intresset, så var det bara två – Ulf och Nils – som hade var sin. Alla andra har mött mer eller mindre oförståelse för just den sidan från sina operaväninnor. »Det är många kvinnliga kompisar som jag går på Operan med, men jag vet inte om dom har speciellt mycket skivor«, säger Anders. Mikaels närmaste operavän är en kvinna som vill att de ska se varenda föreställning som överhuvudtaget är möjlig när de är på resa, men »hon köper inte skivor, och är väldigt svagt intresserad av mina«, säger Mikael.

Under samtalen har vi diskuterat om det är ett särskilt manligt drag att samla och mycket hårt fokusera sig på ett enda intresse. Ingmar t ex har en heterosexuell manlig bekant som kan alla laguppställningar i samtliga engelska fotbollslag från -72 och framåt. Det är fullt jämförbart med att hålla reda på ett oändligt antal skivinspelningar och rollbesättningar, vilket flera i projektet också gör. Skillnaden är bara att det förstnämnda i vår kultur nog anses mer normalt bland män än det sistnämnda, som med fog kan kallas queer. Örjan hade funderat en del kring opera och homosexualitet redan innan han kom med i projektet, och hade också kommit fram till en förklaring till varför homosexuella män dras till opera. I operaintresset kan man bejaka både sin manliga sida – fokuseringen och samlarivern – och sin kvinnliga, mer emotionella och mjuka sida, menar han.

En annan mer pragmatisk förklaring som nämnts av flera i projektet, är de tidsmässiga och ekonomiska aspekterna. Det är fortfarande vanligast att bilda familjer med barn bland heterosexuella, även om homosexuella adoptioner har legaliserats och många homosexuella skaffar barn på annat sätt. I barnfamiljer har man ofta inte tid att utöva operaintresset i samma utsträckning, och man har kanske inte samma ekonomiska möjligheter längre att lägga pengar på operabiljetter, resor till föreställningar och CD-skivor. Anders, som levde bisexuellt en längre tid, hade lyssningsträffar under en period med fyra heterosexuella personer. Alla fem hade mycket glädje av detta, men eftersom de fyra andra var i fertil ålder så »har dom ju inte tid att gå på några jävla operakvällar med mig och spela operamusik, dom ska ta hand om sina barn«, klagar Anders. När han möter dem igen konstaterar alla »vad kul vi hade på den tiden«, men några nya träffar har inte kunnat arrangeras. De som lyssnat till hans berättelse konstaterar hur pålitligt det är med operabögar – de finns alltid kvar, och Anders instämmer i detta. De andra får han vänta på tills de blir pensionärer, konstaterar han. Det finns alltså flera skäl till att man får mer respons för sin »manliga samlariver« hos operabögar än hos sina kvinnliga vänner.

Hans menar att precis som man kan utbyta tankar kring en uppsättning i operahuset kan man också diskutera inspelningar av operor, även om det är på ett annat sätt. Eftersom man har kunnat höra den många gånger så kommer man ihåg den bättre och kan återvända till den. Inför vänner kan man ge tips och »referera till samma föreställning så att säga, fast den är på skiva«, menar han. Den sidan av operaintresset har alltid gett honom mer kontakter och gemenskap än på föreställningar. Hans känner många intresserade homosexuella män, och de har mängder av inspelningar: »man diskuterar tips varje gång«.

Nils menar att tipsandet i viss mån också kan gå ut på att försöka bräcka varandra: »vet du vad jag har hittat för nånting?« eller »Titta vad jag har kommit över, och jag behövde inte betala mer än så här!« Per påtalar att genom detta tipsande sträcker sig operaintresset långt utanför en själv. Vartefter tiden går, så får man en känsla för sina vänners smak, och »då kanske man får tag i en skiva och man vet att 'Gud, det här bara måste jag berätta för Pelle, för det här kommer han att gilla'«.[83] Man sänder iväg någon rekommendation eller avrådande, och man får något annat tips tillbaka. Per menar att däri finns mer av socialt utbyte än i själva lyssnandet, som är mer en ensamsyssla. Men ibland när han hör något som han tycker är fantastiskt, grips han av en lust att vilja lyssna på det tillsammans med någon. Den lusten kan han då stilla kvickt som tanken: »jag har ju en ovana att tvinga folk att lyssna på saker per telefon«. Det kan betecknas som ett avancerat tipsande, där man också får höra ett smakprov. Han höjer volymen rejält och spelar ett avsnitt på två-tre minuter, när båda lyssnar utan att prata. »Det är bra för mig, jag hör musiken, hela mitt rum är fullt av musik och litet grann kommer i luren då.« Denna form av »telefonterror« har smittat av sig på hans vänner, som efter att ha hämtat sig från den första chocken nu gör likadant själva. Själv tycker han att det är lika roligt att få tillbaka något i luren som att sända iväg. Ett annat sätt för Per är att uppmana vänner han möter på sta'n att lyssna på något i hans freestyle. Dessa två »lyssningsformer« är undantaget från att man normalt träffas och lyssnar hemma hos någon. Ingen annan har berättat något liknande.

Ett annat sätt att utbyta tips och information i vår cyberinriktade tillvaro är givetvis via Internet. Jörgen har inte så många vänner med samma fanatiska skivintresse som han – åtminstone inte innan detta projekt började – och han har därför haft mycket att glädja sig åt på nätet, med olika Internet News grupper om opera och klassiska CD:s. »Det finns många likasinnade i cyberrymden«, berättar han och hänvisar till både hemsidor med information och s k chats där man läser och skriver inlägg. På det sättet kan man få ett socialt utbyte även med operabögar på andra sidan jordklotet. Dessa kontakter tycks accelerera explosionsartat: sedan intervjuerna avslutades har jag fått veta av några deltagare att de byter svåråtkomliga upptagningar från radio eller TV med likasinnade i bl a England, Belgien och USA. Långa listor och förteckningar far kors och tvärs över Atlanten, och det gäller att ha något tillräckligt intressant att byta med. Efter hand lär man sig sina mailvänners önskemål: det finns t ex amerikanska operabögar som är intresserade av svenska operastjärnor som Elisabeth Söderström eller Margareta Hallin.

En av de mest populära hemsidorna för operabögar är Parterre Box, som innehåller intervjuer med sångare, skvaller från operavärlden och vad som är på gång i skivstudios och på operascener.[84] Även om det inte genomsyrar hela hemsidan, så har Parterre Box en uttalad gaytouche. Det kan komma till uttryck genom att manliga, öppet homosexuella sångare intervjuas och att deras yttre företräden då gärna framhålls, eller att någon sångerska får frågan hur hon upplever att vara gayikon.

Skivaffären är naturligtvis en annan viktig plats för utbyte av information. Per har arbetat på olika klassiska skivavdelningar under fem år, och har givetvis kunnat se en del. Han har bl a iakttagit att just opera har lockat till sig fler bögar än annan klassisk musik, med en stadig och stor kundkrets. Jag frågade om han märkt att det knutits kontakter på skivavdelningen på samma sätt som det kan hända i operahuset. Han har aldrig märkt att två män, som inte känt varandra sedan tidigare, försvunnit därifrån tillsammans. Däremot har det ofta hänt att två främlingar hamnat i konversation med varandra, framför allt vid kassan. Då har Per ibland agerat länk, t ex om två kunder är intresserade av samma skiva eller artist. Dessutom har han ibland sett hur vissa män tittar nyfiket på varandra, och till de andras förtjusning demonstrerade han hur man kan snegla intresserat på en annan, samtidigt som man tar betäckning bakom en CD-skiva i handen.

Så långt den första, yttre aspekten av det sociala utbytet kring CD-skivor. Den andra aspekten ligger på ett djupare, inre plan genom att man lyssnar och diskuterar tillsammans. Till skillnad från en föreställning i operahuset kan man här prata och diskutera under pågående »föreställning«. Man kan dessutom ta om vissa avsnitt som man vill höra igen eller man kan höra samma avsnitt från en annan inspelning och jämföra. Men därmed inte sagt att någon tycker att detta är en bättre form, bara ett annat sätt att uppleva det. Rolf säger att »det är inte samma sak som att se en föreställning. Men ibland kan det vara kul om man bara vill diskutera. Rent tekniskt är det jätteroligt att lyssna, att sitta och jämföra.«

Det är den musikaliska och röstligt-uttrycksmässiga aspekten man diskuterar, eftersom man enbart har tillgång till musiken. Visserligen ser man ibland på videoupptagningar tillsammans, i högre grad än på egen hand dessutom, men CD är betydligt vanligare, av skäl som utvecklas i nästa kapitel. Det är dock inte enbart det tekniskt-musikaliska på CD-inspelningarna som diskuteras. Även på en ljudupptagning finns ett visst mått av teater och skådespeleri där man kan diskutera uttryck och tolkning. Visserligen inbegriper det inte gestik, rörelse och mimik, utan kan snarast jämföras med radioteater där rösten och orkestern är uttrycksmedel.

Hur man lyssnar på opera hemma hos varandra finns det så många olika beskrivningar av att jag kan bara återge ett representativt fåtal. David har många homosexuella vänner vars gemensamma nämnare är opera. De träffas ofta hemma hos någon, och även om det inte är avsikten med kvällen så slutar det alltid med att man lyssnar på CD:s eller kanske ser något avsnitt på video. Man diskuterar det man ser eller hör, och ofta börjar det med en middag tillsammans med musik svagt i bakgrunden. Senast de sågs tycks det dock varit mer planerat att man skulle lyssna: någon hade med sig en inspelning från en radioutsändning med Joan Sutherland och Doris Soffel. Den sattes på redan till middagen: »Nu var det den enes föräldrar också där, så vi kunde inte ha på så högt som vi ville från början av konserten. Sen hade dom den goda smaken att ge sig av, och då skruvade vi upp«, säger David. Han berättar vidare att det annars är rätt sällsynt att man lyssnar igenom en hel opera, utan ofta har någon köpt ett utdrag eller en recitalskiva som ska avverkas.

Ulf beskriver något liknande med sina vänner, möjligen med den skillnaden att de verkar oftare planera i god tid vad man ska lyssna på. Nästa träff är redan inplanerad – det blir en Birgit Nilsson-kväll. »Sen ska vi ta vissa andra, man kan ta en Jussi-kväll, man kan ta en Callas-kväll, vi har hur många kvällar som helst framför oss«, säger Ulf. Med ett annat gäng brukar han ha »stenkakepicknick« på Riddarholmen en gång om året. Man släpar dit bord, stolar, mat, en vevgrammofon och blandar friskt Jussi Björling och Beniamino Gigli med en gayikon från populärmusikens värld, Zarah Leander.

Men det behöver inte vara större gäng som man träffar för att lyssna med, ofta kan det räcka med en enda god vän. Inte sällan är den »nära operavännen« ens f d partner. Bill lyssnar tillsammans med en man som han var tillsammans med en kort period för flera år sedan. Eftersom han kan diskutera opera med många av sina kolleger genom det arbete han har, så tycker han det är skönt att ha »en oberoende kompis«. Fem år efter att deras förhållande tog slut upptäckte de hur mycket de hade att ge varandra på diskussionsplanet, både på djupet och att gå in i små detaljer. De bestämde sig för att ses igen, och sedan dess har de ett par »operafrossarhelger« om året. Eftersom vännen bor långt utanför city brukar Bill sova över där:

> Jag kommer dit på lördag afton eller nåt sånt, och så hör vi en eller ett par operor, och sen är det dags att gå och lägga sig. Och sen så vaknar vi och så hör vi nån Bach eller nåt sånt till frukost, och så tar vi en eller ett par operor allt eftersom andan faller på, och så tar jag med det som jag har som är nytt, och han visar det som han har som är nytt – han köper också förfärligt mycket skivor.

Det är inte alltid så lätt att hitta någon som man kan diskutera med på samma våglängd, så att det blir givande för båda parter. Förutom att man kan få en annan persons syn på ett verk eller en inspelning, så är det bra »att man har nån som man kan diskutera med så att man själv får fram sin åsikt, för det är inte så himla lätt att få ut i ord vad det är man tycker«, förklarar Bill. Genom att agera bollplank på det sättet kan man uppleva musiken genom varandra, och för Bills tillvaro har det blivit allt viktigare.

Gustav hade en god vän genom åren som kom hem till honom och lyssnade mycket. Men det sker inte så ofta längre, eftersom vännen har gått in ett förhållande med en annan man och radikalt skurit ned sitt umgänge. Att familjebildning kan vara hämmande för det sociala umgänget är alltså inte enbart ett heterosexuellt problem. Men Gustav ger en livlig bild av deras tidigare lyssningssessioner:

> Det kändes litet oroligt därför att det låg 25–30 skivor ut över golvet när han hade gått, och så gällde det att försöka få in rätt skiva i rätt omslag och hoppas att dom inte var sönderrepade. Därför att man lyssnade kanske bara en minut på varje, det kunde vara korta, korta partier och jämföra olika artister, olika inspelningar, hur gör man anslaget, hur tar man en viss ton, hur interpreterar man det och det.

Gustav påverkades så mycket av det att han senare gjorde sammanställningar på egen hand av utomvokala ljud i olika operor, t ex hur man hostar eller gråter på olika inspelningar.

Just att lyssna på korta avsnitt tycks vara gemensamt för alla lyssningssammankomster. Man lyssnar efter något särskilt, diskuterar, associerar vidare för att sedan ta något annat att jämföra med. Eftersom man pratar till, går det inte att hålla uppe koncentrationen till en hel opera eller ens en akt. Kompletta operor hör man normalt på egen hand. Ofta pratar man så mycket att man till sist inte hör musiken. Visserligen diskuterar man det man hör, men det är lätt att halka från ämnet. Det är skälet till att knappt hälften av deltagarna så gott som uteslutande hellre lyssnar på egen hand. »Jag är inte speciellt förtjust i att sitta och lyssna på opera när jag har en massa folk omkring mig, för jag vill lyssna då. Jag tycker det är störande att ha någon med«, säger Fleming. Det händer dock att även han lyssnar tillsammans med någon, men då är det bara korta snuttar. David säger att när han hör en opera första gången vill han helst lyssna igenom den själv med librettot i handen, men när han väl kan verket så spelar det ingen roll om han har andra människor omkring sig.

Bill minns från sina »operafrossarhelger« att de ibland får skärpa till sig: »Man kan diskutera direkt litet grand, men så märker man att 'nej, nu måste vi höra' och så blir man tyst.« Kenneth är litet kluven till lyssnarsammankomster överhuvudtaget: »Det fordrar att folk lyssnar, och jag är noggrann med att säga till dom att om jag ska spela nånting för er, så får ni gärna lyssna, men då ska ni *lyssna* också. Och det har människor svårt att göra. För det går inte mer än tio sekunder; sen börjar man pladdra igen.« Han ger också en humoristisk skildring av ett bögpar i umgängeskretsen:

Dom är väldigt operaintresserade, men riktiga pratkvarnar båda två. Dom pratar alltid i munnen på varandra, så att man blir helt snurrig och det går inte att få tyst på dom. Ja, det är lite jobbigt. Dom är ofta osams också, så det gör inte saken bättre. Dom blandar ihop allting och kan aldrig hålla sig till en sak samtidigt. Det vandrar vidare. Så hör dom lite illa båda två också.

De andra i Kenneths samtalsgrupp såg det som ett skräckscenario, men själv menar han att många lyssningstillfällen (med andra personer visserligen) kan fungera. Han tycker mycket om att komma bort till folk som spelar något nytt för honom. Det nya kan bli en riktig upplevelse, och har ofta lett till att han sedan har köpt samma skiva.

Om man ordnar små frågetävlingar tvingar man folk att lyssna. Det tycks vara populärt bland många i projektet, och det gör också att alla vid en sittning blir engagerade. Man kan gissa på vilket verk det är eller vilken sångare som sjunger. Att det oftast är sångerskor som ska blindtestas, och allra helst sopraner, bekräftar bl a Erik. Ville hade ofta sammankomster där det ingick inslag som att identifiera fem Nattens drottningar o dyl, och Sven berättar om ett musikaliskt bögpar som ordnade tävlingar med mycket svåra frågor av typen »vilket år spelade man in det här?«.

Jag har försökt att ge en bild av hur operabögar lyssnar på inspelningar och diskuterar dem med varandra. Det hade varit roligt att kunna återge en sådan diskussion mer ordagrant, men då hade jag behövt bedriva fältstudier med dold mikrofon. Visst diskuterades de medhavda favoritinspelningarna under det andra gruppsamtalet, men sådana diskussioner blir lätt konstruerade. Normalt tvingas man inte välja ut en älskad inspelning att spela inför andra bögar man inte känner, och kommentarerna blev därför på en artigare nivå (materialet från dessa samtal har istället kunnat användas i annat sammanhang, till kapitel 7).

Men även om jag inte kan återge en autentisk skivdiskussion, så vill jag ändå avsluta med en fiktiv sådan. När vi repeterade McNallys *The Lisbon Traviata* slog det oss hur nära dialogerna mellan Mendy och Stephen låg våra egna samtal. Alla fyra i ensemblen var operaintresserade bögar, och i pauserna togs ofta skivlistor och kataloger fram. Man diskuterade inspelningar och sångerskor man tyckte om eller var oense om. Visst har McNally spetsat till dialogerna i pjäsen, men det inkännande sätt som de har utformats på ställer ingen i tvivel om huruvida han är en »operabög« – det har han fö själv medgett.[85] I första akten av *The Lisbon Traviata* förekommer två homosexuella män som känner varandra sedan decennier tillbaka:

Foto: Ove Axelsson

*Göran Gademan som Stephen och Åke Andersson som Mendy i McNallys The Lisbon Traviata, Rosenlundsteatern 1999.*

Stephen: Har du hört Nilssons *Frau ohne Schatten* från München?

Mendy: Det här är inte kul. Hur låter hon?

Stephen: Starkt, starkare, starkast. Hon kör hela registret. Men Rysanek är sensationell.

Mendy: Stephen, hur låter hon?

Stephen: Vem hon? Vilken hon? Jag vet inte ens vad du pratar om.

Mendy: Maria!

Stephen: Jasså, den hon!

Mendy: I Traviatan från Lissabon!

Stephen: Hon är fantastisk. Fick du tag i den nya *Maskeradbalen* på Philips?

Mendy: Jag förstår inte varför du inte tog med den hit.

Stephen: Jag tog för givet att du hade den. Spar pengarna. Caballé och Carreras har några ljuspunkter men Colin Davis dirigerande är inte riktigt italienskt, du vet?

Mendy: Stephen, jag talar om Lissabon-Traviatan.

Stephen: Det gjorde jag också. Sen bytte jag till den nya *Maskeradbalen*.

Mendy: Jag ger fan i den nya *Maskeradbalen*.

Stephen: Jag fattar inte varför du hatar Caballé så mycket.

Mendy: Hon kan inte sjunga.

Stephen: Kom igen nu, Mendy. Hon har en underbar röst.

Mendy: Det räcker inte.

Stephen: Du måste ändå medge att hon försöker. Jag menar, hon har blivit bättre.

Mendy: Inte tillräckligt. Hon kommer aldrig i närheten av Callas. Av Tebaldi kanske. Av Maria, aldrig. Är Discophile fortfarande öppet?

Stephen: Vad ser jag ut som? Nummerupplysningen?

Mendy: Vilket nummer har dom?

Stephen: Vad ska jag göra medan du springer dit?

Mendy: Jag slår vad om att du inte har hört Sutherlands *Glada änka*.

Stephen: Jag hatar Sutherland. Det gör du också. Du skulle kunna köpa vad som helst.[86]

Vid diskussionen efter föreställningarna framkom att det inte bara var vi i ensemblen som kände igen oss. Även flera som sett föreställningen kände igen sig sig själv eller andra som levde helt i »den diskografiska världen«. Hans upplevde att han nästan ville lägga sig i diskussionen på scenen när någon sa något som han inte höll med om, så »hemma« kände han sig i det som hände.

## Hur man utövar operaintresset tillsammans med sin partner

När undersökningen genomfördes levde knappt hälften av deltagarna i ett förhållande. Enligt enkäten hade 18 stycken en partner och 22 levde ensamma. Av dessa 18 betecknar 11 sin partners operaintresse som starkt, medan 7 säger att det är svagt. Jag frågade också hur länge förhållandet hade varat, och snittvärdet blev då 12,1 år. Det längsta förhållandet hade varat i 30 år, tre stycken mellan 16 och 18 år, och resten mellan knappt 1 och 8 år. Tilläggas bör att inte mindre än fyra par deltar i undersökningen

– Fredrik och Karl, Bosse och Peter, Robert och Sven samt Lasse och Tomas. Av de 11 partners som hade nämnts i enkäten med ett starkt operaintresse, så deltog alltså 8. De fyra paren särade jag på vid minst ett av samtalen, för att var och en skulle kunna ge sin opåverkade version, men i samtliga fall skilde de sig ändå ytterst litet från varandra.

I samtalen diskuterade vi hur det var att ha en operaintresserad partner och hur intresset utvecklades därigenom, men också hur det var att ha en partner som var ointresserad. Även de som levde ensamma nu men hade haft en partner, hade naturligtvis också mycket att bidra med.

För Fredrik och Karl har musik och musiklyssnadet en central plats i deras liv. De träffades för 18 år sedan och Karl tillstår att han aldrig haft ett längre förhållande med någon som inte varit musikintresserad. Han har alltid kunnat diskutera det, och skulle tycka det var förfärligt att inte få ha musik fritt flödande omkring sig när han ville. Sambon Fredrik sjunger i kör och spelar piano på fritiden, medan Karl är skivköparen i familjen. Hemma spelas musik nästan jämt. På vardagmorgnarna lyssnar de på *Opp, Amaryllis* på radio innan de går till jobbet, och sedan blir det någon skiva eller två på kvällen – de skivor som flyter in ska ju spelas igenom. På helgen är det *Önskekonserten*, dit Karl har ringt några gånger, *Operadags* och *Radar – Klassisk CD-spaning* på radion.[87] Karl skriver ofta ner det han finner intressant för att sedan få tag i inspelningen. Det är all slags klassisk musik som spelas, men båda menar att för att de riktigt ska kunna njuta av opera, behöver den komma in i ett större sammanhang. Men så fort det är något operaprogram på TV, någon hel opera som sänds eller en liveföreställning på radions P2, så slår de sig ner och gör en helkväll. De diskuterar mycket hemma, inte minst röster och vad de uttrycker. Men båda menar att det är viktigt att ha skilda arenor också. Därför har Fredrik sin körsång och Karl är engagerad i sexualpolitiska frågor.

De diskuterar mycket när de har sett någon opera, men allra helst med någon tredje person eftersom de kan varandra utan och innan: »Jag vet ju vad Karl tycker«, säger Fredrik. Men det är skönt att ha med varandra, eftersom de har gemensamma upplevelser och referenser till det som spelas. Fredrik menar vidare att mönstret för att gå på Operan har ändrats sedan man blivit två. Tidigare kunde han springa in på vilken föreställning som helst, flera gånger i veckan. Nu måste det planeras och samordnas på ett annat sätt, och det har blivit mer av ett socialt evenemang. Så paradoxalt nog har deras förhållande lett till att båda går mindre på Operan.

Bosse och Peter, vars förhållande och operaintresse är nyare, har båda en avvikande uppfattning om detta. De tycker det är lättare att ta sig för någonting när man är två. Själv kanske man inte skulle kasta sig iväg t ex till Karlstad en fredageftermiddag för att se *Andrea Chénier*, menar Peter, men är man två så tittar man i sina kalendrar när det går att genomföra, och så ser man till att komma iväg. Bosse och Peter sporrar varandra oerhört i intresset – de läser annonser, broschyrer och skivkataloger tillsammans för att hitta nya saker att satsa på. Detta för att vidga sina vyer och gå vidare i utvecklingen: man får se och höra nya och annorlunda saker, och det skulle inte gå i samma snabba takt om man levde ensam och utövade intresset var för sig, hävdar båda.

Bosse och Peter tycks inte heller ha kommit till Fredrik och Karls stadium där den andres åsikter alltid är förutsägbara. När de kommer hem efter en föreställning brukar det gå ett antal timmar innan de kommer i säng, eftersom de är uppfyllda av allt de måste diskutera – de bollar olika åsikter och idéer fram och tillbaka. Att man alltid kan få respons och feedback direkt ser båda som en av fördelarna med att ha en operaintresserad partner. Lever man ensam eller med en ointresserad partner, måste man alltid söka upp någon bekant för att få det.

Att ha olika inriktning, t ex i form av olika favoritkompositörer, upplever många som sporrande eftersom man tvingas vidare i intresset. Anders minns en operaintresserad sambo som inte hade riktigt samma musiksmak – han var mer italienskt bel canto-inriktad, medan Anders själv föredrog tyngre tysk musik av Strauss och Korngold. Partnern köpte skivor som Anders aldrig skulle ha köpt och vice versa: »Så det var väldigt roligt tyckte jag, när man kunde dela det här med nån som stod en så nära, och när jag märkte att inte bara han utvecklades genom mig, utan också jag själv kunde komma loss«, säger Anders. Men de gick varandra till mötes också. Båda hade slitsamma arbeten, och ju mer de lärde känna varandra så kunde de känna på sinnestämningen vilken musik de skulle spela. »När jag kom hem och han märkte på mig att 'åh, nu är han slut och trött och grinig och jävlig', så kunde det komma nånting som han visste att jag älskar. Och det är väl litet kärlek också«, fastslår Anders.

Men olika inriktningar behöver inte bara betyda olika kompositörer och musiksmak, det kan också vara olika sätt hur man lyssnar. Gustav minns tre olika förhållanden, alla med olika inriktningar som påverkade honom åt olika håll. Det första var ett långt förhållande, de bodde ihop och hade mycket skivor hemma som de ofta lyssnade till. De gick mycket på Operan, inte minst på gästspel och premiärer, och reste även utomlands och såg föreställningar. Deras lyssnande betecknar Gustav som rätt konventionellt: »man lyssnade kanske inte så mycket på spännande inspelningar, utan mer på allmänt accepterade bra inspelningar«. Som stor Callas- och Birgit-fan var sambon mer intresserad av kvinnliga operadivor, medan Gustav mer såg till föreställningen i stort. Det avspeglades även i deras lyssnande hemma, där partnern lyssnade på enskilda arior och utdrag, medan Gustav helst hörde en hel opera ensam med librettot i handen. Men Gustav tillstår att han gjordes uppmärksam på sångerskornas prestationer på ett sätt som han tidigare inte tänkt så mycket på.

Helt annorlunda var det med Gustavs nästa partner, som var kompositör. De kunde promenera timtals i någon park och diskutera instrumentering eller vilka sångstämmor man kan använda till vilka instrument. Gustav låg ibland på golvet för att höra sambon spela samma musiksnutt timme efter timme med olika anslag och tempo. Gustav tyckte det var spännande att leva ihop med en yrkesman, och han lärde sig mycket som han hade nytta av senare. Kompositören fick honom att lyssna mer tekniskt, att t ex försöka lyssna på de olika stämmorna i ett orkesterparti separat eller att detaljstudera olika melodislingor. De umgicks helt genom musik och såg många föreställningar. Men där kom de ofta in på ett litet raljerande, sarkastiskt sätt att se på föreställningar, där de nästan *letade* efter fel (jämför det »bitchiga« draget i förra avsnittet). Det kunde bli litet för mycket av den varan, tillstår han.

Gustavs tredje förhållande var med en man som kan betecknas som »kandelaberbög«,[88] där operan blev en glittrig, social företeelse. »Den som vill vara litet extrovert, med överdrivet mycket glitter, färger och guld kan ju använda operan till det också«, menar Gustav som dock inte var särskilt attraherad av den sidan. Men det störde honom inte heller: »Det var något man fick på köpet, när man umgicks med honom«.

Så olika kan alltså förhållanden mellan operaintresserade partners fungera, men att leva med någon som har det som yrke behöver inte innebära att man utövar intresset tillsammans i någon högre grad. David hade ett förhållande med en cellist i en utländsk operaorkester, som trots detta inte gillade opera förutom Wagner. Så även David fick inse att han inte kunde lyssna på opera hela tiden, utan även på annan klassisk musik. Det var berikande, menar David, och förälskelsen var stor – annars hade han inte gett avkall. Men när förhållandet tog slut återgick han till sitt gamla lyssnarmönster igen. »De flesta som jag varit tillsammans med har varit intresserade av opera mer eller mindre«, menar David. »Annars skulle det inte gått – för jag spelar bara opera hemma. Så de skulle inte stå ut att vara tillsammans med mig någon längre tid.«

Att vara tillsammans med en man som är ointresserad av opera är inte lätt och kan hämma ens intresse, det omvittnar alla i projektet som har varit eller är det. Det är bara Carl-Magnus som tycker det är ganska skönt. Visst menar alla att det är viktigt och utvecklande för relationen att ha intressen på var sitt håll. Men de som lever med ett ojämnt intresse påtalar att de inte kan utöva det i samma utsträckning som förut. Partnern har ofta varit eller är musikintresserad i måttlig utsträckning och kan gå med på Operan ibland, speciellt i början av förhållandet. Men det kan aldrig komma upp på samma nivå, och att diskutera opera blir aldrig riktigt meningsfullt. Rolf berättar om sin f d man som följde med två gånger på Operan. Andra gången somnade han, och efter det fick han inte följa med fler gånger... Rolf fortsatte sitt operaliv vid sidan av, men det var aldrig någon orsak till att förhållandet sedan tog slut.

Per-Olov har aldrig försökt att tvinga på partnern sitt operaintresse, eftersom han ser det som dömt att misslyckas. Han tillstår att hans eget intresse svalnat något, även om det inte enbart är partnerns fel. Sambon kan gå med på Operan ibland och Per-Olov kan lyssna på opera själv hemma, men det inte är lika roligt längre. Så visst har han blivit litet hämmad, även om det aldrig har utvecklats till någon konflikt.

Emils sambo kommer från en helt annan kultur, Indien, och är därför uppvuxen med en helt annan slags musik. För honom är opera en helt främmande värld, men han går snällt med. Enligt Emil skulle han inte ens under tortyr avslöja att han har tråkigt. Det märker Emil ändå, som har börjat lägga band på sin »missionerande« sida. Partnern är inte så musikintresserad överhuvudtaget, så det är bara några ytterst få gånger som de lyssnat på indisk musik tillsammans. Det är inget som Emil direkt längtar efter, och deltagarna i hans diskussionsgrupp instämmer i att de skulle ha väldigt svårt att dela »musiktiden« med 50 % av någon helt annan musik. »Tänk dig att spela hårdrock för resten!«, utbrister Kenneth. Då är det lättare med en måttligt musikintresserad.

Detta är problemställningar som också tas upp i *The Lisbon Traviata* – hur kan man utöva sitt operaintresse utan att utestänga sig från partnern och omvärlden; hur kan man dela intresset på ett dynamiskt sätt och samtidigt behålla sin integritet? Svens sambo Robert, som också är med i projektet, har otvivelaktigt ett mindre intresse än Sven. Sven kände igen sig i Stephens rollfigur, när denne byggde upp sitt »Callas-getto« och tänkte: »Det *är* på det sättet, man kan alltså stöta ut någon genom sitt stora intresse själv.« Han minns deras första år tillsammans, hur han gick på med sitt intresse som en ångvält och det blev konflikter. Lösningen i deras fall bestod i att Robert hade en förmåga att säga ifrån på ett rakt sätt, och hävda vad han tyckte. Sven insåg att han fick sansa sig för att inte begrava Robert i opera, och livet är ju faktiskt fyllt av kompromisser. Hörlurar framhålls av flera som en välsignad uppfinning.

Nästa avsnitt handlar om fenomenet homosexuella på Operan utomlands, och som en övergång ska jag nämna två som haft en operaintresserad partner utomlands. Den ene var själv bosatt utomlands en tid, medan den andre hade sin på distans från Sverige. David bodde i Spanien, där han en kväll såg *Anna Bolena*. På väg hem från föreställningen märkte han en man som följde efter i mörkret. David blev litet rädd, men så märkte han att personen hade operaprogrammet i handen. Då insåg han att mannen hade följt efter hela vägen från Operan, så han vände sig om och frågade om mannen förföljde honom. »Det ser du väl«, svarade den okände, och det blev upptakten till ett långt förhållande. Spanjoren sysslade själv med sång och var mycket mer kunnig än David, som fick en rejäl puff i sitt intresse. De gjorde inget annat än att gå på opera, lyssna på opera, sjunga opera och kommentera vad de gjorde i relation till opera. Partnern hade också enligt David »en väldigt allvarlig Callas-passion«, han åkte till Paris och satt utanför hennes lägenhet etc. Men den lyckades han inte smitta av sig till David.

I Hans fall ägde mötet rum inne i själva operahuset, på Covent Garden i London. Det var den typ av möte som kan uppstå mellan två turister från två olika länder: på väg in till amfiteatern frågade en kanadensare Hans om vilken dörr han skulle gå in igenom för att komma till sin plats. De pratade litet och bestämde möte till nästa paus. Och eftersom operan var Rossinis *Wilhelm Tell*, blev det många och långa pauser. Då kanadensaren fick höra att Hans var från Stockholm, ville han absolut se Drottningholmsteatern. Så de åkte direkt från London till Stockholm, och efter en vistelse där fortsatte de till Kanada. Operaintresset band dem samman i deras förhållande på varsin sida om Atlanten. Partnern var ledig långa perioder och åkte till Sverige, medan Hans använde all sin semester på sommaren och över jul–nyår till att vara i Kanada. Kanadensaren hade många vänner och kontakter inom operans värld, som Hans blev introducerad till. De jagade skivor tillsammans och såg många föreställningar. »Och det knöt oss litet till varandra, att vi hade det här att göra tillsammans«, menar Hans som inte haft något annat förhållande med en operaintresserad man.

Ett homosexuellt »operaförhållande« kan alltså se ut på många olika sätt. Det är fruktbärande när båda inte har exakt samma inriktning inom operaintresset, och gemensamt för de flesta förhållanden är att de verkar utåtriktade. Man har många andra vänner att dela intresset med och gå på Operan tillsammans med.

## Operabögar utomlands

Så gott som alla i undersökningen har erfarenhet av att se opera utomlands, och flertalet åker regelbundet ut och ser föreställningar. Enligt enkäten svarade mer än hälften (21 st) att de ser opera utomlands en till två gånger om året. I samtalen framkom två sätt att se opera utomlands: antingen är operabesöket inte det egentliga målet för resan, utan man tar i efterhand reda på vad som går, eller också får vissa föreställningar en att resa till ett bestämt mål. Båda varianter tycks lika vanliga, med den sistnämnda för de mest inbitna. Vissa städer med operafestivaler, som Savonlinna, Glyndebourne eller Bayreuth har inte så mycket mer att erbjuda än just föreställningarna, som därför blir det givna syftet med resan.

I samtalen diskuterade vi fenomenet med bögar på Operan i olika länder, och precis som tidigare ligger tonvikten i framställningen på hur man *uppfattar* att det är. Det är alltså ingen empirisk jämförande undersökning mellan olika länder, utan det viktiga för mig är hur de svenska operabögarna upplevt det, och vilka skillnader mellan länderna man sett. Alla tycker i princip att det är sig tämligen likt överallt, dvs ungefär som i Sverige. Homosexuella män i operahusens foajéer tycks vara ett universellt fenomen, åtminstone i vår västerländska kultur. Kenneths svar på frågan är signikativt för hur många ser det: »Det är ju det som är intressant, jag tror det är likadant överallt. Men gaylivet är ju så, går du ut på en bar i London eller USA nånstans – det är samma stämning. Där är gayvärlden bra på det sättet att man känner igen sig, åtminstone i vår västerländska civilisation.«

Men visst är det litet svårare att urskilja operabögarna i foajérna utomlands, eftersom man inte känner igen folk i samma utsträckning som i Sverige. Då använder man sig mer av »väderkornet« och läser av beteenden och rörelsemönster. Något annat som anses försvåra identifikationen är att man klär upp sig betydligt mer på kontinenten. Klädstilen blir därför inte så differentierad, utan man får se efter vilka som har det modernaste snittet på smokingen, som Erik skämtsamt uttrycker det.

Ändå har vissa mindre skillnader mellan länderna framkommit i våra samtal. De länder som oftast nämns med ett påtagligt större inslag är England och USA. Där kan man se hela falanger av gaykillar som går på Operan. Niklas, som ofta ser opera i London, säger: »Där märker man verkligen av att det är mycket homosexuella på Operan. Det är på nåt sätt öppnare. Det syns mer och folk bryr sig inte lika mycket där.« Fredrik påtalar att det finns kotterier eller subkulturer med en påtagligt stor del homosexuella män på Metropolitan i New York.

En annan grupp länder med uppenbar flagrans är de kommunistiska länderna före murens fall. De som har berättat om dessa operahus använder oberoende av varandra nästan samma ord, nämligen att de aldrig har sett så många bögar på ett och samma ställe. David berättar om ett besök på Bolsjojteatern under sovjettiden, där det förekom en markant del homosexuella män i publiken som stack av mot de andra. Han blev tilltalad av än den ena, än den andra på ett sätt som han tog som inviter. I dessa länder var det förbjudet med homosexualitet och homosexuella klubbar,[89] och tydligen användes ofta operahusen som en alternativ träffpunkt. En liknande historia berättar Emil om Staatsoper i dåvarande Östberlin: »det var ju rena mötesplatsen. Jag har aldrig någon annanstans sett så många bögar på en gång.« Han fick en påtaglig känsla av att männen inte var där i första hand av operaintresse, utan för att knyta kontakter. Sven berättar samma sak om operahuset i Havanna på det kommunistiska Kuba. Där gjorde männen inget för att dölja sin läggning, åtminstone inte för de invigda: »Dom var underbara att se på, roliga att beskåda«.

I operahusen i Paris, Wien och de tyska städerna upplever alla fenomenet som liknande Sverige, med undantag för Bayreuth som kräver en extra utläggning. Det är en mycket liten stad dit man reser uteslutande av intresse för Wagner och de föreställningar som ges. Med tanke på det

Foto: Göran Gademan

*Parken vid Festspelshuset i Bayreuth. I bakgrunden Richard Wagner-statyn.*

stora wagnerintresset hos deltagarna var det intressant hur man upplevde gayinslaget i Bayreuth. Inte mindre än en fjärdedel hade varit där, och visst upplevde de att andelen i publiken var något större än annars. Inte minst kunde man upptäcka det i den grupp svenskar som rest dit. Men det märktes bara mycket diskret, och så många uteställen finns det inte i Bayreuth, annat än några pubar samt barer och restauranger i anslutning till hotellen. Än mindre finns några uteställen för homosexuella. Karl, som varit där flera gånger, berättar:

> Det finns inget sånt bögliv i Bayreuth, utan det har formen av parkraggning och så. Och litet smokingsvassande runt Festspielhaus i pauserna. Det är mer uppvisning, och sen är det klart att det knyts säkert en hel del kontakter. Man bekantar sig med varann och går ut och käkar ihop efteråt, och sen kan man eventuellt ha en tête-à-tête. Men det är inte så att det finns något socialt bögliv i Bayreuth där det känns fritt och öppet att vara bög.

Erik, som varit två gånger i Bayreuth, berättar att det är »cruising area« kring statyn i parken utanför Festspielhaus efter föreställningarna. De flesta går hem först och byter ut smokingen mot mer praktiska kläder, och sedan är det »high life« där. »Det är sommar, alla går ju runt och promenerar, det är en jättevacker park och statyer och det inbjuder ju verkligen till det här. Och det märks ju inte så mycket om man är ute på cruising eller om man ute och promenerar«, fortsätter Erik. Under föreställningarna är det två timslånga pauser när man äter, så det finns gott om tid att titta på folk och gå omkring i parken. Man sneglar på varandra och utväxlar blickar. Men festspelsledningen verkar snarast fientligt inställd till homosexuella. Karl och Fredrik hörde obehagliga rykten från flera håll om att två män som bor på samma adress omedelbart ströks ur biljettbokningssystemet. Kort efter att de hade hört detta, råkade de själva ut för samma sak – de fick inte ens en bekräftelse på huruvida de hade fått biljetter eller inte. När de påtalade detta brevledes, hävdade biljettkontoret ändå att de hade skickat ut en bekräftelse om att de inte fått biljetter.

I de latinska länderna som Italien eller Spanien upplever man fenomenet litet annorlunda. De flesta tycker att det är svårare att urskilja bögar i operapubliken där, av flera skäl. Dels har män ett annat sätt att umgås och uppträda – de kan ta i varandra och hålla om varandra, utan att de för den sakens skull är homosexuella, på ett sätt som kargare nordbor vanligtvis inte gör. Dessutom anses många män där vara gifta, dvs leva ett heterosocialt liv men ha homosexuella aktiviteter vid sidan om. Fleming, som arbetat en del i Italien, uttrycker det så här: »Här i Sverige ska man vara så – här är jag bög och här är jag homosexuell. Men där har man homosexuella aktiviteter, men man är inte homosexuell. Det är en dubbelmoral som är mycket mer accepterad. Allting är OK så länge du inte pratar om det. Därför är det mycket svårare att urskilja det.« Georg uttrycker det som att de är väldigt bisexuella upp till en viss ålder, och att de sedan gifter sig. »Men det händer nog även efter att dom har gift sig«, tillägger han.

Sven och Robert, som bott mycket i Spanien, menar däremot att bögarna där är mycket friare och öppnare på ett sätt som man inte ser på Operan här hemma: »Om man går på opera i Spanien, så är gaykillarna väldigt gay i sina rörelser och sina omfamningar och kyssar och man ser att det är alltid är en stadig klick där, i alla ålderskategorier«, säger Sven. När jag frågar om det inte är mäns sätt att umgås där över huvud taget, svarar han att de här är garanterat bögar. Uppenbarligen har Sven och Robert genom åren lärt sig urskilja dem på ett annat sätt än de övriga i gruppen.

Något annat som anses försvåra urskiljningen i de latinska länderna, är att gemene man sluter upp kring operakonsten i högre grad. Det är ett folknöje med opera, man går hela familjen och busschaufförer sjunger operaarior etc. Då blir tillströmningen av homosexuella män till operahusen kanske mer utspädd och inte lika synlig. De som besökt arenan i Verona har dock märkt en tydlig andel. Där är det en mycket speciell stämning, med romantiska, varma sammetsnätter, stjärnhimmel och månsken. Det kan inbjuda till kontakter, och man kan uppleva en flirtig, laddad atmosfär i publiken. Men det är bland andra turister man uppfattar detta, inte bland italienarna på hemmaplan. En liknande atmosfär finns i Savonlinna, framhåller Olle. Där är det också en romantisk nattstämning kring borgen, med sjön runt omkring som månen speglar sig i. Även där är det folk som har rest dit just för att se den speciella föreställningen. På festspelen i Glyndebourne, som också är en mindre ort, upplever man däremot inte någon större andel homosexuella. Där finner man det oerhört »uppklätt« med en högre medelålder och många rika personer.

Man är heller inte riktigt densamma när man ser en föreställning utomlands. På resa, oftast under en semester, är man avspänd på ett annat sätt och är därför mer öppen och kanske mer observant mot omgivningen än annars. Man känner sig friare att gå fram och prata med folk, utan att man för den sakens skull behöver ha några sexuella avsikter. Karl uttrycker det så här:

> Kontakttröskeln är mycket lägre när man är utomlands, tycker jag. Och det är en väldigt enkel och vardaglig grej att knyta an till när man ska prata med nån, nämligen att jag är inte ifrån New York eller från London eller nånting sånt, utan jag kommer någon annanstans ifrån, men jag är här nu. Och det tycker jag då är någon slags poäng, som kanske kan vara kontaktskapande.

Man har heller inte bråttom iväg på samma sätt som hemma, eftersom man är ledig efteråt. Då man vanligtvis inte har något hem att gå till, söker man sig ofta till det uteliv som erbjuds i staden. Befinner man sig dessutom på någon mindre festspelsort, har den största delen tillresta sett samma föreställning. Olle gör dessutom en jämförelse med den svenska, tillknäppta mentaliteten:

Det är lättare att börja prata med folk [där]. Här kanske man drar sig för att börja prata med en bög på Operan. Jaha, tänker man, ska han hålla på att ragga upp en? Man får såna känslor, att varför kommer han annars hit och pratar med en. Att kom inte hit och stör min privata omgivning här. Bara för att vi är bögar, ska vi inte behöva prata med varandra ju.

## Är det sant att man raggar på Operan?

Frågan har egentligen redan besvarats. För nog minns ni Hans som träffade sin blivande pojkvän i en trappa på Covent Garden, David som blev förföljd på väg hem efter ett operabesök eller den parkraggning som det berättats om i Bayreuth? Visst förekommer det att man knyter kontakter av sexuell natur i anslutning till operaföreställningar, såväl i Sverige som utomlands. Men för deltagarna ses det mer som något som kan råka hända, och för de allra flesta uppfyller det inte ens tankar när man går på Operan. »Det är väl klart att man inte går och lider sig igenom nån föreställning man inte är intresserad av, i hopp om att bli uppraggad i pausen«, som Ivar uttrycker det.

Knappt hälften säger att de någon eller några gånger har knutit sådana kontakter på Operan, och det tycks vanligare bland de äldre än de yngre. Förmodligen var det vanligare förr, när det inte fanns så många klubbar o dyl att gå till. Före 1944 var homosexualitet dessutom förbjudet, och Ivar funderar över om Operan upplevdes som ett andningshål före den tiden. Själv känner han till legendariska maskerader på Operan med »Madame Sophie« och »Fröken Henrietta« som pikanta inslag, förgrundsgestalter inom 50-och 60-talens homosexuella subkultur som tas upp i *Sympatiens hemliga makt*.[90] Arne Nilsson visar i *Såna och riktiga karlar* att raggningsstråken i Göteborg kring andra världskriget ofta rörde sig runt Storan, dvs dåvarande operahuset. Storan pryder också omslaget på hans bok. Detta tycks fullt jämförbart med den höga bögfrekvensen i de kommunistiska ländernas operahus, som flera berättar om i förra avsnittet. Eftersom det ligger kortare tillbaka i tiden med murens fall, är det mer naturligt att flera har upplevt det än motsvarande tid här i Sverige.

Jörgen, som är kring 60, minns att han flera gånger blivit uppraggad på Stockholmsoperan, mest av engelsmän eller amerikanare. Gustav, som är i 55-årsåldern, berättar att vissa delar av Operans publikutrymmen ansetts

> mycket effektiva som raggningsområde för ensamstående finbögar. När jag var ung, då ansågs det att första radens herrtoalett var väl så frekventerad som vissa andra bekvämlighetsinrättningar. Och jag kan intyga att det åtminstone delvis, eller tidvis, stämmer. Hur det är idag kan jag inte uttala mig lika säkert om.

Gustav har själv haft sex där, även om han naturligtvis inte ser på Operans toaletter som något slags bordeller, men en möjlighet att knyta kontakter. Han menar vidare att parkett och första raden är för »finbögarna«, medan tredje raden frekventeras av dem som går ofta och därför inte har råd att köpa så dyra biljetter.[91] De övriga framhåller just tredje raden i detta sammanhang, eftersom de verkliga operahabituéerna och entusiasterna sitter där.

Ett möte på Operan behöver inte alltid vara fråga om en kort förbindelse; ibland kan det leda till långvariga relationer. När Karl och Fredriks blickar möttes i festspelhusets salong i Bayreuth ledde det till ett förhållande för livet. Jag låter Karl själv berätta:

> Det var i pausen efter första akten på *Lohengrin*. Jag hade en jättefin plats, nästan mitt i salongen och ganska långt fram. Så vände jag mig om för att kolla upp, och så tio–tolv bänkar längre upp så står det en kille i vit kostym. Jag kände igen honom på nåt sätt, för vi hade åkt samma buss ifrån Nürnberg – vi var två svenska grupper. Och så smäckte det av ett sånt där riktigt tusen watts-leende. Då tänkte jag: Herregud, inte nu igen. För jag hade åkt dit för att jag skulle ha lugn och ro i Bayreuth för en gångs skull. Och bara kunna koncentrera sig på föreställningarna, och inte ha annat sånt här känslomässigt tjafs runt omkring sig och störa koncentrationen.

Något direkt raggande blev det inte fråga om, eftersom Fredrik rest dit med sin mamma. Deras relation utvecklades i lugn takt, och sedan återvände de tillsammans till Bayreuth flera gånger.

Från ett av de senare gemensamma Bayreuthbesöken minns Fredrik ett annorlunda sätt att komma över den eftertraktade biljetten. De var där i ett större sällskap, och Karl hade en biljett medan Fredrik var utan. Han gick runt utanför festspelshuset för att försöka få tag på en, då en man kom fram till Fredrik och frågade om han ville köpa en biljett. »'Visst, självklart' – då är man ju beredd att betala vad som helst om man inte har nån«, medger Fredrik. »Priset« (Il prezzo) för denna biljett var att de skulle äta middag ihop efteråt. Det gick Fredrik med på, och de intog sedan sin middag medan resten av Fredriks sällskap satt nere vid baren. Efter maten meddelade Fredrik att han skulle gå ned till sina vänner. Det behagade inte alls mannen, som ville ha sällskap hem. Fredrik vägrade, och mannen blev naturligtvis vansinnigt arg. Men Fredrik gick ned till sitt sällskap, som hade mycket roligt åt hela historien. Själv skäms han litet över det hela, inte minst då han sett mannen där efteråt. Enligt Fredrik är detta inget ovanligt, att man helt enkelt kan »fnaska« sig till de svåråtkomliga biljetterna.[92]

Flera av de yngre som inte raggat på Operan, tillstår däremot att de kan ha flirtat där, och att det överlag är en plats där det är lätt att ta kontakt med folk. Det är betydligt säkrare och mer »tillåtet« att inleda en liten flirt män emellan där än på andra offentliga platser. Per säger att snarare än att diskutera frekvensen homosexuella män i publiken är det »intressant att diskutera platsen som sådan, om det är lättare att framför allt avge och uppfatta signaler och koder, så att det som man inte kan plantera på tunnelbanan, det slås man väldigt direkt av i guldfoajén«. Man känner sig trygg, då man tar del av sådant man tycker om tillsammans med andra. Man har större öppenhet och är inte mån om att skydda sig själv som på andra offentliga platser. Samtidigt är det lätt att inleda en konversation med någon: »du har ett givet samtalsämne, man behöver inte tveka, det är inte de här varianterna 'har du eld' eller nånting«, säger Peter. Om föreställningen kan man prata i all oändlighet, och är operaintresset sedan djupare och överensstämmande så har man en mycket bra utgångspunkt. Fredrik uttrycker detta som att Operan ger ett socialt sammanhang till raggandet – den erbjuder ett mera naturligt sätt att träffa någon, ungefär som på arbetet. På en gaybar eller en videoklubb blir det mycket raggande för raggandets skull, och man är egentligen bara ute efter en sak. Här har man möjlighet att på ett mer avspänt sätt lära känna varandra.

Ett annat ställe där man kan få kontakt med andra är i operakön. På 70-talet var det legio att man köade natten igenom till artister som Birgit Nilsson, Berit Lindholm, Nicolai Gedda och Ingvar Wixell. Charles minns hur man äntligen blev insläppt i operahuset fram på morgonsidan, och man fick litet värme i foajén istället för att springa hem mellan uppropen. »Och då kunde det hända några trevliga saker« enligt Charles, han knöt kontakter med personer som han sedan kunde möta igen på föreställningen. Dessa kontakter kunde vara vänskapliga eller sexuella. Det var roligt att få vänner eller sängkamrater som också var oerhört roade av opera, fortsätter han, »och det var ju jättefestligt att gå på Operan tillsammans«. Charles menar att det viktiga är inte att det alltid måste »bli nåt«, utan att man knyter kontakter som känns bra och spännande för ens operaintresse. Med nostalgiskt vemod konstaterar flera med honom att någon operakö av det slaget inte förekommer längre.

Även utomlands kan man knyta kontakter i operakön – Hans berättar att det varje förmiddag på Covent Garden finns en kö till den pott biljetter som släpps till föreställningen samma kväll. I kön har han sett många turister och bögar. Det är lätt att det uppstår kontakter i sådana sammanhang, eftersom man inte har något annat att göra än att vänta. Man har obegränsat med tid, och det finns alltid något att diskutera: om föreställningen man ska se, chansen att få biljetter etc.

Många talar också om knäflirter inne i operasalongen, som inte nödvändigtvis behöver leda till något mer. »Sen kommer man ibland i sånt där otroligt häftigt knäsamspel med nån granne. Det är ju otroligt, då förhöjs ju föreställningen väldigt mycket«, berättar Fredrik. När jag frågar om han kan koncentrera sig på föreställningen då, svarar han att den blir dubbelt så bra. En avvikande åsikt uttrycker Bill: »för mig är sex och opera inte blandbart. Det är två lika starka storheter som inte går ihop för mig som upplevelse.« När flera i hans grupp uttrycker fördelarna med att älska till bra operamusik, menar Bill att det för honom mest är störande, eftersom han då bara lyssnar på musiken! Sam Abel, som undersöker »varför opera känns så mycket som sex«, nämner dock inget om hur det är att ha sex *till* operamusik. Han ser snarare en operaföreställning som en sexuell akt mellan publiken och de agerande som inbegriper alla sinnen och kroppsdelar, dock utan penetrering och utlösning. Men att det rentav förekommer sex av det mer handgripliga slaget i själva operahuset verkar han inte ha tänkt på – möjligen skulle han hävdat att föreställningen hade inspirerat till det.

## Slutkommentar

Koestenbaum ger en bild av operabögen (the opera queen) som en oerhört ensam person. Stödd på McNallys *The Lisbon Traviata* konstaterar han att operabögen, i sin mest extrema inkarnation som hos Mendy, »är ur form för kärlek, och fäblessen för opera ses inte bara som en kompensation för förlorade kärleksobjekt, utan som den verkliga katalysatorn till förlust. Operabögen är ensam *därför* att han lyssnar på opera: opera isolerar honom från den sexuella marknaden«.[93] Det är inte lätt att veta om

Koestenbaum genom McNally försöker ge en bild av en operabög eller om han ironiserar över fenomenet. Visserligen påtalar han att detta är en extrem gestaltning, där man överdrivit vissa sidor till sin yttersta spets. Men Koestenbaum måste finna mycket i McNallys skildring, eftersom en ton av ensamhet genomsyrar hela *The Queen's Throat*. Denna bild har jag mycket svårt att applicera på de operabögar jag har talat med, och om någon av dem skulle känna sig ensam, så inte är det p g a operaintresset! Att det skulle utlösa förlust och isolering från omvärlden förefaller närmast absurt när man talar med deltagarna i projektet. Tvärtom är det operaintresset som har skapat en mängd sociala kontakter, såväl vänskapliga som sexuella. De sociala kontakterna gör ofta också att operaintresset utvecklas och vidgas.

Den första tiden kan man känna sig ensam både med sitt intresse och sin sexuella läggning. Men snart hittar man vänner som delar ens operaintresse och ofta partners som besvarar ens kärlek. Ett förhållande med en man som delar ens operaintresse är givetvis utvecklande för både relationen och intresset, och allra mest givande kan det vara när operaintresset har något olika inriktning. Ett ojämlikt förhållande där bara den ena parten är operaintresserad kan vara hämmande för intresset, men inte någon i projektet har uttryckt motsatsen – att intresset skulle vara hämmande för förhållandet. Ingen kommer ens i närheten av Stephen i *The Lisbon Traviata*, som låtit opera och Maria Callas bilda en orubblig mur mellan sig själv och sin partner och därigenom kört förhållandet i sank. Inte någon som avslutat ett ojämlikt förhållande har uttryckt att deras eget operaintresse skulle ha varit en avgörande orsak till att förhållandet tog slut. För övrigt finns det sju deltagare som lever i sådana förhållanden nu, och merparten av dem har varat i många år.

En närmare bild av de verkliga förhållandena, åtminstone vad gäller svenska operabögar, ger McNally i den bitchiga tonen och i det sociala utbyte som Mendy och Stephen får genom skivinspelningar. Det är ett intresse de delar med varandra och även andra män som nämns i en frenetisk interaktion. Att skivintresset kan ge större socialt utbyte än att gå på föreställningar ligger i mediernas natur – under en föreställning sitter man tyst, medan man kan prata och diskutera under pågående spelning av CD-skivor. Även om man kan dela sitt intresse också med kvinnliga vänner, så finner man föga förståelse från deras sida vad gäller skivsamlandet, som kan ses som ett manligt drag. Vad gäller operaintresset överlag, så finns en liten övervikt för att utöva det tillsammans med andra bögar än andra heterosexuella kvinnor, medan lesbiska och heterosexuella män förekommer i mycket liten utsträckning. Det krav som deltagarna framför allt ställer på sina operavänner, är att de ska vara rejält kunniga. Efter hand har de mindre kunniga exkluderas, och ett visst mått av oförstånde och främlingskap inför heterosexuella män kan spåras. Deltagarna menar att de har svårt att verbalisera sina upplevelser, och det är erfarenheter som har dragits genom åren. Men frågan är om dessa skiljelinjer grundlagts långt tidigare, genom det utanförskap som deltagarna ställts i redan i unga år.

Ytterligare något som vederlägger Koestenbaums påstående att opera skulle isolera operabögen från den sexuella marknaden, är att operahuset i sig kan erbjuda en sexuell marknad! Även om ingen av projektdeltagarna går på Operan »i hopp om att bli uppraggad i pausen«, så har många av dem knutit mer eller mindre varaktiga förbindelser i samband med en operaföreställning. Att operahus världen över utgjort mötesplatser för homosexuella, kanske även för dem som är ointresserade av opera, tycks vara avtagande i takt med att homosexualitet tillåts och blir mer synliggjort och accepterat. Det visar de äldre deltagarnas berättelser samt de iakttagelser som har gjorts i de fd kommunistländerna. Kotterier med uteslutande bögar är förmodligen också utdöende av samma skäl, och börjar alltmer att ersättas av mer »mixade« operakotterier – en form av integration?

Sam Abels konstaterande om sig själv ligger betydligt närmare den bild som jag har fått av projektdeltagarna. Han berättar om sitt lyckliga förhållande med sin man, där han njuter av deras sexliv och samtidigt får »kickar«, ibland av sexuell natur, i operaintresset.[94] Att opera skulle utgöra något surrogat eller avskärma en från omvärlden tycks även där mycket avlägset. Nej, operaintresset för deltagarna har tagit sig både livsbejakande och utåtriktade former. Bilden av en operabög som sitter ensam »i garderoben« och spelar Maria Callas dagarna i ända tycks tillhöra det förgångna, eller kan rentav vara en myt som snarast bör avlivas.

# 7. Operaintresset fram till idag

Tiden är en märkvärdig sak.
När man går på i livet är den rakt ingenting.
Men sedan, plötsligt, är den det enda man förnimmer.
Den finns runt omkring oss, den är också här inom oss.
I våra ansikten ser vi den gå, i spegeln där flyter den,
bakom mina tinningar strömmar den.
Och mellan mig och dig rinner den på samma sätt,
ljudlöst, som sanden i ett timglas.

Fältmarskalkinnan i *Rosenkavaljeren*, akt 1[95]

Det är något märkligt med tiden, precis som Fältmarskalkinnan uttrycker det. När man som hon plötsligt börjar se den och ser tillbaka, förundras man över hur fort hela den där perioden har gått, när den inte märktes. Var det inte alldeles nyss som jag var den lilla flickan Resi? Eller var det inte alldeles nyss som jag väcktes i mitt operaintresse? Så visar det sig att det är 12 eller 23 år sedan, eller som det var för en i projektet, 58 år sedan. Tiden förändrar inte bara våra utseenden, utan också vad som händer »mellan dig och mig« eller mellan mig och mitt objekt, i det här fallet operaintresset. Och visst förändras det omärkligt på olika sätt. Det fördjupas i takt med att man inhämtar allt mer kunskap och erfarenhet, och även om intensiteten i intresset kan vara detsamma, så kan det rent känslomässigt hamna på en lägre eller »lugnare« nivå. Det har kanske inte samma säregna dynamik som under processen på väg ut ur garderoben, men det beror också givetvis på i vilken ålder man är och i vilket stadium i livet man befinner sig.

Jag räknade ut med ledning av fråga 6 i enkäten hur länge varje projektdeltagares operaintresse hade varat, och det blev ett spann på mellan 3 och 58 år. De yttersta var samtidigt den yngsta respektive den äldsta deltagaren. Snittvärdet för samtliga deltagare blev 22,5 års intresse, men då bör man komma ihåg att spridningen på innevarande ålder är mellan

19 och 68 år. Dessutom är det stora differenser på vilken ålder man hade när intresset väcktes, mellan 4 och 35 (snittålder 18,2 år).

I projektet har vi också talat en del om hur intresset har förändrats. Att säga att all opera var »bättre förr«, som många habituéer brukar hävda, har nog snarare att göra med att man själv var annorlunda »förr«. Karl gör ett signifikativt uttalande med att man var mer receptiv och mottaglig tidigare, man blir sliten eller blaserad. Man har sett mycket, och det ska mycket mera till för att man ska uppleva en operaföreställning eller en inspelning lika starkt som när man var yngre med ett nyväckt intresse. När man är i 18-årsåldern befinner man sig vanligen i en mer omvälvande fas i livet där man försöker hitta sig själv, och för en bög tillkommer dessutom att finna och acceptera sin sexuella läggning. Så givetvis har intresset vid det stadiet en mer psykologiskt omvälvande dynamik.

Man frälser även andra gärna när intresset är intensivt och relativt nyväckt. Karl fortsätter: »jag missionerade förr om åren. Och jag vet att det har gjort ett visst intryck, för det finns en del personer som berättar om det ännu, långt tid efteråt. Jag har tröttnat på det, jag känner att det blir svårare och svårare att trycka på andra människor min upplevelse. Så jag har dragit mig tillbaka från det där.«

Men likafullt fortsätter ens intresse! Varför? Varför fortsätter operaintresset även utanför garderoben? Paul Robinson spekulerar huruvida bögars intresse för opera skulle avta i takt med att samhället blir allt öppnare för homosexuella.[96] Så tycks inte bli fallet, för att sublimera och leva ut sina »förbjudna« känslor är väl inte det enda skälet till intresset? Förutsatt att man har öppna sinnen kan opera ge oerhörda känsloutlevelser även när man har kommit tillrätta med sitt liv, och det är för att nå de stunderna som man ihärdigt söker vidare. Ville uttrycker övergången och letandet så här:

> Sen kommer nästa tid då man har upptäckt, och går vidare och försöker upptäcka nya grejer, det är egentligen lite svårare, och lite jobbigare. Och inte fullt lika våldsamt egentligen. Jag vill inte uttrycka det som att man blivit blaserad. Men man har hittat dom här operorna, dom här var ju faktiskt bra, dom här upplevelserna. Och så försöker man leta operor – jag vill ha nya upplevelser. Det är som att ta en drog, jag tar en ny drog så blir jag hög igen. Men det är svårare att hitta. Jag har haft några upplevelser på Stockholmsoperan faktiskt, som har varit fantastiska. Som går att jämföra med den stora förälskelsen som var när jag var 20. Jag har faktiskt haft några såna under årens lopp, vilket är fantastiskt att man kan ha.

Att de stora upplevelserna inte är så många längre påtalar Fredrik, men litet glöd finns det kvar: »Jag brinner ju inte för opera längre, jag brinner för enstaka bra föreställningar, men annan musik upptar jättestor del av mitt liv, och jobbet och forskningen«. Något annat som upprätthåller hans intresse är den sociala sidan kring utövandet. Fredrik och hans sambo Karl sporrar inte varandra vidare så värst mycket, de kan varandra utan och innan. Men när det kommer någon utomstående blir det mer intressant, och det kan upprätthålla och vidareutveckla intresset.

Till varför Emils intresse hela tiden kan fortgå efter 28 år ger han själv följande förklaring:

> Det är en rik glädjekälla, nånting som gör livet rikare och värt att leva. Att vara nyfiken på nåt nytt hela tiden. Det är ju både så extrema känsloupplevelser, och samtidigt litet som frimärkssamling också, man sitter och lyssnar: och där andas hon där och där tar hon den tonen så, så man kan skala ner det till nåt väldigt smått samtidigt som det kan vara en väldigt stor upplevelse.

Visst medger Emil att han inte har samma tid och energi för sitt utövande idag, delvis pga att han lever med en måttligt intresserad sambo, men han skulle aldrig kunna vara utan det.

Som nämnts är Emil knappast ensam om att hämmas av den anledningen. Det kan jämföras med heterosexuella, som har ett stort operaintresse och sedan gifter sig och får barn – då räcker varken tiden eller energin till. Men det finns viktiga skillnader. Flertalet homosexuella män har inte barn – ingen av dem som deltar i undersökningen tex. Det får konsekvenser både för tiden, friheten att plötsligt kunna resa iväg, ekonomin och även ens geografiska placering. På min fråga om varför bögars operaintresse verkar mer intensivt gav Fleming just en sådan förklaring: »det har att göra med att man som bög ofta inte har familj och barn. Och det ger en tid att odla det här, men har man två ungar som ska hämtas från dagis hit och dit och ut i parken på lördagen, så har du inte så mycket tid att odla det här, att släppa fram det här kanske.« Det kan alltså vara en förklaring till att bögars intresse också kan fortsätta, medan tex heterosexuella kvinnor tvingas lägga intresset på hyllan tills barnen blivit stora. Det sistnämnda skulle kunna vara en förklaring till de omtalade »tanterna« på Operan, om det nu är så många fler »tanter« – publikundersökningen *Braaavo!* visar att åldersfördelningen är ovanligt jämn på Operan.[97]

Kring de ekonomiska förutsättningarna spinner Gustav vidare: »Dessutom kostar ju gästspel en hel del, att köpa en biljett till en galaföreställning på Operan är inte helt billigt. En bög är antingen ensam, och då är man självförsörjande, eller ett par med två självförsörjande. De kan kosta på sig såna här biljetter kanske, man har vanligtvis inte barn och så. Och det gör att det är lättare, tror jag, att rent ekonomiskt klara det.« Därmed inte sagt att deltagarna i projektet tillhör någon rik överklass. Men intresset har fått dem att göra prioriteringar i ekonomin där de valt biljetter, skivor och resor framför annat. En annan viktig jämställdhetsfråga är att två sammanboende mäns inkomster ofta är större än två kvinnors, och det kan möjligen ha en viss inverkan på varför det finns flera bögar än lesbiska som utövar intresset (ändå tror jag det är långt ifrån den viktigaste orsaken). Slutligen påverkar det faktum att operabögarna inte har barn det geografiska läget. Många som skaffar sig smått vill gärna flytta ut till landet eller förorten för att skapa en lämpligare och renare uppväxtmiljö åt sina barn. Då blir avståndet till Operan och skivaffärerna större, men i projektet bor drygt hälften i innerstan – även det är vissa val man gjort.

## Med skivor på egen hand

### »SOM ATT KÄKA VALIUM«?

I kapitel 6 behandlades det sociala utbytet kring CD-inspelningar, men att samla och lyssna på operaskivor är i första hand en enmanssyssla. Många av deltagarna har stora samlingar, och snittvärdet på fråga 20 i enkäten blev 273 inspelningar av 154 olika operor. Den störste samlaren hade inte mindre än 4.800 inspelningar, och räknade man bort honom blev snittet 154 inspelningar av 102 operor.[98] Deltagarna köpte i snitt vid tiden för intervjuerna 77 skivor om året (med storsamlaren borträknad, 51 skivor). Även skivsamlandet är något som ofta förändras över tiden, och man kan få en annan inställning till det efter hand. Vissa perioder kan man samla mer, man kan tröttna på det eller man kan komma in i en form av mani att man vill ha precis allt. Ibland kan samlandet i sig bli själva huvudsaken, och Karl sätter fingret på problemet: »det här med skivor är litet dubbelt, därför att för mig är det en slags samlarvurm också, att det är litet som att käka valium. När man sen väl har skivan så är det inget roligt längre, då ska man ha en ny.«

Syftet med att samla skivor kan vara olika. För David är det uteslutande kopplat till vad han ser live: »jag använder mina skivor mest som en slags hjälp in i föreställningarna. Jag lyssnar inte så ofta bara för skivornas skull, utan jag köper ofta en skiva om jag ska gå och se nåt speciellt, för att lyssna in mig och höra. Och sen kan det hända att jag skaffar en skiva för att jag tyckte om föreställningen. Det är hela tiden kopplat till en föreställning.« Men repertoarutbudet i Stockholm är inte så stort, så för flertalet blir det till att gå in i andra verk genom skivor. Villes operaintresse växte stadigt just därigenom: »Därför Stockholmsoperan kör två operor, that's it. Men går man via skivor så går det mycket fortare. Så det var ju skivor först. Sen såg jag dom på Operan vartefter dom kom upp.«

Att ha flera olika tolkningar av samma verk blir snart viktigt: »nu har man snarast kommit in i det facket att nu samlar man inte operor, nu samlar man inspelningar«, säger Anders. En tydlig tendens är att man är mera grundlig och lyssnar in sig på verken noggrannare i början av sitt samlande. Emil minns:

> Jag började samla på mellanstadietiden, så jag har väldigt mycket LP-skivor. Men då fanns ju fortfarande så väldigt mycket av standardrepertoaren som man var tvungen att ha, och satt där och gick igenom och lyssnade på. Sen har det blivit mindre och mindre inköp. Dels har jag köpt över några av dom mest slitna till CD. Och sen blir det så att man inte bara vill ha en *Tosca*, utan två, och helt plötsligt har man sju *Toscor* som man sitter och jämför med. Som man kanske inte kan vara utan, nån av dom egentligen.

Även Niklas medger att han samlar på vissa verk, men även vissa röster: »det är vissa som man vill ha. Men vissa [verk] ska man ha med den personen och vissa ska man ha med den personen. Och en person ska man ha allt med«. Att samla på särskilda röster är vanligt, och det behöver inte bero på en samlarmani i största allmänhet, som Per-Olov påpekar, utan på att man är förälskad i en viss röst »och man vill ha allt av henne, precis allt«.

Man gör också stora raider i skivbörsar och affärer när man är utomlands. Peter berättar om sig och Bosse: »vi var i Paris och London i våras, och så river man i alla hyllorna av historiska inspelningar och så har man så här mycket handbagage med CD-skivor. Det är ett utbud som slår allting här.«

Carl-Magnus tillstår utan omsvep att det är han som har 4.800 inspelningar: »Det går så bra så«, säger han och beskriver hur han byter ned for-

Foto: Ove Axelsson

matet från LP till CD för att lättare få plats. Det började som en lekfull tävling mellan honom och en barndomskamrat i skolan, och nu ser han till att ha allt som överhuvudtaget går att få tag på: »Står det bara opera så behöver jag inte [tveka], då köper jag den. Så mig skulle man kunna lura på vad fan som helst.« På mina frågor svarar han också att det är viktigare att *ha* allting än att lyssna på det. F ö skulle det vara en fysisk omöjlighet att lyssna på allting, men tryggheten i att de går att ta fram när som helst är viktig.

Apropå samlandet som började under skoltiden, är flera inne på att man under barn- och ungdomstiden samlar på mycket, alltifrån kapsyler till frimärken eller idolbilder: »Kan det vara en sån koppling tillbaka, nån slags ursprunglig känsla som man har i behåll?«, funderar Lasse. Om det är ett sätt att behålla sin ungdom, så ligger det något i det som Koestenbaum skriver: »Liksom Dorian Gray har divan en märkligt stark relation till sagan om evig ungdom, vilket vi alla kanske vill ha, men som kvinnor och bögar antas vilja ha mest intensivt«.[99] Flera talar också om att bögar samlar på antikviteter och hela serier av serviser. Per jämför sig själv med andra:

> Bögar har lite fixa idéer så där. Med vad man skaffar sig, och hur man ombonar sig hemma, och vad man har för relation till det man äger. Jag har en god vän som är helt ofrisk med sina fiskar. Och det är som ett stort barn så där… och

jag med mina skivor, jag är inte frisk med dom, jag känner mig olik mänskligheten just i det avseendet. Och nån annan har väl kanske sina gardiner, och en annan gör ljusstakar av vinflaskor osv.

Per har också kunnat notera denna samlariver som skivexpedit: »En kund som jag hade, han har samlat på alla *Otello* han hade kommit över, så han har 34 *Otellos*. Det spelar absolut ingen roll vem som sjunger, bara det är *Otello*. Och en annan har *Flygande holländaren*, varenda.« Han beskriver vidare hur dessa kunder tycks tänka när de kommer hem med en ny inspelning till samlingen: »Sen kanske dom faktiskt inte lyssnar på den, men det ingår i det dom ägnar sig åt, att skapa sig en samling. Samlandet i sig har blivit hobbyn och målet. Dom kan t o m kanske tycka illa om den, men om dom köper den, så kommer den att förstärka hur bra dom andra är.« När jag frågar om sådana operasamlare är bögar, svarar Per att det uteslutande är så. Han gör också en jämförelse med att samla på antikviteter eller porslin: »Jag vet inte om det är som att samla på en Orrefors. Eller glas, att man måste ha snapsglasen också, inte bara vin, utan att man måste ha alla. Och kommer det en till i den serien, då blir det katastrof för då är ju inte ens utgåva komplett, så då måste man ju ha den också.«

I detta fall hade Per egen erfarenhet av det via skivaffären, men ibland får jag känslan av att bögar har idéer, eller man kan kalla det fördomar, om sig själva som grupp. För vad säger att just homosexuella män skulle ha tendenser att samla mer än andra? Att det handlar om just opera gör det suspekt i omgivningens ögon, framför allt när män sysslar med det.

I kapitlet »The Shut-in Fan: Opera at Home« ser Koestenbaum sina skivor och skivboxar som fetischer. En fetisch är ett föremål som tillskrivs magiska egenskaper eller som kan vara sexuellt upphetsande, och Koestenbaum ser skivorna som sina fetischer på samma sätt som manskroppar. Han drar också en parallell mellan en uppslagen LP-box och en vagina. Sam Abel replikerar att han aldrig har sett varje detalj av sina boxar som fetischer – bara deras storlek och innehåll.[100] Något sådant finns heller ingen som helst motsvarighet till hos projektdeltagarna. Visst kan omslagen vara tilldragande, och man kan finna ett visst välbehag att sortera och ordna sina skivor, men något som liknar fetisch ens i överförd bemärkelse är svårt att hitta. Per minns när hans operaintresse var alldeles nyväckt och han gick bland sin sambos alla skivor: »jag kanske tog ut en box som det var fin färg på eller Karajans *Läderlapp* i guld och så där«. För honom kan också skivorna som föremål i sig vara värdefulla:

För mig ger skivor mycket. Det kan ge mycket, samlandet – att köpa och att äga dom och ordna dom alfabetiskt så att dom står fint: nej, nu ser det inte bra ut i hyllan, nu gör jag så här istället – åh, det känns så bra sen. Jag har en personlig relation till dom. Och när jag lyssnar på dom, jag vet precis, jag vet var på skivan jag hittar nånting och det har gått två år sen jag hörde det och jag måste ta fram det på nytt och allt det där. [...] Jag klarar mig med bara ljudet och tycker det är fantastiskt och själva boxen också, att den är fantastisk.

Detta är det enda som skulle komma i närheten av vad Koestenbaum är ute efter, men jag vill ändå inte påstå att Per betraktar sina skivor som fetischer. Däremot kan själva innehållet på skivorna vara så värdefullt för många att det nästan kan tillskrivas magiska egenskaper. Ville hade gjort sig av med sina LP-skivor och bytt över de viktigaste till CD. Men en inspelning hade han inte fått tag i – en viss upptagning av Maria Callas i *Puritanerna*. På väg till en kyrkokonsert passerade han Åhléns:

Och så ser jag den här, som jag aldrig har sett förut, för när man spelar över dom till CD så brukar man oftast behålla bilderna. Och den här bilden hade jag aldrig sett, och så slet jag upp den. Och så står det då RAI recitals 49–56, och så tittade jag... *I Puritani*, och så var det billigt också... gratulerar, så tar jag den. Sen sket jag i Katarina kyrka, jag skulle gå på Rossinis *Stabat mater*, så jag gick hem igen. Och så *var* det den. Det *var* den, och jag nästan grät av lycka, för den betyder otroligt mycket för mig.

Att det var billigt också, som i detta fall, är inte oväsentligt. Det är påtagligt att deltagarna är normalinkomsttagare som inte obehindrat kan köpa hur mycket skivor som helst. Man vänder på slantarna för att kunna köpa det man vill ha, man väljer med omsorg och söker alla möjligheter att få skivorna så billigt som möjligt, via reor, rabattkort och skivbörsar. Vissa perioder av sitt liv kanske man tjänar mindre, t ex om man studerar, och då kan man låna skivor i större utsträckning. CD-skivor är också proportionerligt dyrare än LP-inspelningarna var. Anders klagar:

Jag skulle gärna vilja köpa en hel opera varje vecka, om jag hade råd. Jag skulle gärna utöka mitt förråd, men det är så pass mycket pengar involverat i det här, så att man ska ju verkligen vilja ha just den här, inte som förut att man kunde köpa kanske... Och sen vill jag idag gärna lyssna på inspelningarna innan jag tar dom, för många av de här nya inspelningarna är så tekniskt avancerade så att man tycker att det är tråkigt. Och det finns ingen känsla över dom, och då vill jag inte lägga ut 450 spänn på nånting som jag inte har hört.

Lasse, som studerat en längre tid, påpekar att »jag har inte haft ekonomiska möjligheter att samla nånting direkt. Så det har inte varit nåt som jag har jämfört med varandra nånting.«

Harald samlar inte heller inspelningar, men av en annan anledning. Hans motiv sticker radikalt av mot de övrigas:

> Mina skivor är lätt räknade, och min CD-spelare är stenålders, från tidigt 80-tal. För jag har aldrig haft det där behovet att sätta på musik så fort jag kommer hem osv, och sitta och lyssna. Och nånstans känner jag också att operamusiken betyder så mycket för mig, att jag kan inte lyssna så där med ett halvt öra, utan då vill jag koncentrera mig. Och jag inser att skulle jag ha en massa inspelningar, då skulle jag inte göra så mycket annat än att sitta och lyssna. Och det är naturligtvis en trevlig sysselsättning, men jag känner att jag har andra saker också att ta mig för. [...] Däremot spelas det inombords, kontinuerligt. Jag lever mycket med musiken på så vis att jag nästan hela tiden har det närvarande. Och det tycker jag är en stor fördel när man är cykelburen, vilket jag är, och bor i förorterna så jag cyklar ganska mycket. Och då har man ett ypperligt tillfälle att tänka igenom, tänka musiken och också ta ton. Eftersom man snabbt passerar förbi människor. [...] Men det är ett sätt att uppleva operamusiken, det är det absolut. Väldigt viktigt för mig.[101]

I samlandet ingår inte bara att samla på skivor, utan ofta även ett kalenderbiteri kring föreställningar som ges, att samla program och katalogisera vad man har sett. Mikael berättar:

> Jag är nog litet rädd för det också när jag tänker efter, fan du är egentligen inte riktigt klok, att du är fullständigt fixerad kring det här, att det är alldeles för mycket av tiden som upptas. Jag är litet kalenderbitare också, att hålla reda på vem som gör vad, när och vem som är anställd där, och jag prenumerar på operatidsskrifter och sitter och läser med en sån här markeringspenna olika föreställningar. Men samtidigt så tänker jag: fan, det är ju jättekul.

Örjan reagerar på detta genom att jämföra med andra andra människors intressen: »Men just när det gäller opera, då är det en massa frågetecken. Hockey får uppta hur stor tid som helst, och det är helt normalt. Men när det gäller opera, då är det konstigt.« Ingmar med sin kompis som kan alla laguppställningar i engelska fotbollslag tycker inte *det* verkar riktigt klokt, men han har upplevt det som mer legitimt bland folk. Örjan dundrar vidare: »Då ska man inte ge sig på den här punkten, utan prata med folk på det här viset och få dom att förstå att det är legitimt.«

Fredrik, som överlåter samlandet och kalenderbiteriet åt sin sambo Karl, menar att det är så mycket roligare när det handlar om sådant här än t ex kommunikationstabellen. Det är en kunskap som går att använda och relatera till, fortsätter han, och dessutom vara social med. Kenneth, som älskar att sitta och jämföra olika inspelningar med varandra, bryr sig inte så mycket om vad andra tycker: »En del säger att det är fult, men jag tycker det är roligt.«

Flera för också dagbok över vilka föreställningar de sett. Emil har sparat samtliga rollistor och programblad sedan första föreställningen 1972 och klistrat in dem i böcker, tidigare ofta med autografer. Nu är han inne på sin sjätte volym, och en av dem visade han under ett samtal. Även om han inte skriver något bredvid blir det som en liten dagbok, eftersom han ofta kom ihåg vad han gjorde där omkring, speciellt om han var på resa. Bill däremot för alltid dagbok enbart när han är utomlands. Han skriver utförligt om de medverkande, och ur sin bok kunde han läsa om en föreställning av *Ariadne på Naxos* vid ett slott i Rheinsberg.

### FRÅN LP TILL CD – VAR ALLT BÄTTRE FÖRR?

Förändringen av operaintresset, från att det var nyväckt genom den omtumlande perioden tills man kom ut ur garderoben, avspeglas också i hur man köper och förhåller sig till operaskivor. Dels har man inte samma känslomässiga frenesi, man kan ha gått in i en relation med en kanske ointresserad partner och ju större skivsamlingen är, desto mindre hinner man lyssna på varje enskild inspelning. Å andra sidan har man större ekonomiska möjligheter att köpa skivor än när man var yngre, men sättet att samla ser ofta annorlunda ut. Många har allt fler skivor som man kan lyssna till allt mindre. Flertalet har också upplevt övergången från LP till CD, som inträffade under 80–90-talen. En del har behållit sina LP och har CD parallellt, medan andra slängde ut/sålde sina LP-skivor och dito grammofon. Endast Charles håller fast enbart vid LP och kan därför inte köpa mycket nytt. Flera har beskrivit att de kommit in i ett »lugnare« beteende när de gått över till CD, kanske beroende på att CD-skivorna var dyrare. David berättar: »Jag köper inte så mycket skivor längre; jag köpte en massa skivor i början av mitt operaintresse, en massa LP-skivor. Nu har jag förnyat CD-katalogen med sånt som jag absolut tycker bäst om, men LP köpte jag litet hipp som happ för att se vad det var. Men det gör jag inte så ofta nu.«

Mest radikal i sin övergång var Ville, och det hörde också ihop med att hans intresse förändrats. Han hade stor glädje av sina operaskivor under årens lopp, inte minst tillsammans med en nära vän som nu är död – de hade partyn och sjöng duetter. »Det var hysteriska år, jag spelade jämt opera«, berättar Ville, »det var det första jag gjorde när jag kom hem från jobbet«. Hans sätt att köpa operainspelningar blev nästan tvångsmässigt: »oh, jag är ledsen, det regnar ute, det blåser ute – jag går in och köper en opera. Jag tröstköpte. En del tröstäter, jag tröstköpte opera.« Ändå var det inte utifrån ett habegär eller en samlarmani: »Det har jag aldrig haft, och aldrig förstått. En sak är en sak, och kan aldrig bli lycka«. Så kom en brytpunkt:

> Men helt plötsligt så upptäckte jag efter tio eller femton år att jag hade en samling. Och jag blev ju inte lyckligare för det. Det började tynga mig; det var väldigt intressant, jag var väldigt förvånad, jag sa det flera gånger till den närmsta bekantskapskretsen att det händer nåt – jag är förvånad. Jag har kvar min kärlek till operan, jag älskar operan, men beteendet är nåt annat, vad är det som händer här uppe? Jag var nyfiken: vart ska det ta vägen?

Det förändrade beteendet var helt enkelt att Ville inte spelade så mycket opera längre, det gick gradvis: »jag var lika glad varje gång jag hörde opera, men jag spelade inte«. Varför ha så mycket skivor som man inte spelar? Det blev en lång process som började med att han slängde ut grammofonen och erbjöd sina operavänner att ta vad de ville ha, efter att han plockat ut de guldkorn han ville behålla.

> Och så gick jag och köpte en CD[-spelare], och så köpte jag några CD-skivor och lovade mig själv att inte köpa lika många CD under årens lopp, för det började tynga mig. Men det slutade med att jag är mitt uppe i ett lugnare beteende – jag har mina CD:s, jag tittar då och då, gör mina små raider, botaniserar i skivaffärerna. Går jag förbi, så gör jag det för att jag tycker det är jätteroligt. Men nu köps det inte bara för köpandets skull, utan nu köps det för att jag vill ha det, men tack vare min period med vinylskivor så har jag bra koll, åtminstone på dom äldre inspelningarna.

Vad Ville gör nu när det blåser eller han är trött kunde han inte svara på, men »jag går inte ut och köper mig en opera i alla fall«. Hans historia är signifikativ för många av deltagarna, även om alla inte varit lika radikala som han. För många har också intresset i sig antagit mer »sansade« former, och det allmänna mediebytet i samhället från vinyl till CD är viktigt här. Denna övergång kom när många precis hade passerat sin känslomässiga zenit i intensiteten.

Ett annat skäl till att samlarivern tacklat av bottnar i en besvikelse över nya inspelningar. »De flesta skivor är ganska tråkiga«, säger Karl. »De är oerhört skickligt gjorda och habilt gjorda och välljudande men baah... Och så finns det en del, enstaka grejer som är fruktansvärt bra tycker jag, men det är fanimej inte mer än var tionde högst, som har nån sån där nerv eller stake.« Även det är kopplat till var man befinner sig i intresset, eftersom Karl tillstår att det var man själv som var annorlunda förr, snarare än att allt var bättre förr. Men han är knappast ensam om att föredra äldre inspelningar framför yngre, och nästan alla i projektet föredrar dessutom liveinspelningar framför studioinspelningar. Det teatrala uttrycket hämmas ofta vid moderna studioupptagningar, menar bl a Kenneth:

> Jag saknar det ibland på modernare inspelningar, för att det finns dom där gamla inspelningarna som är inspelade med Schymberg och Jussi Björling och man hör hur dom klampar omkring där på tiljorna och nån som tappar nånting, det rasslar till i bakgrunden. Då blir det närmare teatern, man förnimmer det här på nåt sätt. Moderna inspelningar är så superperfekta. Det är skönt att lyssna på det naturligtvis, men det behöver ju inte vara perfekt.

Emil håller med: »det gör ingenting om man missar en ton ibland, och om det inte blir så där våldsamt vackert på alla ställen, om det finns en känsla i det, om det kommer fram det här teatrala. Det finns ju hemskt mycket underbara liveinspelningar.« Många gläds över att äldre inspelningar allt mer kommer ut på CD i tvättat skick, som gör det lättare att uppfatta rösterna och orkesterspelet. Liveinspelningar föredras också för att man får höra vad en sångare går för under en viss föreställning. Utan manipulationer får man ta del av hur rösten bär över orkestern. Det behöver alltså inte vara enbart nya inspelningar som man kompletterar sitt diskotek med – i en aldrig sinande ström kommer också gamla inspelningar tillbaka i ny form, och de intresserar ofta mer än de helt nya.

### »PÅ TV ÄR OPERA I SIN SÄMSTA FORM«

Men det finns andra medier än CD-skivor, även om de drar till sig det ojämförligt största intresset. Något större engagemang för opera på video finns inte bland deltagarna, och en vanlig kommentar är att man ser videon en gång, men sedan aldrig mer. Det är inte som med CD-inspelningar, som man hör om gång efter gång. Några, däribland Sven och Per-Olov, säger t o m att de bandat av en massa operaföreställningar från utländska TV-kanaler som blivit stående otittade. Problemet är att det binder upp en med både ljud och bild. Per sammanfattar det så här: »Men det kräver ju tid – tid har man ju inte och måste man hem och skriva brev och putsa silvret, så kan man göra det och samtidigt lyssna på en skiva, men inte en video.« Någon gång kan man, när man har folk hemma, ta fram och titta på en snutt som är intressant för att man kommit in på ett särskilt samtalsämne, påpekar Ville och Tomas. Det behöver då inte vara en föreställning, utan kan lika gärna vara en dokumentär om t ex Callas. Video kan också vara ett komplement för att kunna se operor sceniskt som inte finns på repertoaren, vilket bl a Daniel påpekar. Niklas menar att det kan vara intressant att se en viss artist som man är nyfiken på även visuellt.

Vid avfilmade scenföreställningar bestämmer TV-regin vad man ska titta på, och skärmar av allt annat som händer på scenen. Detta i kombination med att ljudet inte brukar vara det bästa bidrar till att opera på TV upplevs som Hans uttrycker det, »i sin sämsta form«. Enkäten visar också att video inte kommer upp i tillnärmelsevis lika höga siffror som CD: snittsiffran blev att man hade 17 operor på video hemma (med storsamlaren oräknad blev snittet drygt 10; han hade 275 st). 12 deltagare hade inga videos alls.

Två nya medier har nu slagit igenom på marknaden: det ena kan sägas ersätta video och det andra kassettbanden. Det förstnämnda är DVD, som har betydligt skarpare bildkvalitet och bättre ljud som kan kopplas till ens stereo. Det andra är CD-brännaren, som gör att man kan skapa egna CD-skivor från olika typer av ljudkällor. Det gör dem mer lätthanterliga än t ex ett kassettband, eftersom man kan lägga in spår på samma sätt som på en kommersiell CD-skiva. Om dessa två nya medier har påverkat deltagarna i någon riktning är omöjligt att säga, eftersom de slog igenom efter att intervjuerna avslutats. En avog inställning finns nämligen även till kassettband, som anses krångligt och besvärligt. Inte många verkar spela in från radion eller från lånade CD-skivor, och flertalet äger enbart en begränsad mängd kassettinspelningar. Hur de ser på detta nu, när man via CD-brännaren kan kopiera en skiva till exakt samma ljudkvalitet, ligger utanför denna undersökning. Man kan bara konstatera att tekniken utvecklas med blixtens hastighet.

## Hur lyssnar man?

I det andra gruppsamtalet fick var och en ta med sig en favoritinspelning, som de spelade en bit ur för de andra deltagarna. Innan de spelade avsnittet fick de bara berätta vilket verk och avsnitt man valt, vilken inspelning/vem som sjöng och eventuellt berätta handlingen om det behövdes, för de andra. Först efter att musiken spelats fick man motivera sitt val, och till sist släppte jag in de övriga som fick kommentera det de hört. En komplett förteckning över samtligas inspelningsval finns i bilaga 2. Metoden visade sig effektiv för att snabbt komma in i hur deltagarna tänker när de lyssnar, vad som är viktigast för var och en, vad man lyssnar efter och hur man upplever det. I en del fall blev det också motivationer till ens operaintresse, då det var inspelningar som kom tidigt in i bilden och följt dem sedan dess. Många poängterade att det var svårt att välja enbart en inspelning, och motiveringarna gick över hela skalan från vad man kände för just i stunden när man skulle rycka med sig en skiva, till att ta en inspelning som betytt mycket för en under ens »karriär«.

Diskussionerna som följde rörde verken i sig och deras uppbyggnad, helhetstolkningar av verk, handlingen och huruvida den är viktig, vokala tolkningar av enskilda ställen eller roller, verk man sett på scen kontra enbart hört på skiva, hur man för sitt inre ser sin idealuppsättning när man lyssnar, hur en viss sångare kan hjälpa en att få upp ögonen för ett verk eller kompositör, liveupptagningar kontra studioinspelningar, inspelningar förr och nu och mycket annat. Men inte minst diskuterades artisternas personlighet i rösten, textförståelse, individuella nycker och tekniska briljans. Det uppkom så många individuella synsätt att de svårligen låter sig sammanfattas eller ens ställas upp mot varandra, men låt mig ändå göra ett försök.

### OPERAVERKEN I SIG

Alf påpekade under ett samtal att han kände sig ensam i att hellre vilja ägna sig åt att studera operorna än uttolkningarna av dem. Så ensam var han ändå inte, sett till samtliga deltagare. För många är det ett växlande mellan dessa två sysselsättningar, och flera diskussioner pendlade på ett intressant sätt mellan operorna i sig, interpretationen av dem som helhet och den vokala tolkningen/de individuella rösterna. Hur man kan fokusera sitt intresse på verket beskrev Nils när han motiverade sitt val av Brittens opera *The Turn of the Screw*:

> Och sen att det är en jättetuff opera, verkligen. Och rent musikaliskt, den är ju jätterolig att studera, när man har klaverutdrag – det är lättare då. Med när Britten arbetar sig igenom tonarterna fram och tillbaka, och hur han reserverar toner hit och dit och instrument, och så hur han använder instrumenten är kul. Så det är en bra opera att rota i, tycker jag. Att kika på.

Gustav är också intresserad av instrumentation, genom att han levt en tid tillsammans med en kompositör. Ett scen som han funnit intressant att studera musikdramatiskt är Agathes »Wie nahte mir der Schlummer« ur Webers *Friskytten:*

> Den är romantiskt vacker utan att bli sliskig på något sätt – för mig är den Biedermeiertiden i en ask. Jag tror nog att det också sammanhänger med orkestreringen. Han använder ganska mycket blåsinstrument, en massa träblåsare där som ger en klang som tilltalar mig. Den är kontrast till hennes litet spröda röst kanske. Och som ger en en massa associationer: trygg barndom, ombonad, rätt ofarligt. Men samtidigt så finns ju faran där.

Utifrån diskussionen »Prima la musica e poi le parole?«[102] finns en liten övervikt just för musiken, även om ingen uteslutande väljer bort texten eller dramat. »Det är inte dramat i sig jag har fastnat för, utan det är musiken«, säger t ex Daniel om sin *Don Giovanni*-inspelning, och tillägger »även om det är dramatiskt i sig, det som händer på scenen också. Det finns många andra intressanta rolltolkningar där, både Donna Anna och Donna Elvira är intressanta tycker jag.«[103]

Koestenbaum spinner vidare på idéerna om musiken som den kvinnliga principen och texten som den manliga i kapitlet »The Unspeakable Marriage of Words and Music«. Ur den synvinkeln skulle opera imitera en heterosexuell förening, fortsätter han, men det faktum att såväl librettist som kompositör vanligen är en man gör det svårt att se det så. Han ser en opera som frukten av en kärleksaffär mellan en poet och en tonsättare, där librettistens versrader egentligen inte är adresserade till publiken utan är ett privat brev till kompositören – en abstrakt romans mellan ord och musik.[104] Och även om flertalet i projektet anser musiken viktigare, så är föreningen mellan de två det allra viktigaste, och diskussionerna handlade ofta om hur kompositören genom sin musik förhåller sig till texten. Musiken kan dock anses intressant att studera separat, mer sällan texten. Hans menar att »musiken måste stå på egna ben«, inte minst när det gäller modern musik som han anser ofta brister i det avseendet.

David gjorde en liten utläggning om detta apropå Verdis *Macbeth*, när han tagit med sig ladyns första aria: »Första gången jag lyssnade igenom så tror jag inte jag hade librettot i handen heller, så jag visste inte riktigt vad hon sjöng om. Jag tyckte det var väldigt vackert. Sen blev jag nästan chockad när jag såg vad det var hon sjöng. Att jag hade tyckt att det var så vackert.« David fascinerades av diskrepansen mellan musik och text, en märklig kombination av grymhet och skönhet. Ett liknande ställe påtalade Anders om Bellinis *Beatrice di Tenda*, men där ansåg han inte att det höll:

> När hon då går i döden i slutet och kören sjunger och det är stort och det är mycket. Och plötsligt så drar hon igång en sån där riktig Bellini-koloratur, och hur kul är det att gå i döden? Hon har blivit oskyldigt anklagad för att varit med en man, mannen älskar henne men hon älskar sin riktiga man, så det är ju världens cirkus. Och hon har egentligen blivit sviken på alla linjer, och missförstådd och ingen tror på henne. Då är det väldigt osannolikt att hon ska jubla. Det är det enda parti jag inte riktigt köper i operan.

Att man sedan läser på kring verket för att kunna tolka det djupare, visar Tomas förberedelser inför att spela upp en annan grym dam, Nattens drottning i *Trollflöjten*. Han hittade i ett lexikon att denna drottning skulle vara ett porträtt av kejsarinnan Maria Theresia, som var motståndare till frimurarna under Mozarts tid. Vad gäller den historiska kontexten, så kan det också resa hinder för att öppna sig mot musiken. Lasse säger apropå Wagners verk: »Vad gäller musiken, så tycker jag också det är otroligt vackert. Jag har väl spärrar gentemot Wagner, just det här med judefrågan. Såna grejer har jag också burit med mig.«

### HANDLINGEN – SKA JAG LÄSA PÅ ELLER FABULERA FRITT?

Om man ska eller vill känna till handlingen väl finns det delade uppfattningar om bland deltagarna, ibland på gränsen till det polariserade. »Du återkommer hela tiden till innehållet, det gjorde du förra gången också, i motsats till mig«, sa Ville till Sven som gett en glasklar handlingsredogörelse för Korngolds *Das Wunder der Heliane*. Detta beror naturligtvis också på om man hör en aria från en recitalskiva, en ovanlig komplett opera eller om man ska se den på scenen. Per-Olov och Anders påpekar att det är svårt att helt få grepp om en opera förrän man har sett den sceniskt, medan andra ser skeendet för sitt inre när de följer med i texten. Även Anders hade med sig denna Korngold-opera till sitt gruppsamtal, men hade inte samma grepp om verkets symbolbemängda problematik som Sven: »hade jag sett den live, då hade jag kunnat förstå föreställningen. Men att läsa ett sånt här libretto handlingsmässigt, jag förstår inte riktigt ens på engelska här vad han vill få fram.« Ändå är Anders fascinerad av operan och lyssnar till den ofta. Det finns andra vägar för att ändå skaffa sig en djup upplevelse. Han fortsätter: »Handlingen har jag lämnat, för den är för knepig för att jag ska bry mig. Utan jag försöker känna nånting inom klangbilden och just hur dom sjunger.« Om slutscenen han just spelat säger han: »jag kanske känner nånting inom mig själv, en handling som jag bygger upp som räcker. Som jag sa så går dom in i döden tillsammans, och det räcker för mig. Om det är så här underbart att gå in i döden, då kanske man skulle prova på.« Här blev det för Anders trovärdigt och vackert att gå i döden, medan han värjde sig mot hur Bellinis tonspråk uttryckte denna situation ovan.

Än mindre viktig blir handlingen då det gäller en recitalskiva med olika arior som man mestadels valt för den speciella sångarens skull. Hans spelade en sådan skiva med sin favoritartist Montserrat Caballé. Inför den aria han valt – Elenas »Arrigo! Ah, parli a un core« ur akt IV av Verdis *Sicilianska aftonsången* – kunde han inte berätta vad den handlade om, och det hängde ihop med skälet till hans val av aria. Han hade istället fantiserat ihop en egen historia själv. Arian är mycket stillsam och inåtvänd, och Hans njuter av den speciella kvaliteten och klangfärgen i Caballés röst och det sätt hon leker med sitt eget instrument mot slutet av stycket. Den historia han har diktat upp, med ledning av de italienska ord han uppfattat i början, »Arrigo, du talar till ett hjärta«, är att hon har ställt en fråga till honom och förväntar sig ett svar. Nu vill hon att han ska tala om det för henne, men väldigt mjukt – kanske att han inte älskar henne:

> Jag tycker det är ett legitimt sätt att ha vissa såna här stycken. Som man så att säga dramatiserar litet själv. Jag har gjort så här med några andra stycken och sen tagit reda på vad dom handlar om, och många gånger är man ju inte helt fel ute. Musiken ger så mycket ledtrådar i sig. Ibland kan man trampa totalt fel, och då förstörs litet den här upplevelsen när man får reda på att det dramatiska sammanhanget var nånting helt annat.

Hans hade funderat vidare sedan sitt första samtal, då många uttryckt vikten av att se opera som en helhet och sammansmältning av olika element: »att se det som ett dramatiskt verk och uppleva det på scenen, det ger otroligt mycket också. Men all operamusik behöver man inte behandla på det sättet.« Hans försvarar den renodlat musikaliska principen genom att musiken då bildar underlag för ett fritt fantiserande och skapande av en egen »text«. När jag efteråt erbjöd mig att berätta vad arian »egentligen« handlar om, avböjde han mycket bestämt – han ville inte få sin egen historia och upplevelse förstörd. Motsatt reaktion hade Ville som spelade ett favoritställe ur Bellinis *Puritanerna* där han inte hade en aning om handlingen. Han ville gärna att jag skulle berätta handlingen efteråt, och utbrast glatt: »Vad kul att få kött på benen vad det handlar om, eller vad dom bråkar om, som jag brukar säga.«

Att detta sporadiska hum om handlingen skapar ett friare tolkningsrum och ett slags queer space för att göra musiken till sin, tycks i flera fall uppenbart. På det sättet kan man via musiken komma djupare in i ens egna känslor, relatera och positionera sig själv till det man hör. Att fantisera ihop egna berättelser eller tolkningar är inte ovanligt i gaysammanhang. Peter Tai Christensen beskriver i sin uppsats om schlagerbögar hur han börjar fantisera vad en portugisisk schlagertext kan handla om. Även han tar fasta på några enstaka ord: »jag vet ju att det är något med att ta farväl«, och hans historia är inte så olik Hans ovan: »Jag föreställer mig att jag är Celia och att jag på något sätt har varit involverad i en kärleksaffär som nu tagit slut.«[105] Det kan kallas queerläsning att fabulera ihop eller skaffa sig en alternativ tolkning, och det är också viktigt hur man som lyssnare positionerar sig – primadonnan blir ett subjekt istället för ett objekt genom sättet man lever sig in.

## HELHETSTOLKNING AV VERKEN

Även när det gäller helhetstolkningen av verken finns inslag av egna, friare tolkningsrum. Man behöver inte dra Brittens *Billy Budd* många varv extra för att se att den handlar om mäns dyrkan av manlig skönhet, homofobi och repressalier i en förtryckande atmosfär. Ändå menar Karl att »den är jättesvår att iscensätta tycker jag. Jag har aldrig sett den som jag tycker att den är i mitt inre«. Att se operorna »sceniskt« inom sig när man lyssnar är inte ovanligt. Gustav säger: »när jag lyssnar på grammofon, så ser jag nog. Jag visualiserar nästan alltid, för mig själv. Och där t ex ljus är viktigt – färgklang och sånt.«

För Fredrik tycks snarare skivinspelningarna vara mer frustrerande än uppsättningarna, åtminstone för en opera som *Così fan tutte*: »Jag har sett *Così* så många gånger på scen och egentligen uppskattar jag den otroligt

Foto: L Leslie-Spinks

*Rachel Yakar som Fiordiligi och Gösta Winbergh som Ferrando i Mozarts Così fan tutte, Drottningholmsteatern 1984.*

mycket mer på scen än på skiva. Och jag tror att jag har letat efter tio 'Fra gli amplessi' hemma och inte hittat min.« Han åsyftar den duett där Ferrando kommer in och bryter ned Fiordiligis motstånd – desperat går Ferrando från spel till allvar, när han besvär Fiordiligi att älska honom. Fredrik påpekar inför inspelningen att om han fått göra detta själv, så skulle han utföra det annorlunda. På scenen hamnar denna scen tydligen oftare nära hans egen bild än när han bara hör rösten och musiken. Hans val av inspelning föll därför på det som han hade närmast minne av på scenen, Östmans Drottningholms-uppsättning.[106]

Men Fredriks berättelse visar även att det inte bara handlar om att via musiken placera in sig i situationerna, kanske via en lätt omtolkning av förloppet, utan också att utövarna nästan samtalar med en: »det jag just nu uppskattar mest är nån slags rörlighet i tempot och en deltagande orkester. Och det tycker jag Östman har, och Gardiner har det också i sina Mozartinspelningar på ett väldigt krispigt, häftigt sätt. Det är liksom en ny samtalspartner tycker jag«. Orkestern och den underliggande musiken för alltså inte enbart en dialog med sångarna, utan säger också någonting till åhöraren. Det brukar vara Mozarts kännemärke att även ha en riktning ut mot publiken, i det att hans musik kommenterar skeendet på scenen. Man nästan anar ytterligare en kommenterande rollperson bakom musiken – Mozart själv, i all sin gäckande gåtfullhet. En tidstrogen dirigent som Östman kan på det sättet lyfta fram nya infallsvinklar på förloppet, som legat fördolda tidigare. Vissa verk sägs ha sådana kvaliteter att man kan leta vidare i deras verk ett helt liv och ändå aldrig bli färdig. Mozart och Wagner är de kompositörer som framhålls mest av deltagarna ur denna synvinkel. Fredrik och Karl framhåller oberoende av varandra dessa två. Karl motiverar det med, apropå *Don Giovanni*, att »det går aldrig att göra nån definitiv Mozartuppsättning, och det går aldrig att göra nån definitiv Wagneruppsättning. Det är hur mångtydigt som helst tycker jag. Det är det som är spännande.« Kanske är dessa kompositörer attraktiva för deltagarna just för att tidlösheten och de många bottnarna ger töjmån för egna tolkningar.

Men det är inte alla som har så mycket till övers för Mozart. Mikael, som är en sann wagnerian, visade föga förståelse för Fredriks utläggningar om vad man kan hitta i Mozarts verk. Örjan, som har en fot i wagner- och den andra i bel canto-lägret, funderar över om det har med uttolkningarna att göra varför han så sällan fångas av Mozart:

> Ofta tycker jag Mozart görs och har gjorts så väldigt tråkigt, och då kan det inte fånga mig faktiskt. Då ska det till mycket. Jag har sett en bra Mozart-föreställning på Operan, jag har sett några stycken, och då var det en *Don Giovanni* med nån italiensk dirigent. Då rasslade det i diket och det blev fart på det hela. Han tände sångarna, och då hände det nånting. Men annars är det bara… nej. Det kan vara vackert och så där, men det är ingenting som tar tag i mig. Jag vill bli påverkad på nåt vis.

Hur verken tolkas som helhet bygger, i än högre grad på skiva än på scen, på dirigentens insats. Men för dirigenter har man inte visat tillnärmelsevis samma intresse som för sångare, vilket avspeglades redan i enkäten.

Några intresserar sig för det, och precis som de tidstrogna tolkningarna gav Fredrik nya insikter i Mozartverken ovan, så fick Alf några tankeställare inför vissa äldre inspelningar. Han hade länge varit fascinerad av *Valkyrian*, då han lyssnade på Bruno Walters upptagning av första akten från 1936. Walters personliga, helgjutna tolkning fick honom att häpna över det introverta sätt som Siegmund och Sieglinde börjar borra i det förgångna och hur pusselbit för pusselbit faller på plats:

> Den gav mig en insikt om att man kan göra den litet annorlunda än vad det blir på en normal scen. Och att också, som ni också är fascinerade av inspelningar och säger att det aldrig blir så på scenen, så ger det ju andra möjligheter. Och så får man tänka på vad Wagner själv har tänkt sig när han byggde teatern med tak över orkesterdiket, så att det verkligen går att sjunga riktigt naturalistiskt och viska fram saker. Och det kunde man då inte tekniskt realisera någon annanstans än i Bayreuth.

Att lyssna på enskilda ställen ur operor kan bjuda emot för en del, även om man känner till dem väl. Det gäller framför allt delar av just Wagners verk: »när dom riktigt riktigt gör sin verkan, det är när dom kommer i sitt sammanhang«, säger Karl. Exempel på sådana scener är Brünnhildes slutscen i *Ragnarök* och Isoldes kärleksdöd. Görs de i ett sceniskt sammanhang med hela operan, kan såväl artisten som publiken under flera timmar bygga upp den känsla som sedan får sitt utlopp under de sista 20 minuterna, menar Niklas. Fredrik vägar att höra på t ex kärleksdöden utanför sitt sammanhang och stänger alltid av så fort den kommer på radio – »Jag vill ha suttit där i fem timmar först«. Detta förvånade Mikael, som menade att har man sammanhanget klart så kan man koppla på det när som helst.

Överlag råder en kluven inställning till att se en föreställning live kontra höra den på skiva. Å ena sidan anses inspelningar mycket bättre kvalitetsmässigt, och man blir ofta besviken när man får se det på scenen. Å andra sidan kan ett operabesök ge en större upplevelse, eftersom man tar till sig en komplett, levande föreställning tillsammans med en publik i interaktion.

## SÅNGEN – KÄNSLA ELLER TEKNISK PERFEKTION?

Det som diskuterats mest under samtalen efter att inspelningarna spelats upp, är de vokala insatserna och sångarnas personligheter i timbre och uttryck. Eller snarare sångerskornas, eftersom det mestadels var fråga om det. En personlig klang, en insikt om musikens och textens innehåll från artistens sida samt en förmåga att gestalta och förmedla det på ett individuellt sätt – det är sammanfattningsvis det man söker. För att visa det räcker egentligen några korta citat:

> Jag har valt inspelningen mest för sångerskans skull, en litet speciell röst. Som med Callas, en karaktär i rösten. (Jörgen om Ljuba Welitsch som Lisa i *Spader dam*)

> Caballé är ju en mästare på att förmedla just den känslan [kämpande och svek] med sin röst och inlevelse. Och det kan man faktiskt höra på det här lilla korta avsnittet också (Rolfs kommentar till Olles favoritinspelning *Aida*, där de hörde de sista 3½ minuterna av nilakten)

> Hon har en röst, den är så karakteristisk på något sätt. Den är så personlig, det tycker jag om. Och hon har gjort att jag har börjat intressera mig litet mer för fransk opera. (Fleming om Régine Crespin)

> Det är den yppersta formen av musikalitet, när man hör det... Han är inte den störste sångaren på nåt sätt, men han gör det på ett sånt sätt så jag faller direkt. (Nils om Peter Pears i *The Turn of the Screw*)

Det tekniska ska ha kommit över en sådan nivå att man inte ska behöva oroa sig för det; sångaren måste ha full kontroll över sin röst och sina uttrycksmedel. Därför blir det tekniska sekundärt, annat än om man vill uppnå en viss effekt. Emil beskriver hur han finner detta förenat med råge i Kirsten Flagstads Isolde-inspelning från 1935:

> Och hon behärskar ju det tekniska så till den milda grad, att man blir lycklig av att bara höra att man kan sjunga på det sättet. Sen kan man väl kanske undra hur djuplodande damerna var i sina interpretationer av det ena och det tredje, men det spelar ju absolut ingen roll. Hon har ju ändå en väldigt stor kunskap om vad det är hon sjunger. Och just den här märkliga förmågan att man behöver bara höra en bråkdel av en ton – och det är hon. Det kan omöjligen vara nån annan. Det totalt personliga. Och ändå är det helt underordnat Wagners noteringar; det är ju inte nåt fritt fabulerande, som ju kanske gör andra sångare personliga.

Lauritz Melchior, som sjunger Tristan på samma inspelning, imponerar också på Emil »med en egen röst som var som gjord för det här, totalt besvärsfritt«. Men han saknar ändå absolut något som Flagstad har, »med uttrycket, med insikten om vad han håller på med«. En avsaknad av uttryck och en oförmåga att gestalta text och dramatisk situation retar många.

Ofta finner man det på nya inspelningar eller recitals. Gustav, som är absolut ointresserad av sångares namn och data, dundrar:

> Det förefaller som en del sångare helt enkelt hittar musik som råkar komma från en opera. Och sen så sitter man och tittar på noterna, och så försöker man låta så vackert som möjligt. Och så finns det text i och för sig, men den sjunger man inte ens så man hör, därför att man har så dåligt uttal och så där. Utan det handlar mer om att rösten ska synas, och användas som ett musikaliskt instrument och det stör mig oerhört.

Fleming håller med honom och nämner som exempel att *Tosca* ibland kan bli för vacker, när det ska vara upprört: »Jag har hört någon inspelning med Kiri Te Kanawa, och jag tycker det blir för mjukt och bomull, och jag tycker inte att det *är* [= ska vara] det just där, exempelvis«. Callas blev gärna en måttstock för det totala uttrycket under flera samtal. Fleming fortsätter:

> Därför är jag fascinerad av Callas också ibland, för jag tycker ibland att hon sjunger förskräckligt fult, men det är ändå så pass dramatiskt i det hela, det är nån som tolkat det så. Hon lägger ändå så mycket i vad hon säger, i varje ord. Jag har någon aria, något utdrag med Callas, det är från *Attila* av Verdi, jag kommer inte ihåg vad arian heter, där hon sjunger »Jag har gått från by till by«. Och man hör den svepande musiken, och man hör henne verkligen, hon har gått, hon är trött. Jag tycker det är oerhört fascinerande hur hon har lyckats... bara du hör det på skiva, du ser det inte. Men du vet vad hon sjunger om. Och jag tycker inte alls den operan är bra, men så är det precis... i 20 sekunder är det så här, det är spännande.[107]

Det finns dock en motsatt uppfattning om man *alltid* ska lyssna efter uttrycket. Hans, som njutit av Caballés smeksamt vokala lek i *Sicilianska aftonsången*, menar att man ibland också bara kan njuta av själva klangen och kvaliteten i en viss röst – att se den som ett instrument. Men det är egentligen bara Hans som så kan frikoppla röstklangen från det övriga. Även om Fleming t ex framhåller Birgit Nilssons friska, rena och stora stämma i Webers Oceanaria ur *Oberon*, så är det inte enbart den, utan vad rösten åstadkommer i uttryck och effekt:

> Det är en fräsch vindpust som bara kommer. Början, när man bara hör hur hon kommer, det tycker jag är en oerhörd upplevelse. Det är sån luft, det är sån vitalitet i den. Men också med hennes stora röst, att gå från det lilla ut till det

stora. Man känner att det tar aldrig slut, det är fascinerande. Vackert men dramatiskt. Och kontrollerat. Jag har hört den med andra också, men det kommer inte i närheten.

Att det mer detaljerade innehållet i texten inte är viktigt för alla har redan visats, då man kan göra arian till sin och flyta omkring i egna känslorummet. Men uttrycket i rösten måste finnas där, även om det inte har den omedelbara kopplingen till texten alla gånger. Även för Carl-Magnus, som är mer på Hans vokala linje om röstklangen och dessutom medger att

jag är en mer teknisk lyssnare. För mig är det sceniska inte så intressant alla gånger. Men just själva sången framför allt, och musiken i kombination. Och ju mer tekniskt bra och känslomässigt, det kan ju inte vara tekniskt kallt, det är inte så intressant, men här finns det också en känsla med i det här på nåt sätt.

Carl-Magnus kommenterar här den inspelning han valt, som han krasst sett tog enbart för en enda ton. Vid en liveföreställning av Verdis *Don Carlos* höll Caballé ut sitt höga h vid operans slut genom efterspelets tio takter ända fram till orkesterns sista ton, tvärsemot vad det står i noterna. Det kan tyckas vara ett tekniskt lyssnande och ett sug efter ekvilibristik, men det är ändå effekten man får som åhörare som diskuterades i samtalet. När jag frågade Carl-Magnus vilken effekt det får på honom när han hör en sådan hög ton, skämtade han: »Nej, faktiskt inte den, jag anade väl vad ni tänkte på«. Det handlar snarare om att man vill bli överraskad. En artist kan vid ett liveframförande i stundens hetta göra något annat än det man förväntar sig. Den starka närvarokänsla som finns på liveinspelningar och s k piratupptagningar har också med *den* publikens närvaro att göra. Det kan jämföras med direktsändningar kontra förinspelade inslag i TV eller radio – känslan av att vad som helst kan hända ligger alltid på lur. Det är ytterligare ett skäl till att många föredrar liveupptagningar.

Att sångare har sina individuella nycker fann alla i Carl-Magnus grupp enbart positivt: »man kan säga att det är 1800-talsmanér och sånt där, men jag tycker det är charmigt. Det är det oförutsägbara, som är en del av charmen med livet«, säger Ivar, varpå Carl-Magnus konkluderar: »Det är på något sätt opera – det är fullständigt oväntat«. Andra sådana berömda ställen som framhålls är Maria Callas trestrukna E i slutet av *Aidas* triumfscen i Mexico och Joan Sutherlands staccaterade pärlband av tio höga D i *Traviata* på Metropolitan.[108] Men det handlar fortfarande inte om briljans för briljansens skull, utan om ett artisteri och uttryck bakom. Och då kan även koloratur och ett glatt kvittrande vara något att spegla sig i och relatera sig till när man lyssnar. Men sångerskans inställning är viktig här enligt t ex Bill:

> Ja, jag tycker om koloratur, men det är ju meningslöst att ha det om det inte fyller nån funktion. Jag hävdar bestämt att det fyller en funktion. Och det måste sångerskan ha förstått, och dirigenten. Annars så är det ingen mening med att framföra det verket, tycker jag. Men *är* det det, då är det jättehärligt, tycker jag. Då kanske – för jag är mycket så kvittrig och glad och bubblig, fnissar, tycker jättemycket om att vara glad och skrattar jämt och allting sånt här. Och det kommer upp härliga saker hela tiden.

Andra individuella och oväntade tolkningar som kan uppstå vid liveupptagningar har mer med det direkt textliga uttrycket och rolltolkningen att göra. Ivar kallar Elena Souliotis »rysningarnas mästarinna«, och framhåller att hon aldrig höll sig till partituret, utan gjorde precis vad som föll henne in på det mest sagolika sätt på vissa liveupptagningar. »Hon sjunger faktiskt ibland ganska fult – men i det hela så ger det en ganska mycket«, är Flemings kommentar till den kontroversiella sångerskan.

En oväntad avvikelse från partituret kan också vara att plötsligt byta medium, att övergå från sång till tal på vissa utsatta nyckelrepliker. Ett sådant berömt ställe är Maria Stuardas kränkning av Elisabetta i Donizettis opera, »Figlia impura di Bolena«, vilket vänder hela dramat. Hans framhåller Leyla Gencers sätt att istället deklamera denna replik som egentligen ska sjungas: »hon säger det på ett sånt sätt att jag ryser«. Ett liknande förfarande har Callas i repliken »Giudici! Ad Anna!« i Donizettis *Anna Bolena*. Callas sätt att tala denna replik hade en extra effekt under en föreställning då hon till en början buades ut. Hon lyckades vända publiken genom att rikta dessa ord mot auditoriet.[109] Här får åter närvarokänslan från en liveföreställning en viktig funktion, där publikens reaktioner blir en interaktion med själva utförandet. Lyssnaren kan i sin tur göras delaktig av denna interaktion. »Jag tänker alltid – tänk om man vore där ändå. Om man hade varit där och suttit och dreglat av lycka«, sa Sven efter att ha hört en bit ur Callas *Traviata* i Lissabon. Det finns alltså förklaringar till den piratskivejakt, som ibland häcklas och ses som kalenderbiteri. Ofta är det en form av exklusiva operahändelser där man blir delaktig.[110]

Foto: Luiz Mende

*Maria Callas som Violetta och Mario Sereni som Germont i Verdis La Traviata, Lissabon 1958.*

Ytterligare ett skäl till att se till datum och årtal för inspelningen har att göra med var artisten befinner sig under sin karriär. Elisabeth Söderström lär ha sagt att sångare borde märkas med »bäst före«-datum, men det beror också på om man vill höra en ung oerfaren artist eller en mer mogen (om än inte övermogen) dito. Det kan bidra till intressanta jämförelser. Emil, som beskrivit Flagstads Isolde-upptagning ovan, har två inspelningar med henne att jämföra, en från 1935 och en från 50-talet. På den tidigare låter det enligt Emil »så ungt, så fräscht, det är en Isolde fortfarande som man tror om allt det här«. På den senare har hon tappat en del av det – där är hon istället en mogen kvinna med andra färger på sin palett. Inspelningsåret har alltså relevans för tolkningen och rolluppfattningen.

Men det kan vara svårt att helt bilda sig en uppfattning om en artist som man aldrig har upplevt på scenen. Karl framhåller att för de artister han sett »har man nånting man kan fylla på med, som kan vara väldigt svårt att uppfatta om man inte har den upplevelsen med sig«.

En artist kan också väcka intresset för ett visst verk eller en kompositör. Ovan berättade Fleming hur Régine Crespins personlighet öppnade hans öron för den franska operarepertoaren, bl a Massenet. Per-Olov har å sin sida fångslats av Waltraud Meier. Som favoritinspelning spelade han henne som Ortrud i duetten med Elsa ur *Lohengrin*. Det var viktigt att det var just denna inspelning, eftersom Meier lett in honom in på verket och rollen. Han medger att första gången han hörde partiet med andra sångare, »så gick det ganska spårlöst förbi«. Per var med i det samtalet och är förtjust i samma scen. Han har samma erfarenhet men med andra sångare. Vändpunkten för Per kom när han hörde duetten med Elisabeth Schwarzkopf, som sjöng Elsa »magiskt«, och Christa Ludwig:

> Då är ju helt plötsligt den här duetten bra, och då krävdes det att jag lyssnade på det med dom. Men nu kan jag lyssna på andra och jämföra och har fått upp ögonen för det. Det krävs att nån väcker liv i det. Att det är dom som introducerar en till verket – för då blir det plötsligt charmigt. Är det nån artist man inte tycker om då har man inte upptäckt det, då har det passerat en.

Per-Olov fortsatte för sin del att botanisera bland Waltraud Meiers inspelningar: »Jag har köpt hennes *Simson och Delila*, som jag inte hade köpt annars. Som jag tycker bitvis i alla fall är en fin opera i sig, som jag lyssnar på av och till.«

## Tolkningar utanför garderoben

Varför fortsätter operaintresset utanför garderoben? Vad behöver man operaintresset till och vad kan det ge under resten av ens liv? Detta har besvarats tidigare, men frågan är också om man tolkar och upplever på ett sätt som är relevant för ens homosexuella läggning även när man är öppen med den. Även då kan man behöva konst och upplevelser där man känner sig bekräftad och som uttrycker något som man kan känna igen sig i. Det kan visserligen gälla på ett mer allmänt plan, för allt kretsar inte kring ens sexuella läggning. Men även för den behöver man tankestoff och bränsle, inte bara för att se i backspegeln som i kapitel 5, utan för sitt liv här och nu. Fortfarande kan man tvingas se hur alla låtsas som det regnar när det kommer upp en diskussion om homosexualitet på ens arbetsplats, eller man kan förälska sig i en man som inte vågar bejaka sin läggning. Men det är sannerligen inte många operor som uttrycker några direkta frågeställningar kring homosexualitet. Undantagen är några 1900-talsverk, där man kan tala om »öppnare homosex-tolkningar«. Motsatsen har jag kallat »dolda homosex-tolkningar«, där deltagarna har dragit paralleller, kodat om eller sett underliggande homoerotiska relationer. Men först några exempel där opera ger insikter om kärleken och dess villkor, eller om livet i största allmänhet.

## ALLMÄNMÄNSKLIGA TOLKNINGAR OCH OM GRÅT

Så här förklarar Karl sin aldrig sinande fascination för Mozarts *Don Giovanni*:

> Jag tycker *Don Giovanni* handlar om livet som slinker ur greppet hela tiden. Varenda situation, precis som Don Juan, hans kvinnor och vad han nu har för sig, så kommer han inte riktigt ända fram, och ingen kommer riktigt ända fram och musiken kommer inte riktigt ända fram. Det är ett slags livets bedrägeri hela tiden ända från början till slutet tycker jag. Allting är sånt. Allt viker undan, slinker undan, slinker ur greppet i sista stund. Undflyende, ja det går inte att få kontroll på något sätt. Och det är det som är så oroande med den operan. För livet är ju sånt också, och ändå tycker jag att det är något som man som människa håller på att sträva hela tiden efter att få kontroll och ha koll på läget, och så går inte det. På jobbet är det så och... *Don Giovanni* tycker jag speglar livet på det sättet.

Vissa operor blir man aldrig färdig med, man kan gräva i dem och hitta nya aspekter hela tiden. Aspekter att relatera till och gå vidare med – man utvecklas ju som människa och hittar alltid något nytt eller något relevant för ens livssituation just då.

Emil framhåller *Tristan och Isolde* som en sådan opera. Den är så otroligt komplex och han »blir aldrig riktigt klok på den«, när han fortfarande hittar saker i texten som ändå sitter i huvudet på honom: »sen får man ändå aha-upplevelser 25 år efter att jag hört den första gången«. Replikerna går ofta att tyda på flera sätt, t ex i scenen på skeppet där kärleksparet relaterar saker som hänt tidigare till situationen på scenen. »Och det är väl kanske också att man förändras som människa under 25 års tid, förhoppningsvis«, fortsätter Emil. Det han känner igen hos sig själv rör kärlekens villkor och omöjlig kärlek. Den närmast omänskligt starka kärleken i detta verk, som vi till mans sällan får uppleva, förklarar han med att »det är väl ofta så med känslor i opera, att det kommer upp till något mycket starkare... man får ett extrakt av det. Och *Tristan och Isolde* är väl då verkligen urtypen för kärleken i operan.«

Något liknande har gripit Sven i Korngolds *Das Wunder der Heliane*, när Heliane i »den mest erotiska aria jag har hört i mitt liv« berättar om sitt enda tillfälle i livet när hon upplevde kärlek. Hon vet ändå att hon är dömd till döden, därför har hon kastat alla hämningar och vill berätta för domaren vad hon verkligen upplevde i cellen tillsammans med främlingen. Även här är det alltså kärlek och erotik upphöjt till två, eller ett extrakt om man så vill.

Om de mer allmänt känslomässiga upplevelserna så har vi ibland under samtalen talat om huruvida man gråter på Operan. Apropå slutarian ur *Madame Butterfly* som spelades vid ett samtal, så frågade jag om det är något som går över med åren, att man lever sig in starkare och gråter när man är yngre. »Hoppas det«, svarade Per-Olov och menade att för honom var det helt klart så. Han har dessutom i likhet med flera i projektet tröttnat på Puccini, där han inte längre finner något att gå vidare med. Robert, som hade valt arian, uttryckte tvärtemot att han lever sig in och gråter mer nu när han blivit äldre – »det blir bara värre och värre«. Medan Lasse, som hade starka funderingar på att ta med samma aria, tycker det är skönt att även i dagsläget få en ventil.

Ändå sitter det tydligen djupt för en del i vår nordiska kultur att man måste behärska sig. Ville beskrev något som förvånade mig: han satt på en *Traviata*-föreställning på Stockholmsoperan och i dödscenen sjöng Britt Marie Aruhn så vackert att han var tvungen att »hyfsa till« sig för att inte börja gråta. »Jag är man, och män gråter inte. Inte i offentliga sammanhang«, gav han som förklaring. Varpå Sven tillade, kanske ännu mer förvånande: »Framför allt inte gay män«. Den kvinnliga sidan (om det nu skulle anses mer kvinnligt att gråta) bejakas tydligen inte av bögar i alla sammanhang. Den av Lasse så efterlängtade ventilen på tryckkokaren kan sitta mycket hårt åtskruvad för flera, även efter utträdet ur garderoben.

Däremot kan den kanske öppnas en smula innanför hemmets slutna väggar när man tar del av opera på CD eller video i sin ensamhet.

### DOLDA HOMOSEXUELLA TOLKNINGAR: TRISTAN OCH ISOLDE

En gång när det brast för Carl-Magnus, var när operamusiken kom i en homosexuell kontext. I filmen *Philadelphia* (Brödrakärlek) ska en aidssjuk man, spelad av Tom Hanks, förklara sitt beteende och sin syn på kärlek för sin advokat. Han gör det genom att spela Giordanos aria »La mamma morta« ur *Andrea Chénier* med Maria Callas. »Och så kommer den här, tycker jag filmens starkaste, egentligen enda bra scen, med den där [arian]«, säger Carl-Magnus. »Och det var liksom så att det rann. Hårdhudad som jag är. För den var helt fantastisk. För mig har den helt ändrat innebörd efter.«

Den för Carl-Magnus så välkända operamusiken användes i ett radikalt annorlunda, men för honom igenkännbart, sammanhang. Resultatet blev att musiken och situationen träffade honom i hans innersta. Men så många operor där homosexuella känslor är synliggjorda finns inte. I avsnittet »Hur lyssnar man« beskrevs hur man kan relatera sig till den musik man hör och hur man mer allmänt kan fabulera och tolka fritt. Men för mera specificerade läsningar relaterade till texten och handlingen får man antingen koda om, dvs se sig själv i hjältinnans roll, hitta dolda homoerotiska mönster, eller i ett fåtal fall se mer öppna homosexuella relationer.

*Tristan och Isolde* har inte enbart gripit deltagarna som urtypen för omöjlig kärlek. Flera har också kunnat se homoerotiska eller bisexuella relationer mellan personerna. Det gäller Tristans förhållande till tre av de övriga männen i rollistan: Melot, kung Marke och Kurwenal. Här finns laddningar som dallrar på gränsen mellan nära förtrogenhet och erotisk dragning. Emil gjorde under sitt djupborrande i Wagners mångtydiga text upptäckten att Melot utgör ena hörnet på ett något oväntat triangeldrama. Enligt förhistorien är Tristan och Melot nära vänner, och Tristan har dödat Isoldes gemål i envig, men fått ett oläkligt sår. Förklädd till Tantris kommer han till Isolde, som är den enda som kan bota honom. Då upptäcker hon plötsligt att mannen framför henne är identisk med hennes makes mördare. Ändå läker hon hans sår – förmodligen för att hon börjat känna mer ömma känslor för honom – och låter honom återvända hem. I första akten, som utspelas långt senare, har Isolde tvingats ombord på skeppet av Tristan för att gifta sig med hans farbror kung Marke. I dialogen mellan Tristan och Isolde svarar hon på varför hon inte slog ihjäl Tristan efter sin upptäckt:

| | |
|---|---|
| Ich pflag des Wunden, | Jag vårdade den skadade |
| dass den Heilgesunden | så att han, återförd till hälsan |
| rächend schlüge der Mann, | skulle slås ned i hämnd av den |
| der Isolden ihm abgewann. | som Isolde tillvann sig från honom.[111] |

Det ligger något av efterhandskonstruktion över hennes replik, eftersom hon döljer att det verkliga skälet till att skona Tristan var att hon förälskat sig i honom. Men hon har uppenbarligen någon känsla av att hon dragit till sig »Tantris« intresse från hans nära »vän« Melot. Och mycket riktigt kommer också hämnden hon talar om i slutet av akt två. Men då har Isolde, rusig av kärlek, glömt att Melot känner svartsjuka. Tidigare i den akten avfärdar hon sin tjänarinnas varningar mot Melot, som hon kallar Tristans trognaste vän, med »när min trogne måste undvika mig, då vistas han endast hos Melot«.[112]

Men den roll där det bi- eller homosexuella kan märkas ännu tydligare sceniskt gäller kung Marke. Uppenbarligen börjar man numera också att göra sådana relationer tydliga på scenen. Efter att intervjuerna avslutats gjorde Jörgen mig uppmärksam på en uppsättning han sett på Deutsche Staatsoper i Berlin, signerad Harry Kupfer. Han hade särskilt gripits av kung Markes klagan i andra akten, där sveket blottats och Marke i Kwangchul Youns gestaltning förtvivlat omfamnat och lutat sig över Tristan. Han är besviken över att se sin kärlek sviken inte från Isoldes sida, utan från Tristans. I en intervju i programbladet gav Kupfer sin syn på de olika relationerna i operan på ett för Jörgen intressant och rimligt sätt.[113] Kupfer talar där om att Marke tagit till sig Tristan nästan som en son eller en älskare, och att han i slutet av operan är lycklig med förklaringen att kärleksdrycken var skuld till alltihop. Han tar då farväl av den döde Tristan som en älskande, inte som en farbror till en förolyckad brorson. Kupfer menar att Wagner var en klok dramatiker, som beslöjade dessa relationer i dubbeltydigheter och antydde dem på ett sätt som var acceptabelt för den tidens publik. Idag kan vi lättare avläsa dem.

Att Wagner mer än en gång haft erfarenhet av att befinna sig i Tristans situation, dvs vara föremål för en mans erotiska intresse, är numera belagt och det tycks inte som han skulle haft något emot det.[114] Hela 1800-talet vimlar f ö av homosexuella manliga relationer under en heterosocial täck-

*Lars Cleveman som Tristan och Stig Tysklind som Kurwenal i Wagners Tristan och Isolde, Karlstad 2000.*

mantel, där den ene parten till sist gift sig med en kvinna.[115] Melot och Marke blir snarast bestörta inför upptäckten att Tristan och Isoldes kärleksaffär är så äkta och fullgången från Tristans sida, något säkert många män kunde uppleva då.

Slutligen är Kurwenal den gestalt som slipper uppleva att Tristan rycks ifrån honom annat än med döden, och då följer han efter. Den långa scen i tredje akten där Kurwenal vårdar och tröstar sin vän går att tolka som att han med sin oerhörda ömhet befinner sig på gränsen till ett fysiskt närmande. Hans sätt att leva med Tristan i varje ögonblick kan – åtminstone för en homosexuell man – lätt tolkas som att Kurwenal är djupt förälskad i Tristan. Som Stig Tysklind och Lars Cleveman gestaltade scenen vid Musikteatern i Värmland 2000, lämnade det sådana öppningar.

## BYXROLLER OCH DET ANDROGYNA

Operans byxroller möjliggör ytterligare avläsningar av relationer än de strikt heterosexuella. Den tvetydiga könstillhörighet och det utsuddande av gränser mellan socialt kön och biologiskt kön som dessa roller ibland ger upphov till, har sitt ursprung i det tidiga 1700-talets vurm för kastrater. Klangen och omfånget i kvinnoläge skapade denna genusmässiga tvetydighet. Först i våra dagar har man börjat återgå till att låta de byxroller som är skrivna för män också göras av män, nämligen countertenorer. Det skapar avgjort en annan laddning som hade varit intressant att undersöka. Men Mikael Bellinis entré på Kungliga Operans scen som Händels Orlando, första gången en countertenor framträdde där i en större roll, ägde rum långt efter att samtalen avslutats.[116] Hittills har dessa mansroller mestadels gestaltats av kvinnor, i undantagsfall av barytoner en oktav lägre. Många är också de byxroller som i kölvattnet efter kastraterna skrivits direkt för kvinnor, t ex Mozarts Cherubin eller Strauss Octavian.

Det var med byxrollerna som operainriktningen av gay and lesbian studies började, och otaliga är de böcker och artiklar i ämnet som kommit, i flertalet fall inspirerade av Judith Butlers *Gender Trouble* 1990.[117] Detta gäller dock den lesbiska blicken och hur man placerar sig i en begärsposition och ser två kvinnor inbegripna i en erotisk situation istället för fiktionens kvinna – man. Bland de homosexuella männen i min undersökning har ingen visat något större intresse för dessa överhuvudtaget, varken i samtalen på direkt fråga eller i enkätens fråga om favoritroller.[118] I en grupp frågade jag om det kunde vara erotiskt kittlande med en sådan här gestalt – det ska ju föreställa en ung, vacker gosse – blev svaret från samtliga: tvärtom. »Fånigt« eller »ointressant« var de ord som mest användes, i alla grupper. Inte ens dessa rollers musik tycktes dra till sig något intresse med ledning av enkäten, och Karl irriterade sig också på det sätt som rollerna sceniskt brukar gestaltas av sångerskorna, med stora breda steg för att illudera en man. En gång hade han dock fastnat för Anita Soldh i *Titus*: »Det tycker jag var väldigt bra, annars tycker jag att det oftast är litet för jobbigt. Jag tycker inte om den här klivande gångarten som dom här damherrarna har. För mig är illusionen aldrig... nej, jag tycker inte om det.«

Motsvarigheten till detta skulle för operabögarnas del vara om en man spelade en kvinnoroll mot en annan man, men dessa scener är få och män i kvinnokläder får alltid något komiskt över sig. När jag i ett samtal gjorde ett försök att vända på könstillhörigheten à la *Rosenkavaljeren* och frågade om det skulle vara spännande med en man i kvinnokläder som låg och hånglade med en annan man i sängen, så stirrade alla oförstående på mig. Gustav utbrast: »Nej, varför ska dom spöka ut sig så?« till de övrigas skratt.

Tre deltagare har dock uttryckt viss fascination för det tvetydiga könet i sådana roller. Ivar blev medtagen till Drottningholmsteatern av en bögbekant för att se Cavallis *Scipio Africanus*. Där fick han se en roll av varje sort: »Kerstin Meyer, som hade en byxroll i det här, det tyckte jag var mycket fascinerande. [...] Jag minns inte om det var i den föreställningen som man hade Olle Sivall som nån pilsk amma, men det var nån utav dom här föreställningarna jag såg där det var total könsförvirring«.[119] Meyer gjorde krigaren Syfax, och Ivar minns väl hennes gestaltning av rollen: »Hon rörde sig *väldigt* manligt. Det var mycket bra gjort – man visste hela tiden att det var en kvinna.« Ivars fascination bestod i att hon, just genom att göra könet tvetydigt, fick honom att känna igen sig. Hon stod med ett ben i varje läger. »Men jag tyckte att den här omvända situationen, med Olle Sivall som pilsk amma, det var bara löjligt«, fortsätter han. Ivar uttrycker i sin berättelse också mer fascination för Kerstin Meyers sceniska och vokala rollprestation än för byxroller i allmänhet, som framgent inte betytt så mycket för honom.

Det har de heller inte för Per, som ändå kan uppleva det androgyna som kittlande. Han har perioder när han lyssnar mycket på countertenoren Jochen Kowalski och Händel: »och jag är medveten om det, för jag tänker att nu är det en man som sjunger i ett kvinnligt röstläge. [...] Det blir tvekönat.« Per har en byxrollsberättelse där han tillsammans med en bögvän avläst en dold homosexuell relation: »vi pratade väldigt ofta om just *Titus*, som är en väldigt homoerotisk opera tyckte vi. Det tyckte kanske ingen annan, men vi betraktade det som Mozarts mästerverk framför andra, kanske just därför.« Den största rollen i denna opera seria är Sextus, som vid urpremiären sjöngs av en kastrat men som numera alltid görs av mezzosopraner. I handlingen slits han mellan sin kärlek till den makthungriga Vitellia och sin vänskap till kejsar Titus. Per funderar: »För där har vi då Sextus, sjungs av en kvinna i och för sig – men det är en man. Men just den här lojaliteten som Sextus har gentemot Titus: vad betyder den? Och varför är det inte lätt för Sextus att bara göra som Vitellia vill och utradera Titus?« Så yttrar han något som är typiskt för hur man som

Foto: Enar M Rydberg

*Tonny Landy som Titus och Sylvia Lindenstrand som Sextus i Mozarts Titus, Stockholmsoperan 1978.*

homosexuell famlar efter helt likasinnade identifikationsobjekt: »Nej, utan det finns nånting där, och det där som finns är det lilla hoppet.«

I sin uppsättning av *Titus* med Operahögskolan i Stockholm 1984 väjde regissören Knut Hendriksen knappast för en sådan tolkning. Snarare lyfte han fram den genom att placera handlingen i engelsk collegemiljö på 20-talet, i en anda vi känner igen från t ex filmen *Maurice*. Hendriksen kommenterade verket i programbladet:

> Mozarts TITUS är inte bara det sista stora exemplet på 'opera seria', 1700-talets stränga och formella operaform, utan också ett verk om unga vilsna överklassmänniskor på jakt efter sin andliga och erotiska identitet. Titus och Sextus har i unga år varit intima vänner men skilts åt under flera år. I sitt försök att glömma Titus hamnar Sextus i klorna på den känslokalla och dominerande kejsardottern Vitellia, som ämnar bruka honom för sina politiska planer. Hon vill bli kejsarinna antingen genom att gifta sig med Titus eller genom att mörda honom.[120]

I Hendriksens regi var den erotiska bindningen med omfamningar och ansatser till kyssar mellan Sextus och Titus mycket tydlig, framför allt i andra aktens uppgörelse då Sextus vägrar att tala om vem som ligger bakom mordförsöket. Denna uppsättning har Per på grund av sin unga ålder inte sett, och om man vågar hoppas på något liknande idag så kan laddningen göras ännu större genom att låta Sextus spelas av en countertenor. Det skulle också musikaliskt ligga närmare de ursprungliga intentionerna bakom verket.

Den tredje som haft ett visst intresse för det könsöverskridande är Lasse. Han var dessutom den enda som valde ett byxrollsavsnitt som medhavd inspelning – Cherubins »Voi che sapete« ur *Figaros bröllop*. Anledningen till det ligger tillbaka i tiden, då Lasse gick i gymnasiet och sjöng i kören vid skolans framförande av denna opera. Sångerskan som gestaltade Cherubin gjorde det enligt honom som en pojke med ett fjolligt uttryckssätt. Lasse var då i puberteten och hade inte accepterat sin homosexualitet: »och det var lite farligt för mig också, på den tiden. Det kändes brännbart«. Det kvinnliga och det manliga blandades och han såg något av sig själv i gestalten, som ju faktiskt föreställde en yngling i hans egen ålder. Sångerskan anspelade på något som han hade börjat upptäcka i sig själv, men som han inte ville få ut. För honom blev opera, åtminstone i det speciella fallet, inte något tryggt att hålla sig i, utan tvärtom något hotfullt. Detta hotfulla anspelade på honom själv och tvingade honom undermedvetet till vissa insikter. Så kan han idag se tillbaka på det, när han befinner sig utanför garderoben.

Paul Robinson utgick i sin artikel om operabögar från Terry Castles *The Apparitional Lesbian*, och menar att tvetydigheten i genus som skapar den lesbiska dragningen till opera inte verkar motsatt, utan snarare besläktad med bögversionen:

> Så vad som började som att se ut som ett solklart fall av sexuell attraktion övergår till något mer likt identifikation – dessutom, identifikation, observera, med en sångare med ett tvetydigt kön. Man börjar verkligen misstänka att precis tvetydigheterna med könet, eller vad som nu kallas genuskonstruktion, är vad som ligger i grund och botten i associationen mellan opera och homosexualitet.[121]

Så långt verkar hans teorier applicerad på min undersökning inte hålla, men han går sedan vidare med att försöka skapa en »male gay« variant av de lesbiskas operaintresse. Han går in på två typer av könsöverträdelser: för det första att de kvinnliga rollerna förtrycks i handlingen men tar vokalt minst lika stor plats som männen, och där finns en poäng som jag redan berört i kapitel 5. Den andra könsöverträdelsen har relevans här: istället för byxroller framhåller Robinson vissa sångerskors förmåga att använda bröströsten och därigenom sudda ut könet och låta mer som män. Han tycker sig särskilt finna det hos de sångerskor som mest är föremål för homosexuella mäns intresse, och nämner (som enda sångerska) Maria Callas.

Denna androgynitet skulle alltså vara en rent auditiv upplevelse och skapas enbart med rösten. Men inte heller här märks någon sådan fascination hos operabögarna i projektet. Den enda som nämner androgyniteten i en röst mer direkt är Gustav, som reagerade på en annan deltagares inspelning med Sylvia Sass som Lady Macbeth. Gustav uppfattade henne som litet androgyn: »särskilt i de lägre tonerna så är det nära kastraten«.[122] Detta sa han utan någon värdering vare sig åt det positiva eller negativa hållet, och ingen i gruppen höll med honom. Maria Callas som Robinson framhåller i detta sammanhang nämns aldrig av någon på det sättet. Däremot kommer Emil i närheten genom sin beskrivning av en av sina favoritsångerskor, Leontyne Price: »Det är väl den mest erotiska röst jag vet. I och för sig kan hon slipa ner det till en flickröst om hon är på det humöret. Hon kan göra grovt med den också, använda brösttoner osv. Det är litet sexigt på nåt vis, tveklöst. Och med all klarhet i världen när hon vill.« Även om Emil inte använder ordet androgyn, undrar jag om det inte är någon androgynitet med sin dragning åt det manliga som attraherat Emil, i Prices kittlande sätt att använda sina brösttoner. I just det enda fallet tycks det ligga något i Robinsons påstående.

Även motsatsen borde vara intressant i sammanhanget, dvs en manlig sångare som låter så ljust att det tangerar en kvinna. Förutom countertenorer kan även ljusa tenorer med sin klang på de högsta tonerna ibland påminna om en kvinnoröst. Men inte heller här finns något som appellerar till deltagarna. Kenneth tog med en inspelning där Nicolai Gedda sjöng Nadirs aria ur *Pärlfiskarna*. Den höga tessituran med toner ända upp i trestrukna oktaven fick i alla fall mig att tänka på det könsöverskridande,[123] men varken för Kenneth eller någon annan i hans grupp. Kenneth tyckte snarare att det låter som en ung man, och inte att Gedda på någon inspelning »går över till det tredje eller andra könet på nåt vis«. Han menar att vi i vår nordiska kultur inte har samma syn på vad som är manligt som t ex de latinska länderna med sina ljusare mansröster, eller i de ryska manskyrkokörerna. Emil kommenterade att även om det inte låter som »Siegfried som smider svärd precis« så är det »en *man* som ändå kan göra det här«.

Om vi återgår till det visuella, så krävs det inte att artisten klär sig i det motsatta könets kostym för att man ska kunna avläsa den som androgyn. Och där finns det något som kittlar en aning mer hos flera deltagare än i det auditiva. Gustav funderar över om den kvinnliga operadivan ofta är litet androgyn – speciellt de typiska »bögdivorna som bögar projicerar mot«: »Det är typ Maria Callas, Birgit Nilsson, det är ganska kraftfulla, bestämda, det är inte några veka varelser. Men dom här mer lyriska tycker jag inte är föremål för beundran på samma sätt.« Erik uppskattar Berit Lindholm och menar att hon nog dragit till sig många homosexuella män. Som Brünnhilde och Salome menar han att hon påminde om en snygg man, med ett påtagligt androgynt drag. Lindholm skiljer sig också med sin raka slanka kropp från mer yppiga operaprimadonnor. Men inte heller den androgyna utstrålningen har någon större relevans för projektdeltagarna i övrigt. Det verkar överlag som de ser bortom könet när de lever sig in eller projicerar på sig själva.

### ÖPPNARE HOMOSEXUELLA TOLKNINGAR: BRITTEN

Det är sannerligen inte många operor som visar öppna homosexuella relationer på scenen, och samtliga är skrivna på 1900-talet. Förutom Benjamin Brittens operor, där homosexualitet anas i alla men helt öppet endast i *Döden i Venedig*, finns t ex Tippetts *The Knot Garden* (1970) och på senare år Wallaces *Harvey Milk* från 1995. Dessa kompositörer var också homosexuella själva, liksom Karol Szymanowski vars *Kung Roger* (1926) har homoerotiska laddningar. Men de går trots allt att förbise, vilket har varit att föredra i ett heteronormerande samhälle.[124] I sin musikhistoria *Musikens myter* belyser Camilla Lundberg detta kärnproblem på ett befriande sätt i ett kapitel om Poulenc och Britten:

> Som homosexuella var de varken de första eller de sista av det slaget bland musikhistoriens tonsättarhjältar. Däremot berättade de om det i sin musik – för den som ville höra det.
>
> Nästan alla Benjamin Brittens operor lägger en homosexuellt färgad tematik i öppen dager: det laddade förhållandet mellan en man och en ung pojke i *Peter Grimes*, *Billy Budd*, *En sällsam historia*, *Döden i Venedig*. Den homosexuelles sociala utanförskap skildras, lätt beslöjat, i *Albert Herring* och *Owen Wingrade* [sic] – eller med muntrare biroller i operor som *Paul Bunyan* och *En midsommarnattsdröm*.

Förvisso är det endast i *Döden i Venedig* (efter Thomas Manns novell) som homoerotiken är fullt uttalad och omöjlig att förbise. Ändå, så sent som 1984 vid operans Skandinavienpremiär i Stockholm, nämndes den i programbladets artiklar bara i hastigt förbigående. I stället framhölls hur Britten här, som så ofta, uppehöll sig vid »outsiderns förhållande till ett indifferent, oförstående eller fientligt kollektiv«. Vilket självfallet äger sin riktighet, lika mycket som det faktum att Aschenbach – den plågade författargestalten i dramat – också representerar andra konflikter än den förbjudna gossekärleken.

Receptionshistorien kring Benjamin Brittens verk handlar om ständiga och liknande omskrivningar och kringmanövrar. Varför denna vägran att ta upp den röda tråd som Britten så tydligt lade ut att följa genom opera efter opera? Kanske har det rört sig om något slags hänsyn – en från början berättigad sådan, då (manligt) homosexuella handlingar förblev kriminaliserade ända till 1967 i Storbritannien.

Eller var det pryderi? Homofobi? Sannolikt har det till stora delar handlat om en beröringsångest inför det vidöppet självbekännande. Men också inför den intima inblick dessa rollfigurer ger inte bara i tonsättarens eget privatliv utan även i sångarens på scenen. Det var alltid tenoren Peter Pears (1910–86) som både inspirerade och gestaltade alla dessa hudlösa huvudroller. Med denne vän och vapendragare (som det länge hette) levde Benjamin Britten tillsammans i nära fyrtio år – ett »äktenskap« som ingen av dem gjorde någon hemlighet av.[125]

Två av deltagarna valde att ta med Brittenoperor som inspelningar, och den ene var Nils med *The Turn of the Screw* (*En sällsam historia*). Nils blev tidigt intresserad av Brittens operor, och när han senare fick reda på Brittens och Pears förhållande steg fascinationen ytterligare. Han fick en befriande känsla: »Det jag tycker är så kul med Britten, det är att under drygt 20 år så flyter Britten och Pears liksom ovanpå i det europeiska kulturlivet, dom är bäst. Dom är där uppe. Och sen är dom ihop, det är en sån schysst spark i ändan.« Att de båda blev adlade och ligger begravda tillsammans gör inte saken sämre, instämmer flera i Nils grupp. Vad gäller negligerandet av det homosexuella vid tolkningar av Brittens verk, så tycks gruppdeltagarna vara ganska luttrade. Man kanske till sist vänjer sig vid att saker och ting vrids till och heteronormeras för att passa in. Att man som operabög närmast förutsätter att homosexuella inslag ska sopas under mattan eller omtolkas visar Nils kommentar om *Döden i Venedig* som starkt påminner om Lundbergs ovan: »Där kan man inte ens bortse från det«.

Men att vissa saker blir mer intressanta om de inte skriks rakt ut, utan bara antyds, visar också Nils funderingar kring *The Turn of the Screw*. Denna opera, som bygger på Henry James roman, handlar om den makt som en numera död betjänt, Quint, har över den unge pojken Miles i ett hus på landet. Quint spökar för Miles, som blir förtrollad av de lockande tonerna och vägrar att avslöja för sin omgivning varför han beter sig så underligt. Vad som hänt dem emellan före Quints död är oklart, men hushållerskan berättar att de brukade tillbringa flera timmar tillsammans, och att hon då såg saker som hon ogillade.[126] När jag frågade Nils hur han tolkar förhållandet mellan Miles och Quint, svarade han att någonting har ju hänt, men att han inte är mycket för att dra några växlar på det: »när man väl har sett monstret, så är det inte så otäckt längre, för då vet man ju hur det ser ut. Men när man inte är helt säker på vad det är för nånting, när det ruvar där, det är då det är riktigt otäckt. Jag tycker det är samma sak här, just det outsagda och att det förblir så.« För Nils gäller detta även för den sexuella relationen mellan de två. På frågan om man kan tolka in ett pedofilt tema svarar Nils att det ligger nära till hands, men att han personligen vill låta det vara. Däremot menar han att det är ingen tvekan om att de förföriska tenorslingor som Quint sjunger för att locka till sig Miles är en sirénsång – »kom hit!«[127]

Den andre som tog med en opera av Britten var Karl med *Billy Budd*. Detta verk har enbart manliga roller och utspelas ombord på ett krigsfartyg 1797. Den unge vackre matrosen Billy är omtyckt av hela besättningen utom av polisofficeren Claggart. Han kan inte tåla hans godhet och anklagar orättfärdigt Billy för uppvigling till myteri. Billy kan pga stamning inte försvara sig när han ställs till svars, och slår till Claggart så hårt att denne dör. Kapten Vere, som bevittnat allt, tvingas döma Billy till döden men plågas svårt av sitt samvete. Karl ger sin tolkning av operan:

> För mig speglar den nånting som är en erfarenhet jag har i livet, med det här hur man reagerar på kärleken eller skönheten eller homosexualiteten. Och det här destruktiva, hatiska som Claggart representerar och det här kloka hos Vere. Framför allt handlar det om hur man förhåller sig till sig själv. På nåt sätt är dom homosexuella allihop, eller dom har i alla fall såna känslor som är igång. Och dom flesta i manskapet förhåller sig omedvetet till det, dom bara tycker om Billy. Claggart hatar honom, för han ser nånting som han själv saknar. Och kapten Vere älskar honom med distans.

De andra i besättningen känner en outtalad sexuell kärlek för Billy, menar Karl och nämner homoerotiska vibrationer som ett bättre ord. Man kan i och för sig också lyfta upp historien på en existensiell nivå som en kamp mellan ont och gott: »Men den gestaltas på det här sättet, den gestaltas i en manlig miljö, och där man utnyttjar dom här laddningarna som finns mellan män«. Han drar en parallell mellan Claggart och McCarthy, den homosexuelle senatorn som jagade bögar och kommunister i USA på 50-talet: »Det är en typisk sån figur, och det har vi sett bland oss själva också, homosexuella karlar som har så svårt att acceptera sig själva att dom hatar andra homosexuella.« Homofobi anses ofta bero just på att man är skrämd för homosexuella känslor som man anar inom sig själv, men inte vill göra upp med. Istället projicerar man detta självförakt på andra homosexuella.[128] Claggart kan inte hantera den skönhet och godhet han ser hos Billy, därför att den berör något djupt inom honom själv.

Men fortfarande rör det sig inte om helt öppna homosexuella relationer »där man inte kan bortse från det«. Trots *Döden i Venedig* är Wallaces *Harvey Milk* den första opera där den homosexuella kärleken helt står i centrum. Och när detta skrivs har Vadstena-Akademien just lagt ut en beställning på ett operaverk som ska handla om kärleken mellan två män – ett paradigmskifte tycks vara på väg.[129]

### »ONDA« KVINNOROLLER – TURANDOT, LADY MACBETH OCH ORTRUD

Varken de mer öppet skildrade homosexuella karaktärerna eller de androgyna byxrollerna intresserar så mycket som kvinnorollerna, ofta de kraftfulla och ibland ondskefulla. I kapitel 5 skildrades hur de kunde ses som en förebild eller vägvisare ut ur garderoben. Men hur ser deltagarna på dessa roller när de väl kommit ut? I ett av samtalen spelade två deltagare varsin aggressiv kvinnoroll, Turandot resp Färgarfrun i *Die Frau ohne Schatten*, och båda sjöngs symptomatiskt nog av Birgit Nilsson. I diskussionen efteråt fann deltagarna flera likheter mellan dessa roller.

Det kraftfulla ser deltagarna här inte som något manligt eller androgynt drag, utan det är just det kvinnliga som diskuteras. Onda, grymma, ibland hysteriska kvinnor, men som – i dessa två fall – till sist veknar och bejakar kärleken. Båda operorna slutar lyckligt (om man undantar den mer klassiska Puccini-hjältinnan Liùs öde i *Turandot*). Mannen besegrar henne, betvingar henne, men man kan också se det som att han öppnar henne. Charles, som valt *Die Frau*, tycker det är en spännande problematik: »hur gott är det om kvinnor i operalitteraturen som håller emot allt vad dom förmår, men som till slut bara måste ge med sig«? De andra håller med: ofta handlar det annars om olycklig kärlek som orsakar hjältinnans död.

I Turandots fall ligger det nära till hands att tala om frigiditet, eller som det ofta handlar om i sagans värld, varifrån Puccini hämtat sitt stoff: om kvinnans könsmognad och bejakande av sin sexualitet.[130] För en homosexuell kan det finnas paralleller genom de knutar hos Turandot som Calaf öppnar för att få henne att acceptera kärleken. Peter, som valt *Turandot*, säger: »Och sen när hon verkligen bryter ihop på slutet, när han har knäckt henne ordentligt. Det är en rätt häftig känsla, att det goda och kärleken segrar ändå. Ifrån hela det här terrorväldet. Så finns ju något hopp iallafall.«[131]

Charles jämför dem så att Turandot svänger först absolut på »sluttampen«, medan Färgarfrun har andra halvan av operan på sig att visa mjukare sidor, att komma vidare och reda ut sina känslor för maken Barak. Det avsnitt vi lyssnade på kommer precis före hennes vändpunkt: där förklarar hon hånfullt skrattande för Barak att hon sålt sin skugga och därmed avstått från att föda hans barn. Deltagarna tyckte att skrattet var »härligt« och »skittufft« och jämförde med liknande hånskratt i Strauss *Elektra*. De menade att »det vansinniga skrattet« inte tydde på någon allmän hysteri utan tvärtom är rollen väldigt medveten, hon har allt i sin hand och det är ett slags »kvinnlig koll«.

Det svåraste att få fram för mig har varit om sådana aggressiva tonkaskader uttrycker eller väcker något man har inom sig själv, och om man därmed hänger sig åt sina egna hämndlystna och hatiska känslor. Många har haft svårt att förlika sig med den frågeställningen, men Charles menar att »det är inspirerande på nåt sätt, det ger kraft«. För honom kan det alltså ha den funktionen även efter att han tagit klivet ut ur garderoben. Per-Olov besvarade frågan apropå sin medhavda Ortrud i *Lohengrin* att det är möjligt, men svårt att svara på. För honom är det viktigt att det »är starka känslor, även om det är elaka känslor«. Det kan vara skönt att lyssna på och ta till sig, även om man själv kanske inte är så ondskefull, menar han. Åter är det alltså frågan om en förstärkt känsla, ett extrakt eller en koncentrerad essens. Oavsett om det är Isoldes omänskligt starka kärlek eller Ortruds enorma hat och avundsjuka, så är det till det uppförstorade, det förhöjda, man vill nå.

Ivar, som älskar Lady Macbeths våldsamma utbrott, förklarar det med:

> Det är väl inget intressant med snälla människor, snällhet gränsar ju till menlöshet. Att stå där och niga och ta emot, nej, Lady Macbeth är ju mycket fascinerande. En handlingskraftig kvinna, det är en människa som gör vad som helst för att nå sitt mål. Man sympatiserar ju med denna ondskefulla människa.

*Birgit Nilsson som Färgarfrun i Die Frau ohne Schatten 1975, Margareta Hallin som Medea 1984, Laila Andersson som Lady Macbeth 1982 och Ingrid Tobiasson som Ortrud i Lohengrin 1994 (samtliga foton: Enar M Rydberg).*

Lady Macbeth bryter mot vedertagna normer och kan därmed ses som queer, något hon knappast är ensam om bland operaroller. Samtalet gled också in på Cherubinis Medea, som trots sin ondska har försonande och förståeliga drag genom att hon älskar Jason. »Men Lady Macbeth är ju så genomond, och därigenom oerhört fascinerande«, konstaterar Ivar.

Ortrud saknar också försonande nyanser, och liksom Lady Macbeth utövar hon en erotisk makt över sin make, uppenbarligen utan att älska själv. Även Karl tycker sådana roller är spännande just för att de är så konsekventa i all sin avskyvärdhet, men han kan inte relatera det till sig själv på något sätt: »Annat än att det är knäppgökar och outsiders eller aparta personer. Det är alltid spännande på något sätt, när de är litet extrema. Och extrema människor är väl spännande, på det sättet.« Det blir något exotiskt och samtidigt attraherande över dem, menar Daniel, medan Ivar påtalar vikten av att dessa extrema känslor överhuvudtaget får komma till tals, genom Lady Macbeths tonspråk: »det musikaliska uttryck som Verdi ger henne i 'La luce langue' och i hennes andra aria, det är så fantastiskt, det är så vackert, det är så laddat«.

Även i ett annat samtal som också kretsade mycket kring Lady Macbeth stod kompositörens tonspråk och den sångliga interpretationen i centrum. Att åkallan av demoner och uppeggelser till mord kan kläs i en estetiskt skön dräkt gav upphov till en diskussion. Gustav gav sin förklaring till kompositörens skäl och hur det blir attraherande:

> Just att klä en farlig text, eller hur man nu uttrycker, i en vacker dräkt – det är det som skapar spänningen eller kontrasten. Det är därför som det blir intressant, tror jag. Att försöka spela en farlig figur på ett farligt sätt, det kan bli väldigt banalt och litet pajasaktigt tror jag. [...] Jag tror att dom flesta pirras av faran. Och jag tror att en sån opera borde väl, föreställer jag mig, ha framtiden för sig i ett samhälle som är så sönderpluttinitiserat eller där allting ska vara så tryggt och så ombonat och så tuttenuttigt. Jag tror människor har ett behov av just faran. Pirret på nåt sätt. [...] Och i många sammanhang, både teater och balett och opera, så ligger faran i att det är det vackra, det som visar sig innehålla nånting. Ett objekt som jag tror förekommer mycket i den teatrala världen, också i film, är den vackert juvelbeprydda kniven t ex, eller den giftpreparerade dyrbara broschen. Jag menar just det här vackra, men samtidigt hotfulla. Det är väl många av dom här teatrala klassiska figurerna som just har den där kombinationen av skönhet men fara, gärna dödsfara.

Diskussionen gällde sedan hur man som sångerska ska gestalta detta vackra farliga för att både behålla »pirret« men samtidigt inte ha skönhet för skönhetens skull. Ett sådant meningsutbyte utbröt även i ett annat samtal om rollen Ortrud. Per-Olov menade att Astrid Varnay överdrev de onda sidorna som en expressiv häxa. Hans favorit däremot var Waltraud Meier, vars Ortrud på scenen var en elegant och stolt kvinna som dolde en röd aftonklänning. »Det blir ju kusligare om hon är lite hal«, instämde Per.

Om att ge sig hän åt sådana känslor som Ortrud uttrycker, menade Per att det blir intressant först när det ställs mot sin motpol, i det här fallet Elsa:

> det här med att man tittar på hur andra har det, att man inte är nöjd själv, man tycker att andra premieras av livet, och andra får lycka: jag är också värd det! Och det är väl väldigt mänskligt och vanligt, jag är också värd. Ortrud gör allt det man själv fantiserar om att göra när man vill förstöra för nån annan, för att om inte jag får, då ska inte andra heller ha det bra.

Att bli sidosteppad i karriären och bli utestängd av samhället, som Ortrud blir, är lätt att känna igen sig i. Att ge igen så definitivt och kraftfullt är kanske något man skulle vilja göra eller fantiserar om. Men man gör det inte – tack och lov kanske – för att man inte är en sådan person. Men att ändå få se det gestaltat kan vara befriande och förlösande. Outsidern Ortruds sätt att gå på tvären, bryta mot normer och ta plats är lika queer som Lady Macbeth. Att någon gång få ge igen på dem som gjort en illa, kanske därför att de inte avvikit från samhällets heteronormer, får mig att ana litet »gaypower« bakom Ortruds eller kanske Medeas kraftfulla vredesutbrott.

## Divakult

### »THE FAT LADY« – OM DIVANS ROLL

Divakulten anses ofta central för bögars kulturintresse, inte bara inom opera utan i alla möjliga former av populärmusik från Zarah Leander till Anna Book, från Judy Garland till Madonna. Där finns de bitchiga divorna som ironiserar över den heterosexuella livsstilen som Mae West och Bette Midler, drag queens som Dame Edna och Babsan eller mer romantiska musicalstjärnor som Julie Andrews och Barbra Streisand. Inom opera finns dock inte de ironiska blinkningarna, åtminstone inte som deltagarna ser det. Paul Robinson däremot menar att operans kärlekshistorier är så extremt konventionella att de blir ett perfekt satiriskt uttryck för den homosexuelle mannens aversion mot heterosexualitet. Det skulle enligt honom vara en bidragande, om än inte avgörande, orsak till bögars operaintresse. Han nämner även klassiska filmer med Bette Davis och Joan Crawford, som av samma anledning får gayikonstatus.[132] Ingen i projektet känner igen sig i detta, utan de menar tvärtom att kärleksrelationerna i operans värld sällan är konventionella, utan har många komplikationer och schatteringar. Deltagarna tar operorna på allvar och flertalet är heller inte särskilt roade av komiska operor.

Men operadivan har parodierats i en mängd olika former, från Castafiore i Tintin till Lill Lindfors »Ich sterbe«. Man ser henne som högbystad primadonna i pärlor och päls, eller som gigantisk valkyria i full stridsrustning. »The opera ain't over till the fat lady sings« är ett ofta citerat uttalande. Sam Abel påpekar att sådana parodier vanligen görs av personer utan en egen, djupare relation till eller erfarenhet av opera. Operans »Fat Lady« görs till en bild av opera i största allmänhet, och denna könsstereotyp, en kopplerska till samhällets lägsta antaganden om kvinnor, kan omöjligen tas seriöst. »Eller kan hon?« tillägger han, och besvarar sedan frågan jakande.[133] Det tycks finnas vattentäta skott mellan dem som accepterar operaformen och hänger sig åt den, och dem som inte gör det. Abel påpekar att han skulle generat ta avstånd från kvinnorollerna om de framställdes så inom talteater eller annan berättande fiktion – dessa uråldriga könsstereotyper har för länge sedan begravts av feministisk analys. Men inom operans sexuella diskurs blir de genom sin omåttlighet och sina drag av arketyp oändligt attraktiva. Som Emil i projektet uttryckte det, vi får ett extrakt, en förhöjd och förstorad bild av något vi har en aning om, men aldrig kan uppleva så stort i våra verkliga liv.

Eftersom opera och dess primadonnor ses över axeln av många som något obegripligt, svårt eller löjligt, ligger kitsch- och campbegreppen nära till hands. Det förbjudna i njutningen av det som majoritetskulturen avfärdar som kitsch (skräpkonst, en kulturell avfallsprodukt) kan finnas där, men frågan är om det synsättet är relevant för opera; det har annars mest använts i samband med den homosexuella populärkulturen.[134] Campbegreppet associeras vanligen med den manliga gaykulturen och lyfter fram misslyckandet, ironin, det artificiella och överdrivna genom att medvetet ställa sig emot mainstreamkultuern. Koestenbaum påpekar att det inte är objektets eller artistens misslyckande som skapar »campigheten«. Den uppstår av vår glädje inför att ha upptäckt objektet, i att ha blivit utvald, påverkad, av det. Han likställer den njutning han får av sina kunskaper om olika divor med den njutning han får inför en förbjuden sexuell syn: »Detta ögonblick, denna avsidesreplik, denna tablå är värdelös och därför hävdar jag att den är min!«[135] Ingen i projektet har medvetet dragits till opera eller dess divor därför att det har förkastats av så många andra eller känt en förbjuden lockelse i det. Däremot har många uttryckt att de velat ha något som varit bara deras eget, något de har kunnat gå upp i helt på egen hand, något som varit »deras grej« och ingen annans.

Sam Abel utnämner »the Fat Lady« till en camp-ikon över operans generande överflöd. Och som alla camp-ikoner ådrar hon sig en insider–outsiderdynamik. De utanför campgemenskapen ser aldrig den komplexitet hon representerar och avfärdar henne som löjlig, fortsätter Abel. De som befinner sig innanför ser henne däremot som ett förkroppsligande av och en omstörtande parodi på operans excesser, en självreflekterande kommentar till operans komplexa kroppslighet.[136] Men åter igen: projektdeltagarna har inte velat se någon som helst parodi eller satir i det som framställs i operorna, varken på ett medvetet eller omedvetet plan. För dem gäller inlevelse i förloppet och ett självspeglande i musikens uttryck och känslor. Det är dessutom anmärkningsvärt att Abel, i likhet med många andra forskare, skriver i tredje person när han inte har några andra referenspunkter än sig själv.[137]

Koestenbaums bok fokuserar hårt kring divakulten, och de fyra första kapitlen av sju handlar nästan uteslutande om operasångerskor, deras beteende, synen på dem och hur de upplevs på skiva. I det första kapitlet »Opera Queens«, om operabögar, berättar han hur hans eget operaintresse väcktes. Liksom en handfull i projektet kom han in via musicals, och inför sin fascination för en sådan artist tänkte han, »Är jag kär i Julie Andrews, eller tror jag att jag *är* Julie Andrews?«[138] Att vara kär i henne visste han placerade honom inom heterosexualitetens domäner, men att identifiera sig med henne ansågs mer suspekt. Liknande distinktioner uttrycker Sam Abel med sin »Fat Lady«, när han funderar över hur begär och identitet fungerar annorlunda i opera gentemot andra teatertyper: »Ser jag mig själv i the Fat Lady [...]? Eller ser jag mig själv *som* henne?« eller »Begär jag henne mer direkt«? Hans första positionering, som hamnar mitt emellan Koestenbaums två, ligger närmast det som operabögarna i projektet uttryckt, dvs inte total identifikation utan en spegling och ett igenkännande, åtminstone momentant. Men flexibiliteten är mycket större än vad såväl Koestenbaum som Abel uttrycker, eftersom deltagarna inte konstant och ensidigt riktar in sig på de kvinnliga rollerna/artisterna utan kan växla fritt mellan de olika rollerna, även de manliga.

Vad gäller det mer direkta begäret, så är den mest centrala frågan: varför dyrkar man så intensivt en kvinna när man inte är intresserad av kvinnor? När jag ställde den frågan i grupperna skrattade de ofta, men instämde att det är så. Gustav menade att det hade med den starka modern att göra: »jag tycker att väldigt många bögar har haft en stark mor, eller att det funnits en stark kvinnofigur nånstans i deras uppväxt. Och att det kan föras vidare i den här operaprimadonnan som ju ofta är ganska kraftfull och dominant och inte särskilt kvinnlig.« Sam Abel beskriver »the Fat Lady« som omåttligt moderlig men utan barn, och i många kulturer är den stora kvinnan symbol för moderskap, som jordgudinnan, Moder Jord etc.[139] Hon väcker enligt Abel heller inga sexuella känslor. Daniels fascination för opera började när han såg en konsert med Edita Gruberova på TV: »Så efter att jag hade släppt hennes urringning med blicken, efter två minuter, så började jag höra att hon sjöng också.« När vi skämtsamt undrade om han kommit till fel sällskap eller om det hade fått erotiska följder för honom, förklarade han att det anmärkningsvärda var snarare att kameramannen hade zoomat in urringningen, så hela rutan var fylld av den.

Charles beskriver en tidig operaupplevelse med Joan Sutherland i Stockholms konserthus: »Och då satt jag på första bänk, rakt under den här fantastiska donnan i en enorm vit klänning, och fantastiskt långt böljande rött hår«. När jag upprepade min fråga i hans grupp, om varför man som bög fascineras av yppiga damer när man inte dras till kvinnor sexuellt, svarade Charles att »kvinnobröst, mammans bröst tror jag aldrig vi blir fria ifrån. Varför ska man bli det?« Bill påpekade att om det är en stor kvinna blir det en väldigt stor famn som omsluter publiken, varpå Charles medgav att han ibland kan ha ha erotiska fantasier om att sjunka in i några bröst, även om det inte är så sexuellt utpräglat.

Det vore intressant att låta en psykoanalytiker utforska närmare om det generellt finns några djupare kopplingar modern – primadonnan – operabögen. Redan Freud och senare Irving Bieber har försökt påvisa hur frånvarande fäder samt överbeskyddande och bindande mödrar lett till att sönerna inte ser kvinnor som sexuella objekt (se vidare kapitel 1, »Barndomen«).[140] Och oavsett om homosexualiteten är medfödd eller präglad av yttre omständigheter, så finns modern som ett identifikationsobjekt för den unge sonen. Att sedan se operadivan som ett överfört objekt i hennes ställe att senare spegla sig i, kan verka logiskt och rimligt. Den kärlek och det begär man känner ligger då på ett annat plan än det sexuella, i linje med att man inte sett modern, och därmed heller inte andra kvinnor, som sexuella objekt. Det skulle också förklara varför bögarna i undersökningen i flera avseenden ligger närmare de heterosexuella kvinnorna än de lesbiska i sina betraktelsesätt – de har samma typ av prägling sedan barndomen. De gånger man har talat om operadivornas kroppar har det varit just i termer av en stor famn som omsluter en eller en barm påminnande om modersbröst. Kanske är det också därför rösten, betydligt mer än kroppen, fängslar operabögarna. En moders röst drar barnet till sig t o m före födelsen, och Per-Olov spekulerar i om divakulten ligger i att bögar

> kanske är känsligare och har lättare att bli förälskade i en röst, som kanske för många andra verkar knäppt – hur kan man bli det? Kan det inte ligga på det planet också, att man är känsligare, man kanske har lättare att uppfatta emotioner och sånt där. Jag tycker att vissa röster… jag är väl inte dyrkare av en speciell sångerska, men man har ju sina favoritsångerskor och det kan ju bli en förälskelse.

Den omtalade »kvinnliga känsligheten« hos homosexuella män hör samman med en lyhördhet för nyanser och ett lyssnande efter en timbre som tilltalar en. Denna röstfärg och detta personliga uttryck länkar en så starkt att det tycks bli en tät symbios mellan lyssnare och kreatör. Vad det beror på att de två personligheternas möte blir så laddat, är naturligtvis särpräglat från fall till fall, och därför svårfångat. Men kanske kan rösten påminna om moderns? Koestenbaum skriver: »Operabögen måste välja en diva. De andra divorna kan beundras, njutas, t o m älskas. Men bara en diva kan regera i operabögens hjärta; bara en diva har förmågan att beskriva en lyssnares liv, som en kompass beskriver en cirkel.«[141] Början av citatet överensstämmer dåligt med deltagarna i projektet, eftersom det bara är några som säger sig ha en enda diva som går före alla de andra. Men i andra delen sätter han fingret på vad jag är ute efter.

Att det kan röra sig om en förälskelse och att det är rösten man begär, visar också Emils berättelse om en sångerska han hörde vid en konsert i Salzburg: »Det var min ungdoms största kärlek i röstväg – Leontyne Price. Och där var några av dom största skönhetsupplevelser jag har haft.« Emil använder också ord som erotisk och sexig för att beskriva den rösten. Men det är åter igen rösten man begär och inte kroppen. De högdramatiska wagnersopranerna tycks mest fascinera för sina stora röster utan begränsningar, så att de verkligen omsluter. Så beskriver Niklas Jane Eaglen, och nästan exakt samma ordval använde Emil vid ett annat tillfälle för att beskriva Flagstad, och han tillägger: »det är ju en röst att verkligen vila i«. Det är röster som omfamnar en, och om det är rösten eller barmen som omfamnar en, som en moderlig famn att vila i, det tycks litet grand flyta ihop.

### SÅNGERSKAN BAKOM MASKEN

Även rollen som operasångerskan utför flyter ihop med artisten bakom. I föregående avsnitt har jag medvetet inte gjort någon åtskillnad mellan dessa två. Det är nämligen påfallande hur ofta de sammanfaller till en oskiljaktig enhet. »När man ser Birgit Nilsson t ex, bara för att ta ett namn i högen, så är det henne i rollkostym man tänker sig vanligtvis«, säger Gustav. Många kom också in på operaintresset via en viss sångerska, och det kan redan från initialskedet bilda en så fast enhet att det ena inte går att skilja från det andra. Det märks också tydligt i Johans beskrivning av vad som fångade honom: »Framför allt så tror jag det var dom här divorna som Callas, Montserrat och alla de här... starka kvinnofigurer som gör starka kvinnoporträtt och olika föreställningar, musikstycken som jag fascinerats av.« Bland roller framhåller Johan Norma, och han påpekar att det verkar vara spännande personer bakom masken också, även om de nog är som folk är mest: »fast man vill helst egentligen sätta upp dom på piedestal, och där får dom sitta och vara. Deras privatliv och allt det där ska vara dom här stora primadonnorna på scen.« Bel canto-operor drar till sig mycket bögar, instämmer Erik och ger som förklaring att det är »utstuderade primadonne-roller. Och dom som sjunger dom rollerna är ju ofta divor, som vi beundrar«.

Att gränsen mellan artist och roll ofta flyter ihop beror också på att det uteslutande är artistens prestationer och tolkningar man intresserar sig för, och inte en massa data om dess privatliv. De enda fakta man är intresserad av är sådant som har relevans för artisteriet. Vad favoritdivan åt till frukost eller vilket bilmärke hon har bryr sig ingen om, åtminstone inte officiellt i våra samtal. »Jag har ingen sån där artist som jag bryr mig om vad dom äter och gör och gifter sig med och så ett dugg«, för att ta Davids uttalande som ett av många snarlika ur högen, och han fortsätter: »Utan det är ju hur dom sjunger och även agerar på scenen som är viktigt«. Detta ligger i stark kontrast mot Koestenbaums bekännelse:

> Jag vill veta exakt hur hon [Leonie Rysanek] sjöng 1965 i motsats till 1964. Det är av betydelse. Jag behöver veta vad Rysanek sjöng 1972. Jag behöver veta huruvida Moffos *La Rondine* spelades in 1966 eller 1967, och varför Daniele Barioni (och inte en stjärntenor) var satt att sjunga mot henne, och hur nära hon stod mikrofonen, och vilka restauranger hon frekventerade efter att ha uppträtt på Romoperan, och vad hon sjöng på sin New York recital 1969, och vad hon sade till Callas medan de spelade in *La Bohème* 1956.[142]

Koestenbaum blandar här kalenderbiteri och skvaller med faktorer som kan påverka det artistiska och därför ha ett större intresse. Var gränsen går kan ibland vara hårfin och dras till det absurda, som när Stephen i *The Lisbon Traviata* försöker förklara Maria Callas falsksång i Lissabon med att hon skulle ätit en härsken paella som gjort henne indisponerad.

Niklas är en av den handfull som verkligen kan ranka en diva högst, och vid sitt samtal spelade han Jane Eaglen. Han hade mycket att berätta om henne. Förutom att han beskrev vad i hennes röst och artisteri han fascinerades av, så kände han till mycket om hennes biografi. Men han nämnde ingenting som var irrelevant för henne som sångerska och artist: han beskrev hur hon försöker få fram mentaliteten hos Wagner i Bellini och vice versa genom att sjunga upp sig på Wagner inför en Belliniföreställning, hur hon har opererat bort en utväxt på köldkörteln som man fruktade var cancer och skulle ödelägga hennes röst, och om hur vissa dirigenter tvingat henne att hålla igen fortenyanserna. Niklas har också sett henne på scenen vid några tillfällen, där hon inte rör sig så mycket – här kan man verkligen tala om »Fat Lady« – men för honom gör det inte så mycket. För Niklas får hon som ingen annan sångerska fram kraften och makten hos Bellinis druidprästinna, och han fascineras över att hon omvänt kan få fram mjukare och mer sammetslena sidor i Wagners tyngre partier. Ändå tror han inte att Eaglen kommer att hålla i så många år, med den arbetstakt hon har och de krävande partier hon tar på sig.

De gånger deltagarna beskriver en divakult som går över i ett intresse för divan som privatperson, är när man beskriver andra bögar i sin nära omgivning. Det kan vara goda vänner eller f d partners, där man anser att gränsen för det sunda har passerats. David beskriver hur hans spanske partner (han som följde efter honom efter *Anna Bolena*) hade »en väldigt allvarlig Callaspassion, han åkte till Paris och satt utanför hennes lägenhet och såna saker«, och han tillägger »i många bögars operaintresse ingår det även att läsa biografier och kunna allt *om* vissa artister, men det ingår inte i mitt«. En förklaring till intresset för Callas person menar David ligger i hennes dramatiska liv; vare sig man vill eller inte får man »hennes olika turer fram och tillbaka« serverade, »hur tjock hon var och hur smal hon var och såna saker«. En sångerska med ett mer vanligt liv, t ex Birgit Nilsson, drar inte till sig allmänhetens intresse för det privata på samma sätt, instämmer Fleming. En kult kring en annan diva beskriver Bill, vars australiske bögbekant hade en årlig ritual på Nellie Melbas dödsdag tillsammans med ett gäng likasinnade. De brukade ta en vevgrammofon till hennes grav för att spela hennes inspelningar – på stenkaka…

Pers ingång till operaintresset kom via en man som han flyttade hem till. Mannen odlade en intensiv Callaskult, vilket förde med sig att Per blev mer initierad kring Callas person innan han kände till vad hon sjöng om i de olika operorna. Han uppfattade det som att sambon hade en personlig relation till någon annan och att han ibland försvann in i en mystisk excess: »jag menar, *jag* fanns ju, tyckte jag!«[143] Det förde med sig att Per genom åren fick en viss distans och skepsis till Callas, även om han nu kan se mer objektivt på det. Och ganska snabbt skaffade han sig något likvärdigt: Montserrat Caballé. Per medger att han själv föll i fällan, trots att han tidigare varit skeptisk mot att odla en sådan divakult. Genom sambon träffade han många andra operaintresserade bögar, som han också utvecklade vänskapsrelationer med. De hade också varsin favoritdiva: »hans ena vän hade Sutherland, och hans andra goda vän hade Freni, och den fjärde hade Callas igen, och en kom med Birgit och så kom jag med Caballé, så det föll sig naturligt att utveckla«. Även han utvecklade en liknande »personlig relation« och samlade på sig hela diskografin från studioinspelningar till live. I relationen ingår att man även förlåter dem deras skavanker, de är bara charmiga: »Dom är ouppnåeliga artister hur dom än gör, tycker man«. I Pers fall tycks också principen att benhårt sätta en operaprimadonna framför de andra varit mest i initialskedet, eftersom han nu rankar flera sångerskor likvärdigt. De flesta i projektet verkar gå efter principen att de inte vill ranka Napoleonbakelse framför prinsesstårta när båda smakar lika gott, fast på olika sätt.

Det finns dock spår av divakult som går utöver intresset för det artistiska, och mest kan det hittas hos Hans. Redan innan han blev riktigt tänd på opera hade han sett Birgit Nilsson på TV, »och jag var kanske mer intresserad av hennes person än vad hon sysslade med egentligen. Hon berättade om sitt liv och var en ganska kul person, och uppskattad.« Efter att han blivit riktigt biten, har han flera gånger köat vid sceningången efter föreställningen till någon större stjärna. Där är alltid »ett markant inslag av bögar« enligt Hans. »Jag tycker det är litet kul att iaktta vad det är för människor, och så tycker jag det är kul att se de här sångarna på nära håll.« Han har fått en autograf och pratat med dem en stund: »Och så frågar man när dom kommer nästa gång till Sverige om det nu är Sverige. Eller om dom ska komma till Sverige om de är utomlands. Man brukar alltid kunna växla några ord med dom.« För Hans har det varit många olika stjärnor från Birgit Nilsson till Edita Gruberova, eller Cecilia Bartoli som han »tog hand om« tillsammans med sin dåvarande pojkvän i Kanada. Där kunde de följa henne under en fem–sex olika föreställningar på en sommar. Tilläggas bör att Hans inte på något sätt lever genom dessa stjärnor; han har ett kvalificerat arbete som kräver all hans tid, och han följer inte efter någon operastjärna världen runt. De gånger han ser föreställningar utomlands är när han reser i tjänsten eller genom att fira semestern i någon annan stad.

En motsatt inställning, som är mer representativ för projektdeltagarna, uttrycker Erik. Han hänvisar till Birgit Nilsson som lär ha sagt att man ska helst inte träffa sina fans, för de blir alltid besvikna: »Och det har jag upplevt när jag har träffat operasångerskor och sångare, att jag har alltid blivit besviken. Så nu vill jag helst inte träffa dom.« Besvikelsen för Erik har inte gällt hur de sett ut, utan av att höra dem tala. »Dom är oftast väldigt vanliga«, flikar Georg in. Kanske är detta ytterligare en nationell skillnad, eftersom vår svenska lagommentalitet inte tillåter oss att sticka ut till skillnad mot t ex USA eller Italien, där divan anländer i päls ur en limousine. Och just Birgit Nilsson har upplevt en beundran som ibland varit närmast hänsynslös. I sina memoarer berättar hon hur den mest intensiva beundran snabbt kan vändas i ett lika intensivt hat.[144] Det finns många fall där olika fans har levt genom artisten, kanske för att fylla sitt eget liv med innehåll. I de fallen tycks det ofta ligga något annat än enbart kärlek till operakonsten. Projektdeltagarna verkar i det fallet stå mer nere på jorden.

Koestenbaum beklagar det magra utbyte han fått av att diskutera det han mest älskar med andra operabögar. Skälet säger han ligger i vilken favoritdiva man valt: »föremålet för beundran – Callas, *Gioconda*, Nilsson, det förgångna – skiljer bögen från andra bögar. Jag har aldrig haft en tillfredsställande konversation med en annan operabög om operanjutningar.«[145] Tvärtom gör de olika uppfattningarna att det överhuvudtaget är intressant att diskutera! Om alla tyckte likadant, fanns det väl inget att tala om? Att många fick en tillfredsställelse i att diskutera inspelningarna visade samtalen, som konstant tenderade att bli för långa. Att man också njöt tillsammans av musiken visade sig vid utskriften av samtalen. Alla de laddade tystnader, lyckliga suckar, stön och fniss som inträffade efter ett musikavsnitt gick inte att fånga i ord, möjligen som scenanvisningar.

## Livsstil och subkulturer

Min sista fråga till deltagarna var om deras operaintresse var så dominerade att man kan beteckna det en livsstil. I förlängningen, om det är en livsstil som man delar med andra homosexuella män, ligger det nära till hands att tala om en subkultur. I den amerikanska litteraturen hos Koestenbaum, Robinson, Morris och andra, får man ofta intrycket att »opera queens« lever i en egen värld som utestänger andra. Flertalet var tveksamma till att benämna sitt operaintresse en livsstil. Även om det inte är en fråga man bara kan svara ja eller nej på, så är tendensen tydlig: 17 svarade nej, 11 ja och resten var osäkra och kunde inte svara, men de flesta av dessa tenderade åt nej. Det är också en definitionsfråga, och ledde till diskussioner om vad opera betyder för deras liv just nu. För de flesta är opera inte allenarådande, och det vanligaste skälet till att svara nej är att man har mycket annat i livet också. »Det är en del av livet som man inte skulle vilja vara utan, så på det sättet är det en livsstil. Men allt jag gör är inte fokuserat på opera. Jag har många olika sfärer också, och det ena behöver inte utesluta det andra«, säger Ulf i ett resonemang typiskt för deltagarna.

Många framhåller också är att de inte har opera som yrke: »jag är ju inte i yrkesrollen, och morbror är jag i stor utsträckning, det är minst lika framträdande. Sommarstugeägare t ex, vad är jag mer för något...«, påpekar Karl. Nils vidgar kriterierna ytterligare: »Det skulle vara ifall jag var sångare eller kompositör eller dirigent, då skulle jag våga säga att jag hade det som livsstil. Eller ifall jag hade tapetserat mina väggar och mitt tak med bilder av Birgit Nilsson.« Men Per, som tidigare tangerade det i sin yrkesroll som skivexpedit, påpekar att intresset är detsamma efter att han slutade: »Om livsstil är att vara operaintresserad, men då är det min livsstil att arbeta också, och nu är det min livsstil att studera, men ändå vara operaintresserad av samma skivor.« Till bilden hör också att för många har intresset avtagit i intensitet, och att det snuddade mer vid ett visst sätt att leva förr.

Denna studie har visat vilken självbild operabögarna har, och när vi i samtalen kommit till de mer extrema sidorna av utövandet, den som i litteraturen ofta ställs ut som devot divadyrkan bland »opera queens«, har deltagarna kunnat tala om andra i deras omgivning, men hos sig själva har de inte velat se något sådant. När deltagarna funderar över hur andra operabögar har det med livsstilen, kan det låta så här: »Jag kan föreställa mig att det finns människor som bara... speciellt om dom är ensamstående, tror jag. Och inte har nån, då tror jag det kan vara mera.« Detta sagt av Robert, som lever tillsammans med Sven och kategoriskt avvisar att intresset skulle vara en livsstil för honom. Intressant nog yttrade Sven motsatsen för egen del i sitt samtal.

Än mer tankvärt blev det när deltagarna rannsakade sig själva och istället började fundera över hur andra ser på deras operaintresse. Carl-Magnus, den hängivne skivsamlaren, vill inte kalla sin inriktning en livsstil, men tillägger att jag borde fråga hans ointresserade sambo om det: »han kanske skulle svara ja«. Enligt Ivar »skulle kanske *andra* betrakta det som en livsstil hos mig, jag kanske inte tycker det själv«. Här är det på sin plats att påminna om Susan Sontags påpekande att ingen som helhjärtat delar en given sensibilitet kan analysera den, han kan endast ställa ut den.[146] Såväl deltagarna som jag själv har svårt att upprätthålla en kritisk distans, eftersom vi befinner oss mitt inne i själva fenomenet. Och även om jag senare kunnat distansera mig något till materialet i efterhand är jag ändå själv en del av det. Frågan är ändå vem som annars kan göra det, för hur mycket sympati en forskare än känner för sina informanters inriktning men utan att dela t ex den sexuella läggningen, kan den då anses trovärdig?

Diskussionerna landade också ofta i hypotetiska resonemang om man skulle kunna leva utan opera: vad hände om man blev döv, flyttade till

Grönland eller om Sverige blev utsatt för ett extremistiskt maktövertagande som förbjöd all opera? Men varför ska man behöva ta ställning till sådana frågor när man inte behöver, och det ändå är omöjligt att svara på. Alla medger naturligtvis att det skulle bli väldigt tomt, och flera ville utöka begreppet operaintresse något för att beteckna det en livsstil:

> Jag skulle i så fall vidga det till att handla både om teater och klassisk musik och opera, eftersom jag går så pass mycket på den typen av kultur. Och det skulle jag ha svårt att undvara. Sen brukar jag säga generellt om musik, och i första hand klassisk musik, att det skulle jag ha väldigt svårt att leva utan. Musik betyder så mycket. Det är då inte bara opera, utan det är klassisk musik överhuvudtaget. Livet skulle bli oerhört tråkigt utan all denna fantastiska...

Detta signifikativa uttalande, hämtat bland många snarlika, tillhör Magnus. Och precis som han påtalar, så är det av de olika konstformerna just musiken som man skulle ha svårast att kunna leva utan. Sven travesterar Artur Lundkvist med »hade man tagit bort musiken från mitt liv, så hade det blivit ett olevt liv, en begravningsplats över ett olevt liv«. Gustav, som inte vill klassa sitt intresse som en livsstil, säger ändå:

> om jag under perioder inte kan lyssna på musik, därför att jag kanske inte bor hemma, om jag vistas på annan ort eller det är nånting i min hemmiljö som gör att jag inte kan väsnas, så tycker jag att jag mår dåligt. Det är ungefär som man slarvar med mat under en tid eller som man inte motionerar, eller om man är väldigt stressad på jobbet, då mår man ju litet dåligt, och det blir ungefär samma symptom. Jag mår litet dåligt om jag under en längre period inte kan lyssna på musik, och det är huvudsakligen opera.

De som går med på att benämna sitt operaintresse som en livsstil framhåller just musiken som skäl. Bill är en av dem:

> Känslomässigt så tycker jag att det är det. Mitt liv hänger på det. Det var litet att ta i, men på nåt sätt betyder det så mycket, med musiken och opera. Jag lyssnar på väldigt mycket olika sorter, men just opera har blivit nåt väldigt speciellt, just för att det är så nära, och så mycket känslor. Jag vet att jag chockade en kamrat för länge sen som är troende, vilket inte jag är, och så frågade han om jag trodde på Gud, och då sa jag helt frankt, »nej jag tror på musiken«. Och han blev jättestörd över det där, men sen kom jag på att det stämde precis, det betyder samma sak för mig när jag upplever nåt starkt av musiken, som när en troende går i kyrkan.

Musiken blir enligt Bill ett slags religion eller ett gränsland varifrån man kan hämta kraft. Han använder operamusiken som medicin, för att göra sig glad eller åtminstone mindre ledsen.

Andra som verkligen benämner operaintresset en livsstil, motiverar det med: »För min egen del kretsar det väldigt mycket kring det. Och då naturligtvis med fixering på Wagner« (Mikael) eller »En liten drog. Har man väl smakat på det och sett vad det har att erbjuda, så är det svårt att låta bli sen« (Örjan). Än mer tankeväckande är att Harald hör till dem – han har bara ett fåtal inspelningar hemma som han sällan lyssnar på. Men han ser många föreställningar och musiken ljuder i honom: »Ja, det är ju alltid närvarande kan jag säga. Det är det nog. Så det är en väldigt viktig del, absolut.«

Ytterligare ett skäl som livsstilsanhängarna framhåller, är att man planerar sitt liv i hög grad efter operaintresset och vilka föreställningar man ska se. David berättar:

> Jag vet ju vad jag ska gå och se nästa år, hela mitt kalenderår bestäms av detta. Vad jag kan ta för jobb eller vad jag kan göra för andra saker, slås ut om det skulle vara en opera som jag vill se just då. Eller nån resa som jag har lagt in till Bayreuth eller Savonlinna eller vad det nu är. Och på så vis kan jag tycka att det styr mitt liv. Och även vissa helger är uppbyggda kring det här, inget får inkräkta på en föreställning, utan det måste planeras runt omkring den. [...] Och jag låter det t o m inkräkta på mitt arbete och såna saker, vilket inte mycket annat får göra. Om det t ex skulle vara en lunchkonsert en dag som jag vill gå och höra, så gör jag det istället för att gå och arbeta.

Även Erik tillstår att han planerar sitt liv efter vilka operaföreställningar som erbjuds: »jag kollar in spelåret, och så tittar jag på hela terminen vad jag vill se. Och så skriver jag in i almanackan vilken föreställning jag ska se, och så bestämmer jag när jag ska köpa biljetter.« Georg går efter samma princip.

Operaintresset påverkar också hur man väljer vänner och vilka man omger sig med, så på det sättet kan det vara en livsstil. I det avseendet närmar vi oss också frågan om det kan utgöra en subkultur. Om man med subkultur menar »kultur kännetecknande för en grupp som i ngt avseende avviker från det dominerande mönstret i ett samhälle«, som Norstedts ordbok definierar termen, kan man lätt tro att t ex alla surströmmingsälskare skulle kunna utgöra en subkultur. Men frågan är naturligtvis mer komplicerad än så. Det gäller också om de som befinner sig inom subkulturen verkligen kan definiera sig som att de ingår i den. Och detta var deltagarna än mer ovilliga att låta sig omfattas av än en livsstil: »Då skulle man avskärma sig helt från allt annat«, säger Olle och »Det är väl dom som har liknande intressen som man umgås med, sen gör det väl detsamma vad dom har för sexuell läggning«, menar Örjan.

I det svenska samhället tycks inte finnas subkulturer av samma slag som t ex i USA. Men om man ser begreppet mer flexibelt, något som uppstår vid vissa tidpunkter och sedan upplöses, så kan man finna spår av det. I förra kapitlet, om den sociala sidan av operaintresset, yttrades en del som skulle kunna tolkas som en subtil form av subkultur. Flertalet deltagare menade att det viktiga var att ens operakompisar var ordentligt kunniga på området. Det hade då att göra med förkunskaperna, där de med tillräckliga sådana sökte sig till varandra, och inte med den sexuella läggningen. Ett operaintresse kan knappast sägas vara ett dominerande mönster i det svenska samhället, än mindre i kombination med homosexualitet. Det ger Bill uttryck för: »det är litet mysigt när man har några, ett par som man kan få litet kontakt med som ingen annan riktigt märker. Man talar om nånting, och dom andra sitter och pratar om Loket, och så säger man nånting om Maria Callas och då är hela dan räddad, och dom fattar inte vad det betyder, men den som jag pratar med förstår det.« Ulf spinner vidare:

> medvetet och omedvetet väljer man vänner som man på något sätt kan dela upplevelser med. För jag skulle ha väldigt svårt att sitta på nån soffa och titta på nån Bimbolotto, som jag kallar det för. Samma sak som att gå på nån stormarknad, det är skrämmande platser för mig. Så på det sättet kan det vara en livsstil. För det påverkar ju också delvis hur man väljer vänner.

Hur man väljer umgänge sker betydligt oftare omedvetet än medvetet. Det är snarare operaformen som skapar en kontaktyta än att man aktivt letar vänner som är intresserade av konstformen, menar Ivar: »inte väljer man umgänge för att folk tycker om opera, men genom mitt operaintresse har jag kommit i kontakt med många människor som jag fått stort utbyte utav«. Och att man skulle ha intresset gemensamt är långt ifrån tillräckligt. »Det blir en grogrund till, att första steget är taget när man hittar det. Men man behöver ju inte alltid gå vidare med vänskap, trots att man har samma intresse«, säger Carl-Magnus. »Man kan ju vara så olika på andra plan, så att det är ogörligt«, fortsätter Ivar. Om operaintresset sedan kompletteras med att man har ytterligare något gemensamt – den sexuella läggningen – skadar inte, men det är inte nödvändigt, som många uttryckt det. Ofta utkristalliseras det efter hand, och precis som med operaintresset sker det inte avsiktligt, utan på ett omedvetet plan. Man dras till varandra.

Att dessa sammanslutningar renodlat består av homosexuella män är inte så vanligt. De är heller inte så slutna och avgränsade, utan har uppkommit genom ett tyst medgivande där bögarna är ett dominerande inslag. Vad gäller subkulturer kan deltagarna åter peka ut andra, utan att vilja applicera det på sig själva. Carl-Magnus minns:

> möjligen tycker jag man har sett litet grand av den i den här divakulten, utomlands verkar det vara litet åt det hållet. Det behöver inte vara divor, det kan vara Domingo eller Pavarotti eller nånting. Men där verkar det förekomma det här lilla stängda gänget kring. Jag har iallafall inte sett nåt sånt i Stockholm. Det är möjligt att det fanns på Birgits aktiva tid nåt liknande.

Fredrik berättar om sina erfarenheter från USA:

> När det blir en subkultur, t ex på Met där man kan betala sig in i en förening, där man träffas varje gång innan och man slussas in på ett speciellt sätt och man betalar några tusen dollar. Jag har en kusin som bodde i New York några år och han gick med i det där, och då tror jag det blir en subkultur, för då går man ifrån alla dom andra – vanligt folk går in där och vi går upp här och vi är litet rika och vi är litet fyndiga så där.

Inte heller i de utpekade konstellationerna är de homosexuella männen ett renodlat inslag. På min fråga om det bara var bögar där, svarade Fredrik »Nej det var det inte, men jag tror att bögarna var en stor del av det«. Deltagarna i hans samtalsgrupp menade att detta också hade att göra med att det är ett mer utpräglat klassamhälle där. England togs också som exempel: »då ligger det nära till hands att man delar upp sig på ett annat sätt än här«, säger Örjan.

Men kulturella och historiska aspekter ges också som skäl till skillnaderna. Utan att jag ens nämnt något om subkulturer, svarade Tomas på min fråga om operaintresset som livsstil:

> Är det en livsstil här i Sverige, och om man t ex jämför med San Francisco eller New York eller andra, där man kan leva som gay och bara umgås med gaymänniskor hela tiden? Och dessutom är det en helt annan kultur? För jag kan tänka mig att det i San Francisco, New York eller i andra länder, verkligen kan finnas en livsstil i mycket större utsträckning än i Stockholm. Jag tror att det kan hänga ihop med att vi är en kulturnation och har ett kulturarv, och aldrig har blivit ockuperade. Och är också ett litet land och en liten stad, och just det här att vi inte har varit i krig under 200 år, och det här formar så att det här behovet att binda sig fast vid opera – tolka mig inte negativt – det finns inte lika starkt, som det kan finnas i andra länder.

Att indiska, pakistanska eller homosexuella stadsdelar i USA eller England kan skapa en gettomentalitet som avgränsar sig från de övriga är ett ofta diskuterat fenomen. Sven funderar: »men gettomentalitet krävs ju av en människa för att känna sig trygg mot omvärlden, det är ju en gräns mellan omvärlden och mig i ett getto. Och det ger mig trygghet, för vissa en falsk trygghet, men det ger mig dock trygghet.« Att även operakonsten här ger något att klamra sig fast vid, inte minst då homosexualitet var förbjuden, vilket den var längre i dessa länder än i Norden, kan ge förklaringar till att dessa subkulturer varit mer utpräglade än i Sverige.[147] Operahusen där har kunnat bli en social mötesplats och en ventil, där sådana förbjudna känslor uttrycktes, både indirekt på scenen och i salongen. Detta stämmer också överens med deltagarnas erfarenheter av opera i andra länder.

Även ett kotteri som Gustav upplevt i Norden ger uttryck för en högreståndskultur. Enligt honom var det »en situation som jag tror bara skulle kunna förekomma i bögmiljöer egentligen«. Gustav besökte bögpensionatet Aksels hus på Själland, som drevs av två äldre herrar. Det var huvudsakligen välbemedlade herrar som bodde på denna inrättning, vars idé byggde på en trevlig trädgård, en bra miljö inomhus och god mat. I matsalen fanns en gammaldags radiogrammofon, ur vilken det spelades paradmarscher ur olika operor för att kalla till middagen: »Och det var alltså uppklädda äldre herrar, och avklädda yngre herrar i stort sett«. Även i andra sammanhang har Gustav varit med om att man använt korta operapartier som en sorts fanfar inför olika maträtter till en middag.

I de sammanhang Gustav berättar om finns opera med som en litet festlig och pikant detalj. Den blir inte huvudsak, lika litet som i de andra kotterier med guldkant det berättats om. Den blir där en typ av distraktion eller underhållning för stunden, och anses som något »fint«, något för »kandelaberbögar«. Opera har ofta klassats som ett nöje för överklassen, då man lyfter fram attribut som champagne, smoking eller röd sammet. Man har ofta påtalat för mig att operaintresset skulle vara en klassfråga. Men med de tämligen enkla förhållanden eller medelklassbakgrunder som majoriteten av deltagarna kommer ifrån, har jag omöjligen kunnat se det så. Några »kandelaberbögar« har heller inte dykt upp. Däremot är min egen erfarenhet att i de kretsar där opera anses fint, finns det mer ljumma intresset. Jag riskerar nu att stöta mig med eventuella utpekade, men det hängivna intresset finns hos dem där de yttre formerna, som klädsel, champagne eller »rätt« umgänge är ovidkommande. Hos dem är operan ett mål i sig, inte ett medel att nå någonting annat.

Ändå låter sig projektdeltagarna svårligen inordnas i en gemensam kategori. En genomsnittlig operabög bör inte ställas fram, med den spännvidd och variation i synsätt och inriktningar som deltagarna uppvisat. Det skulle i så fall bli en medelbild som ingen av dem föreställer, men där alla bidrar med någon aspekt. Variationerna har varit mer intressanta att visa än att tvinga fram en klichébild som bekräftar alla ens tidigare uppfattningar. Inte heller i hängivenheten går det att skapa en enhetlig bild. Trots att opera betyder mycket i deras liv, är den för flertalet inte livsavgörande. Operaintresset är inte en särskild livsstil i sig. Även om det har betytt olika saker under perioder av ens liv, är de flesta deltagare nu tämligen luttrade och nere på jorden. Trots att man tar avstånd från Bingolotto och stormarknader, och rasar över att det är »tillåtet« för en man att ägna sig timtals åt fotbollsresultat men inte åt en operaprestation, så vägrar man att se sig som ingående i en subkultur. Sådana låter sig svårligen påvisas längre i det svenska samhället, snart 60 år efter att homosexualitet avkriminaliserades. Att man inte längre måste dölja något, och att man inte längre skäms, vare sig för sitt operaintresse eller för sin sexuella läggning, visar det sista uttalandet. Alf sa »Man säger ofta att bögar är så egoistiska och det stämmer kanske också. Och det är något av det att jag gör som jag vill och jag tycker det här.« På detta replikerade Mikael blixtsnabbt: »Ja just det. Och jag skiter i vad dom säger«.

## Sammanfattning: De 39 stegen

Att sammanfatta vad operan har betytt i de 39 deltagarnas liv fram till idag är en grannlaga uppgift. Varje person har sina bevekelsegrunder och sin egen bakgrundshistoria. Därför har jag gått igenom var och en steg för steg, innan jag kunnat lägga ihop dem för att söka efter genomgående mönster. I detta mönster har ändå de enskilda uttalandena och åsikterna varit viktigare och egentligen sagt mer än svepande, statistiska resonemang. Men låt oss ändå hålla upp vävnaden mot ljuset och följa trådarna. En genomgående tråd löper längs de kvinnliga rollerna och sångarna, och gränsen emellan dem är tunn och ibland rentav obefintlig. Det beror på att intresset riktas mot *hur* sångerskorna utför rollerna snarare än vem kvinnan är bakom masken. Sångerskorna har visat en väg, väckt ett intresse för en viss roll, en viss opera eller för genren överhuvudtaget. Deras roller blir oftast subjektet i föreställningen eller verket, och även om det inte sker genomgående, så ger rollerna ideligen upphov till spegling och reflektion. Rolf sammanfattar detta på ett tydligt sätt:

> Den här dramatisk-romantiska förmedlingen i opera ligger ofta på sopranen, och det är väl den man ofta kan känna igen sig i, eller känna sin önskan i. Man hittar den där längtan som man själv har i hennes förmedling. Isolde kan förmedla mycket, i sin kärleksscen i operan. Och hennes förtvivlan också. Det kan jag känna igen mig mycket i, när jag hör henne. Jag kan känna att det är det jag attraheras av, eller att jag har det där igenkännandet eller längtandet som kan tilltala mig. Just i kvinnorollerna.

Den tveeggade roll man har som homosexuell man ger också kvinnorollerna ett utlopp för, enligt Karl:

> Som homosexuell man är man både subjekt och objekt. Man både raggar och låter sig raggas. Och det här passiva, det passiva med det starka känslouttrycket som många kvinnogestalter bär i operorna, det är ju en del av min roll som homosexuell man och som har någon betydelse för att jag ska bli bekräftad, och för att jag ska få tag på nån karl eller att nån ska få tag på mig snarare. Eller synas eller nåt sånt. Och där kan jag tänka mig att det finns nån liten psykologisk grej som man kan spegla sig i, och identifiera sig med.

Hur långt tillbaka i ens liv, eller hur djupt detta sökande i kvinnliga identifikationsobjekt sitter, är svårt att svara på. Men ofta tycks de ligga på ett så omedvetet plan att det går att hänföra till barndomen. Om modern inte setts som ett sexuellt objekt, utan istället ett identifikationsobjekt på samma sätt som fäder för sina heterosexuella söner, ligger det nära till hands att senare flytta över detta identifikationsobjekt på primadonnan.

Den stora, varma sopranrösten som omfamnar och omsluter, men också lider, offras, protesterar, hämnas och dödar. Vilande i den kan man ge sig hän åt känslor som är uppförstorade, upphöjda och arketypiserande, men inte bara förbehållslöst älskande utan också hatiska och förgörande.

Även de skönt inslagna, men så grymma kvinnoporträtten är just kvinnliga. Det androgyna eller könsöverskridande underlättar inte en sådan spegling, snarare tvärtom. Byxroller eller män i kvinnokläder intresserar lika litet som kvinnlig bröströst eller manlig falsett. Istället kan man fritt flyta omkring, på samma sätt som lyssnandet ger upphov till en »queer space« där egna fabuleringar och omtolkningar kan äga rum. De dolda homosexuella relationer som finns i flera operor, men som effektivt negligerats av åratals heteronormerande tänkande, har lyfts fram av några i projektet som motvikt till de försvinnande få »öppet« homosexuella operarollerna. Men det är fascinerande att se hur inprogrammerade även homosexuella är på att negligera och heteronormera vissa förhållanden själva.

Istället kan ett enbart sporadiskt hum om handlingen skapa friare tolkningsrum när man hör vissa avsnitt på CD. Rösternas uttryck står i centrum och det starka uttrycket måste finnas där för att man ska kunna göra arian eller rollen till sin och förhålla sig till den. Då kan även de mest kvittrande koloraturer vara något att spegla sig i och relatera till när man lyssnar. Att liveinspelningar föredras har med den starka närvarokänslan att göra, inte bara hos de medverkande utan också hos den inspelningens publik. Dess reaktioner blir där en interaktion med själva utförandet, och lyssnaren görs delaktig av denna interaktion. Där kommer man närmast en egen närvaro vid en föreställning, som ändå ger den starkaste upplevelsen men sällan blir det – den kommer bara undantagsvis upp i den höga nivå man eftersträvar.

Men den totala närvaron och interaktionen med operaföreställningen har inte uteslutande med sångarna att göra. För många är lyssnandet ett växlande mellan verket i sig och interpretationen av det. Flera har också upplevt att orkestern och den underliggande musiken inte enbart för en dialog med sångarna, utan även med dem själva. Orkestermusiken uttrycker rollfigurernas inre känslor och omtolkas i varje åskådares eget emotionella rum – det är ingen slump att Wagner kallade övergången från det dolda orkesterdiket upp till Bayreuthfestspelens scen för »der mystische Abgrund«.

Trots allt detta har mycket i intresset förändrats och mattats av, speciellt för dem som haft det länge. Visst finns det inslag av spegling och inlevelse, men har man sett operaföreställningar och hört inspelningar under decennier och kommit tillrätta med sitt liv, sin läggning och kanske lever familjeliv med sin partner, finns inte behovet att relatera sig till verken annat än på en mer allmän existentiell nivå. Och för en del har det aldrig varit tal om annat, t ex de som kommit ut innan deras operaintresse började. Att operaintresset fortgår beror på att det är en så rik källa att ösa ur, från det stora till det lilla, och att man fortfarande, trots att man kanske blivit en smula blaserad och kräsen, jagar de stora och drabbande operaupplevelserna. De gör livet värt att leva, trots att endast en mindre del vill beteckna sitt operaintresse som en livsstil, åtminstone ur deras egen synvinkel. Hur omvärlden ser på dem är en annan sak, även om inga gör några försök att avskärma sig från den. När detta skrivs och det är dags att lämna Per, Anders, Carl-Magnus och alla de andra, ska just årets Pridefestival inledas med temat integration.

# 8. Jag, en operabög

»Du känner mig inte, du anar inte vem jag är!«

(titelrollen i Wagners *Den flygande holländaren*, akt 3)[148]

Detta projekt hade aldrig kunnat genomföras om inte gay studies dök upp under 70-talet. I enlighet med denna forskningsinriktning har jag definierat en grupp personer som dessutom definierar sig själva som homosexuella. Frågan är om det skulle kunna göras på samma sätt om 20 eller 30 år, om queerteori då brutit mark och skakat om så att dessa definitioner antingen är omöjliga att fastställa, eller rent av meningslösa.

I inledningen har jag kritiserat flera författare för att de formulerat slutsatser om andra enbart utifrån sig själva. Därför har jag försökt träda tillbaka själv och låtit projektdeltagarna tala, innan jag utifrån vad de sagt sökt genomgående mönster och formulerat vissa slutledningar. Men nu är det dags att ta bladet ifrån munnen och berätta min historia. Tanken med detta avsnitt är att jag istället för en vanlig sammanfattning ska relatera mig och jämföra mig med alla de andra. Projektgruppen har bestått av 39 individer, alla med egna synsätt och inriktningar även om det funnits gemensamma drag. Så på sätt och vis kommer nu bara en 40:e berättelse, men den kan också visa hur fel man kan hamna om man bara utgår från sig själv. Visst har jag känt igen mig i mycket som berättats under samtalen, men inför några frågor jag ställt utifrån mitt synsätt, har deltagarna stirrat oförstående på mig. Mitt mål med undersökningen har varit att söka efter kopplingar mellan manlig homosexualitet och opera, och något jag har lärt mig är att man inte kan tala om operabögar som en flock i största allmänhet. Men var finns den gemensamma knytpunkten mellan dessa två fenomen: varför är jag som bög så fängslad av opera? Något av det första jag tänkte när jag själv insåg att jag var homosexuell var: jaha, det stämmer, att jag som man är så konstnärligt inriktad också skulle vara homosexuell, det brukar ju höra ihop. Jag tillhör nämligen de tretton i projektet för vilket operaintresset kom före insikten om den sexuella läggningen. Och mitt intresse kom långt före genomsnittets 18 år ålder: när jag var sju år kom min mamma hem med ett utdrag ur *Rigoletto* på tyska, en skiva som tilldrog sig mitt oupphörliga intresse.

### BARNDOMEN OCH OPERAINTRESSET BÖRJAR

Jag vet inte riktigt vad som fascinerade mig så mycket med den skivan, men jag tror det var en kombination av musiken, som var det vackraste jag dittills hade hört, och att det samtidigt handlade om olika personer inbegripna i ett skeende. Det fanns en rollista på skivkonvolutet och privatfoton av sångarna, så jag satt och försökte koppla ihop rätt foto med rätt rollfigur som sjöng medan jag lyssnade. Av någon anledning stod *Rigoletto* inte på Operans spelplan, men efter två års väntan fick jag äntligen gå och se det jag så ihärdigt lyssnat på. Den allra vackraste musiken tyckte jag var Gildas, och jag blev alldeles iskall när vi läste i programmet att det var hon som skulle dö. Jag som bara haft ett utdrag på skiva hade hela tiden trott att det var Rigoletto. Men det var nog symptomatiskt att Gilda ådrog sig mitt största intresse. Därvidlag är jag lik de flesta i projektet, att det redan från början varit de kvinnliga rollerna och de kvinnliga sångarna som fascinerat mig mest. Det är möjligt att det i mitt fall var fråga om ett identifikationsobjekt som flyttades över från min mor till primadonnerollen, något jag spekulerar i för projektdeltagarnas del i avsnittet »Divakult«. Några manliga identifikationsobjekt fanns nämligen knappt i min omgivning. Mina föräldrar skildes strax innan jag skulle fylla tre, och min mamma flyttade med min bror och mig från Skåne till mina morföräldrar i Stockholm. Där togs jag omhand av min mormor på dagarna, och min far intresserade sig inte nämnvärt för mig när min bror och jag besökte honom i Skåne, desto mer för min äldre bror. Han kunde köra traktor, hjälpa till med lantbruket och var mer som grabbar »ska« vara. Inte heller min mammas andre man, som hon gifte sig med när jag skulle fylla elva och vi sedan länge flyttat ifrån mina morföräldrar, kunde jag se som ett manligt identifikationsobjekt. Då hade jag sedan flera år varit besatt av opera, jag spelade teater och piano, sjöng i kör och gjorde allt det där som killar inte »ska« göra. Visst kände jag mig redan tidigt annorlunda gentemot min omgivning, på samma sätt som deltagarna berättar om. Jag kan ändå inte säga att jag var ett direkt olyckligt barn; jag fann så mycket glädje i mina intressen och var inte direkt ensam. Jag hade tidigt en kompis att dela intressena med, för övrigt trivdes jag alldeles förträffligt på egen hand, t ex när jag satte upp *La Traviata* och *Aida* på min modellteater. Jag blev inte heller direkt mobbad, annat än av personer i periferin från parallellklasserna i högstadiet. Anledningen var att jag som kille sjöng solo på Lucia med en kör som för övrigt bestod av tjejer – det var ett normbrott som måste bestraffas.

Men jag kände inte redan då vad som verkligen var annorlunda med mig. Trots att jag har minnen redan från lågstadiet att jag bad en två år äldre pojke pussa mig, hade jag inga som helst tankar på att jag drogs sexuellt till män förrän upp i 18-årsåldern. Jag begrep inte varför några skrek »bögar« efter mig och min högstadiekompis Björn,[149] när vi gick för oss själva för att få diskutera *Tosca* eller *Elektra* i fred. Det var något de andra förstod långt innan vi gjorde det själva. Ändå kändes det väldigt tydligt att jag var exkluderad från en form av gemenskap: en återkommande dröm som barn var att jag stod helt ensam i vår trädgård, medan det stod hopar av människor och skrek åt mig från andra sidan av staketet. Så högstadiet var en rätt jobbig tid, en period när de flesta andras sexualitet började vakna och rikta sig mot »rätt« objekt medan jag gick in för mina »tjejiga« intressen. En befrielse kom när jag började Adolf Fredriks musikgymnasium. Eller som en av mina skolkamrater därifrån gav som skäl att gå där: »här finns det ingen som tycker man är knäpp för att man sjunger i trapporna«. Det var också där jag började ana att det var homosexuell jag var. I den vevan, när mitt känslo- och kärleksliv började vakna, fick också operorna gradvis en annan innebörd för mig. Från att ha varit dramatiska historier med vacker musik och fin dekor blev de nu oerhört känsloladdade, berörande och gripande, såväl på scenen som i hörlurarna. De talade till mig, och jag speglade mig och mina känslor i musiken och handlingen.

### ATT UPPTÄCKA MIN LÄGGNING

Egentligen hade jag aldrig särskilt svårt att acceptera för mig själv att jag var homosexuell. Visst hade jag som alla andra svåra stunder när jag tänkte: varför ska det här drabba just mig, varför kan inte jag få det lika lätt som alla andra? I likhet med många i projektet trodde jag också att jag skulle bli ensam: hur ska jag hitta någon när det finns så ytterst få homosexuella? Jag kände ju ingen som var det. Jag hade också några kortare förhållanden med kvinnor, men innerst inne visste jag att det var fel. Och jag förträngde det inte särskilt länge, men detta säger jag utan att på något vis fördöma de deltagare som tagit längre tid på sig att inse och acceptera – jag förstår dem så väl. Just den fasen har uppvisat stora differenser, och några har kommit igenom den ännu fortare än jag. Men oavsett om det tagit kort eller lång tid, har alla berättelser visat att det ändå är en oerhört lång väg att gå. I mitt fall var det riktigt svåra att acceptera att jag inte skulle komma att få barn. Det var som en enda lång sorgeprocess, eftersom jag alltid varit mycket barnkär och redan sedan barnsben sett mig själv som en far i framtiden. Barn är en försäkran om evigt liv, eftersom något av en själv går vidare i dem. Även om jag nu kommit över det, kunde det fortfarande svida i mig när jag skrev ut Emils och Charles berättelser med samma problematik.

Så efter ungefär två års inre aningar omsatte jag mina sexuella insikter i praktiken, kort efter att jag fyllt 20. Egentligen skedde det nästan av en slump, men »det var rätt känsla« som Bosse uttryckte det, och det ledde till ett förhållande som varade över en sommar. Det som var verkligt svårt sedan var inte att bejaka mig själv, utan att hitta någon annan som gjorde det och ville satsa på ett förhållande. Det blev fem-sex år av häftiga känslokast, djupa förälskelser och smärtsamma besvikelser. Det är det väl för de flesta när man är ung, och det behöver i och för sig inte ha något med de sexuella preferenserna att göra. Men problemet för mig var ofta att jag träffade män som, trots att de var äldre än jag, inte kunde acceptera sin läggning annat än momentant. De lyckliga kärleksstunderna kunde förbytas i ett frånstötande. Eller också ville de inte ha ett riktigt förhållande, utan bara »litet grann«. Jag tog ut mina besvikelser och min kärlekslängtan i operorna.

### VAD OPERAINTRESSET BETYTT UNDER KOMMA UT-PROCESSEN

Utan att tänka på det, var det kvinnorollerna jag levde mig in i och som intresserade mig. De var som jag. De sveks av männen som var riktiga fähundar, men ändå älskade de männen. Jag levde igenom Tjajkovskijs Tatjana när hon skrev sitt kärleksbrev till Onegin, men kanske ännu mer när hon avvisade honom i slutet. Han insåg äntligen att han verkligen älskade henne, men då var det för sent. Hon var gift med en annan, och precis så stoiskt skulle jag minsann också en gång avvisa den som gjort mig så illa, men som jag fortfarande älskade. På samma sätt som några i projektet har jag också kunnat fabulera litet själv kring handlingen, och göra om den så att den passade mig. För mig spelade det inte ens någon roll att jag redan visste att det handlade om något annat; musiken nådde mig och den hjälpte mig att fantisera ihop något som passade mitt känsloliv. Sent på nätterna låg jag i mörkret och lyssnade i hörlurar. I nästa scen var vi på avrättningsplatsen i Poulencs *Karmelitsystrarna*, en annan favorit. Efter att jag avvisat älskaren kom han till mig kort före min avrättning, och vi kunde äntligen få varandra i döden genom att gemensamt beträda stupstocken. Att det finns en scen som verkligen skildrar detta i Giordanos *Andrea Chénier*, hade jag ingen aning om då. Den kanske ändå inte hade passat lika bra, för det var tonspråket jag var ute efter. Vad jag heller inte visste då var att bägge de kompositörer som gripit mig så starkt var homosexuella. Talade de till mig i ett hemligt samförstånd?

Den svikna kärleken var det jag kände starkast i. Den oändliga längtan Butterfly uttrycker och det grymma svek hon utsätts för var nästan outhärdligt – jag visste ju så väl hur det kändes. Till och med grevinnan i *Figaros bröllop* eller den smärtsamt utdragna skilsmässoprocess som Fältmarskalkinnan och Octavian genomgår berörde strängar djupt inne i mig. Eller det svek Norma utsätts för av Pollione, och hur hon i slutet berättar öppet för hela sin omgivning om deras förbjudna kärlek, till Bellinis ljuvt elegiska musik. Så skulle jag också vilja berätta för hela världen om honom och det som han förnekat, förtigit och inte velat låtsas om. För jag kände inte bara med de väna och lidande kvinnorollerna. Mer än flertalet i projektet älskade jag att frossa i de grymma kvinnofigurerna som tar en gruvlig hämnd. En favorit under min överspända ungdomstid var Cherubinis *Medea*, som då gick på Stockholmsoperan. Att som hon få ge igen på den man älskar, men som svikit en så brutalt, det var något att drömma om. Konstigt nog bekymrade mig aldrig de stackars barnens öde, barnkär som jag är. Varför jag fascinerades av den lika grymma Ortrud i *Lohengrin* kan jag inte riktigt svara på – hon varken älskar eller blir sviken. Men kanske det var precis som med Medea, det var musikens överväldigande kraft och ursinniga tonkaskader som hjälpte till att ge mig hän. Genom rösterna och orkestersatsen kunde jag spegla mitt sårade själsliv och min oändliga längtan. Jag var en romantiskt lagd ung man som nog kunde vara ganska påfrestande för min omgivning.

Av de betydelser som operaintresset kunde ha under min komma ut-process (se kapitel 5), är »ventil« och »spegling« de viktigaste, i någon mån också »substitut/sublimering«. Däremot behövde jag nog aldrig någon »förebild« för att våga bejaka min läggning eller ta steget ut ur garderoben.

Min komma ut-process gick gradvis under några år och började samma sommar som jag omsatt min insikt i praktiken. Då berättade jag för mina två närmaste vänner, Sofie och Björn, och så småningom kom Björn ut för mig. Om bögklubbar och annat hade jag inte en aning, men Sofie hade i sin tur en bögkompis som tog mig i hampan och visade mig runt. Efter hand var jag inte så ensam som jag hade trott, även om jag inte hade träffat någon fast partner. Vid denna tid minns jag en incident från en gaybar, där jag stod och pratade med en ytlig bekant. Han kände inte till mitt operaintresse och hade det inte själv, och vi diskuterade hur jag skulle träffa någon. Han sa: »men det är väl inte så svårt, det är bara att sätta sig på tredje raden på Operan, så hittar du säkert någon!« Det var första insikten om att det nog finns ett samband, åtminstone förutsätts det inom gaykulturen.

Två år senare flyttade jag hemifrån, och min komma ut-process påminner om den »genomsnittliga« i projektet: först vänner, sedan någon kvinnlig släkting eller syster och till sist föräldrarna, men endast min mor eftersom varken min far eller styvfar längre var i livet. Den kvinnliga släktingen var min pappas andra fru; en syster finns också med i bilden i form av deras dotter Susanne. Hon var bara tretton år då, och visade sin acceptans med orden: »Det vore ju som att man skulle tvinga mig att vara med en tjej!«. Med dem visste jag på förhand att det inte skulle bli några problem, men det kändes mer brännbart och nervöst när det närmade sig min egen familj. En förtvivlad natt ringde jag och väckte min svägerska, för jag ville berätta för min bror. Han var på repmånad, så det blev svägerskan – ännu en kvinnlig släkting – som fick ta emot min bikt och vidarebefordra den till min bror. Fortfarande inga problem, allt gick bra. Precis som för de flesta andra kändes föräldern som den verkliga prövostenen. Inte för att jag trodde att jag skulle bli förskjuten, utan för att det kändes så svårt att göra min mamma ledsen. Som Lars Bohman skriver, finns det inga föräldrar som jublar över att få veta att deras barn är homosexuellt. Jag berättade när jag var djupt förälskad i en man som jag inlett något slags förhållande med där jag ville betydligt mer än han. Kanske gav förälskelsen mig kraft att berätta, för jag hoppades och trodde verkligen att det skulle bli något mer än det egentligen var.

En sommarkväll när min mor och jag var ensamma på landet tog jag mod till mig. Det var bland det svåraste och tyngsta jag har gjort i mitt liv, och jag tror inte det går att förstå varför, om man inte själv har gjort det. Men jag bara måste berätta, jag ville inte undanhålla det här som var så viktigt! Visst blev min mamma ledsen, hon hade faktiskt inte anat något. Sorgen från hennes sida gällde också att jag inte skulle ge henne några barnbarn. Men jämfört med flera i projektet känner jag mig lyckligt lottad, även jämfört med några i min egen ålder eller yngre. Det ledde aldrig till någon brytning med min familj; de förstod mig och insåg att det går inte att göra något åt det. Sedan var det inget vi direkt talade om, och det är också något merparten i projektet beskriver. Många talar om att man lägger locket på i deras familjer, och det känner jag igen mig i. Själv tycker jag det är synd, för jag hade gärna talat om det mer. Och visst har jag kunnat känna mig stött när t ex min mor i början inte låtsat om att jag haft en manlig sambo inför en del väninnor, men å andra sidan har jag fått all tänkbar support. Hon har alltid stött mig i vad jag än företagit mig, och det var också hon som en gång i tiden förde in mig i operans värld. Man får också tänka på att det tar tid att »komma ut« som förälder till en homosexuell – själv har man tampats med frågeställningen i flera år, medan de plötsligt får veta det på några sekunder. Idag är det inga som helst problem, inte minst med tanke på att jag i samband med detta projekt varit helt öppen med min läggning i press och TV. Det enda är en viss oro för att jag ska bli nedslagen av nynazister, en berättigad oro visserligen.

Men komma ut-processen är långt ifrån över när man kommit ut för sina föräldrar, och egentligen tar den aldrig slut. Man hamnar hela tiden i situationer där man måste ta ställning till om man ska hålla garderobsdörren öppen eller inte. »Sambo« är ett könsneutralt ord, men man kan inte trassla in sig i meningar hur länge som helst utan att någon gång säga »han« eller »hon«. För mig blev det också naturligt att vara öppen med det i allmänhet första gången jag som 26-åring flyttade ihop med en man, Claes, i ett förhållande som varade knappt nio år. Då fanns det heller ingen anledning att förneka vem jag bodde med inför arbetskolleger, grannar och andra – jag var ju stolt över att ha en egen familj. Men man upphör aldrig att förvånas över hur djupt det heteronormativa tänkandet sitter. Med Claes ägde jag både hus och hund. När jag var ute med hunden kunde folk ibland fråga om den andre mannen i huset var min bror, trots att vi inte var det minsta lika till utseendet. När jag förklarade att det var min sambo, verkade det som de inte kunnat tänka sig det i sin vildaste fantasi. Visserligen kan jag hålla med det stora flertalet i projektet att jag inte behöver springa ut och skrika ut min läggning i tid och otid, men det bär mig också emot att ljuga. Trots det orkar man inte alltid vara modig och säga som det är. Jag kan intyga att det är en sak att tala om sin läggning i TV och en helt annan att säga det direkt till en person i en vardaglig situation. För några år sedan blev jag irriterad på mig själv när jag inte sa emot min grannfru som benämnde min ex-sambo »flickvän«. Grannen hörde visserligen till den mer nyfikna och skvallriga sorten, men varför rättade jag henne inte och sa som det var? Sådana situationer uppstår jämt, och det heteronormativa sitter så djupt rotat även bland homosexuella att man inte ens tänker på det, än mindre ifrågasätter det.

Som nämnts kan jag inte påstå att operaintresset betydde något för min process ut ur garderoben, i den meningen att det ingav mod till att vara öppen. Däremot kände jag nog på ett diffust sätt igen mig i det förtryck som rollfigurerna utsattes för, och det utanförskap de uttryckte. Det sätt som kören hatiskt flockades mot Medea var inte så olikt min dröm i barndomen när alla skrek åt mig på andra sidan staketet t ex. Även om min homosexualitet inte har varit så våldsamt traumatisk för mig, så finns det stora delar av den samhälleliga gemenskapen som man för alltid är avskuren ifrån. Jag kan aldrig helt och fullt bli som en av dem, och det var väl det som jag undermedvetet kände i de kvinnliga rollernas utanförskap.

### OPERAINTRESSET FRAM TILL IDAG

Precis som för deltagarna så förändrades mitt operaintresse i takt med att jag blev äldre och att livet stabiliserades på olika sätt. Det har inte varit som för ganska många att det avtagit i omfattning, utan enbart i den speciella känslomässiga intensiteten. Det har nog inte enbart att göra med att jag hittat mig själv och kommit till ro även yrkesmässigt, utan också att jag har sett och hört så otroligt mycket att det ska betydligt mer till för att verkligen gripa tag. Visst blir man en aning blaserad, men jag är lika hoppfull varje gång om att få se något som drabbar mig känslomässigt. Det är ju därför jag fortsätter.

Skivor har alltid spelat en viktig roll i mitt operaintresse. Tidigare när jag inte hade råd att köpa så mycket skivor spelade jag in en massa operor på kassettband – något jag tycks vara tämligen ensam om i undersökningen. Och i motsats till många var övergången från LP till CD det som fick mitt skivköpande att explodera, istället för att komma in i ett lugnare beteende (jämför t ex Villes och Davids berättelser). När jag bestämde mig för att slänga ut vinylgrammofonen, ersatte jag först alla LP-inspelningar och sedan var det bara att fylla på med nytt. »Explosionen« berodde också på att jag då börjat få litet större och mer regelbundna inkomster, så jag kunde tillåta mig att köpa mer. I Villes beskrivning av sitt tidigare beteende, då han tröstköpte skivor, kan jag känna igen mig mycket. Enda skillnaden är att jag gör det fortfarande – det finns så många tillfällen då jag tycker att jag borde pigga upp mig med en ny operainspelning. Samtidigt känner jag igen Karls uttalande att så fort man har den är det inget roligt länge, då vill man genast ha en ny. Jag älskar att bläddra i skivkataloger och sukta efter inspelningar som jag en gång kommer att skaffa. Men det är på något sätt »vägen dit som är mödan värd«. Och visst kan själva produkten i sig vara läcker och åtråvärd, med fina omslag, spännande bilder och intressanta skivhäften. Det är roligt att stoppa in dem i hyllan och ordna dem i bokstavsordning. Men mer än så blir de aldrig fetischer, de kan aldrig bli det i någon Koestenbaumsk erotisk bemärkelse för mig. Sam Abels beskrivning känner jag mer igen, att se deras storlek och framför allt deras innehåll som fetischer men inte varje detalj på dem. För mig kunde den *Nibelungens ring*-inspelning som jag köpte som femtonåring för surt sparade slantar, vara som ett magiskt skrin. Men det var innehållet som hade de magiska, outtömliga egenskaperna, inte själva boxen.

### DEN SOCIALA SIDAN AV OPERAINTRESSET

Den sociala sidan har alltid varit viktig, om än inte livsavgörande för mig. För visst är ändå intresset, som många deltagare säger, till stora delar en ensamsyssla. I operasalongen tar man emot föreställningen ensam, även om man kan diskutera den med andra efteråt, och att höra opera på CD kräver också en koncentration som man lättast åstadkommer på egen hand. Men det är ytterst berikande för intresset att dela det med andra, att diskutera, komma in i andra tankebanor och få hjälp att formulera vad man egentligen vill ha sagt. Och det är väldigt roligt att höra CD tillsammans med andra, även om den gemensamma koncentrationen bara kan upprätthållas till några snuttar i taget. Att jämföra, associera vidare och få höra andras inspelningar som man själv inte hört är alltid spännande, liksom att få höra vad andra tycker. I mitt fall har jag mest delat intresset med andra homosexuella män, men jag har också en heterosexuell väninna som jag går på Operan eller lyssnar på skivor med. Även de proportionerna tycks ligga nära genomsnittet i undersökningen.

På samma sätt som opera hade en särskild laddning för mig under åren kring 20-årsåldern, fick operahuset i sig en laddning under samma tid. Precis som många av deltagarna började jag se mig omkring och upptäcka att här fanns många män i foajéerna som jag också sett på någon gaybar. Det blev litet pirrigt och spännande att gå dit, inte för att jag någonsin gått till en föreställning i syftet att träffa någon. Men möjligheten fanns när jag ändå var där. Särskilt väl känner jag igen Lasses beskrivning av Operan som en spännande plats, hur han såg sig omkring med litet kluvna förhoppningar, eller Charles uttalande »undrar vilka man träffar ikväll?«. Jag måste nog erkänna att den laddningen försvann för mig mera för att jag gick in i ett fast förhållande än att jag kommit till rätta med mig själv. Även utomlands har jag upplevt operabögar högst påtagligt. På arenan i Verona blev jag föremål för uppvaktning av en man i förbifarten, som direkt förutsatte att jag skulle vara intresserad av andra män. I Bayreuth fann jag bekräftelse på de uttalanden som gjorts om parken intill festspelshuset. Även om jag bara ägnade mig åt observation, och inte deltagande sådan, var det knappast svårt att urskilja den trafik som började i mörkret en timme efter föreställningens slut. Jag blev mest förvånad över att det var så många, och att alla höll sig kring Wagners staty – vid Cosimas på andra sidan var det helt dött...

Visst har jag raggat, alternativt blivit uppraggad på Operan några gånger. Jag närde en dröm om att en gång hitta en livskamrat som var lika operaintresserad som jag, och var kan man hitta den om inte på Operan? Men självklart måste en mängd andra faktorer stämma också. Samtidigt tänkte jag att det var bra att få litet distans till tillvaron genom att ha en partner som stod för andra sidor i livet. Min fd sambo var helt ointresserad av opera. Visst kunde det vara besvärligt många gånger, och till viss del hämmande för mitt operaintresse, men den aspekten var inte avgörande för att förhållandet till sist tog slut.

Numera har jag också erfarenhet av hur det är att leva med en lika intresserad partner. För drygt fem år sedan slog det jag hela tiden längtat efter in, när jag träffade Sören. Ändå hade jag aldrig vågat hoppas att det kunde vara så berikande. Att bli väckt på morgonen med en bit ur *Adriana Lecouvreur* kan för en del låta som en bestraffning, men för mig är det ett mått på lycka. Enda problemet är att det kan bli för mycket av det goda – vi får nästan tvinga oss att syssla med andra saker för att inte bli alldeles insnöade. Trots att min Sturm und Drang-period sedan länge är över och att den känslomässiga intensiteten inte är lika stark i mitt operaintresse, grips jag ibland av vissa operaföreställningar så starkt att jag gråter. Jag är väldigt glad att jag fortfarande har den förmågan att bli så berörd, och blir nästan förvånad de gånger det händer. Trots att jag har kommit till rätta med min sexualitet, och trots att jag inte är ensam utan har ett samliv med min partner som är både andligt och sexuellt berikande, så sitter jag på Operan och gråter. Förmodligen är det ett universellt behov av att nå en känslomässig rening eller katharsis, och det är i så fall ett behov man har hela livet. De senaste åren har jag mer kommit att intressera mig för de existentiella och allmänmänskliga frågeställningar som operorna har väckt. Och hur jag än vänder och vrider på kopplingen mellan opera och homosexualitet i mitt eget fall, så återkommer jag hela tiden till de där åren kring 20-årsåldern. När jag mera slutgiltigt formade min identitet och hittade mig själv som människa, hur smärtsamt det än kunde vara.

Sammanfattningsvis finns det i långa stycken likheter mellan mig och de andra operabögarna i projektet, men där finns också påtagliga avvikelser. En skillnad som jag instinktivt kände under samtalen, förutom synen på de »onda« kvinnorollerna, var att jag kanske hade ett litet större intresse för det teatermässiga än deltagarna i allmänhet. Jag har i olika sammanhang beskrivit övervikten för det musikaliska jämfört med det sceniska, något som framkom redan i enkätsvaren. För mig har teatern/dramat och musiken redan från början vägt absolut jämnt – precis som grevinnan i *Capriccio* har jag hävdat att man inte ska behöva välja. Även om många projektdeltagare skulle hålla med både grevinnan och mig, så har jag i mitt starka intresse för regi funnit gensvar hos bara en mindre del av gruppen. I mitt fall hänger det nog samman med att jag en gång närde en ungdomsdröm att bli operaregissör, och att jag under några år fuskade litet i den branschen. Att jag också sällar mig till den mindre del som vill beteckna mitt operaintresse som en livsstil beror på att opera på ett eller annat sätt alltid har ingått i mitt yrkesliv. Men att jag som operabög skulle ingå i en subkultur vill jag lika litet som någon annan skriva under på. Jag har aldrig upplevt det som att jag tillsammans med några andra skulle avskärma mig från världen, bara för att det är något som inte ingår i det dominerande kulturmönstret. Möjligen skulle andra finna någonting sådant i föreningen OperaBögarna, som bildades under efterdyningarna av intervjuperioden. Men förutom att de enda krav vi ställer på våra medlemmar är att man ska vara homo- eller bisexuell och intresserad av opera, så lever vi en högst utåtriktad tillvaro. I julas firade vi femårsjubileum, och antalet medlemmar har redan överstigit 250 stycken.

# Bilaga 1:
# Fullständiga enkätsvar till frågorna 25–32

## FRÅGA 25. NÄMN FYRA FAVORITOPEROR (ANTAL OMNÄMNANDEN)

12 Elektra
12 Nibelungens ring

8 Tristan och Isolde

6 Così fan tutte
6 Norma
6 Salome

5 Parsifal
5 Traviata, La

4 Madame Butterfly
4 Maskeradbalen
4 Tosca
4 Trollflöjten
4 Turandot

3 Bohème
3 Don Giovanni
3 Eugen Onegin
3 Figaros bröllop
3 Flygande holländaren
3 Lohengrin
3 Otello
3 Puritanerna
3 Rosenkavaljeren
3 Valkyrian

2 Don Carlos
2 Katerina Ismajlova
2 Medea
2 Mästersångarna
2 Tote Stadt, Die
2 Ödets makt

1 Aida
1 Aniara
1 Anna Bolena
1 Ariadne på Naxos
1 Attila
1 Billy Budd
1 Capriccio
1 Capuleti e i Montecchi, I
1 Carmen
1 Cavelleria Rusticana
1 Frau ohne Schatten, Die
1 Friskytten
1 Gioconda, La
1 Jeanne d'Arc
1 Jenufa
1 Karmelitsystrarna
1 Konsuln
1 Lazarus (Schubert)
1 Linda di Chamounix
1 Lucia di Lammermoor
1 Macbeth
1 Mahagonny
1 Maria Stuarda
1 Martha
1 Nabucco
1 Orfeus och Eurydike
1 Peer Gynt (Grieg)
1 Pelléas och Mélisande

1 Peter Grimes
1 Ragnarök
1 Rhenguldet
1 Rigoletto
1 Rucklarens väg
1 Titus
1 Turn of the Screw
1 Werther
1 Wunder der Heliane, Das

## FRÅGA 26. NÄMN FYRA FAVORITKOMPOSITÖRER (ANTAL OMNÄMNANDEN)

27 Wagner, Richard

24 Verdi, Giuseppe

18 Strauss, Richard

17 Puccini, Giacomo

15 Mozart, W A

11 Bellini, Vincenzo

5 Donizetti, Gaetano
5 Rossini, Giacchino

3 Bach, J S
3 Beethoven, Ludwig van
3 Händel, G F
3 Mahler, Gustav
3 Tjajkovskij, Pjotr

2 Britten, Benjamin
2 Korngold, Erich
2 Mascagni, Pietro
2 Schubert, Franz

1 Berlioz, Hector
1 Bizet, Georges
1 Brahms, Johannes
1 Bruckner, Anton
1 Dvořák, Antonin
1 Grieg, Edvard
1 Janaček, Leos
1 Massenet, Jules
1 Mendelsohn, Felix
1 Mercadante, Severio
1 Rimskij-Korsakov, Nicolai
1 Sibelius, Jean
1 Stravinskij, Igor
1 Weill, Kurt

## FRÅGA 27. NÄMN FYRA FAVORITROLLER (ANTAL OMNÄMNANDEN)

9 Isolde

8 Elektra

7 Violetta (*La Traviata*)

6 Fältmarskalkinnan (*Rosenkavaljeren*)
6 Norma
6 Salome

5 Brünnhilde (*Ringen*)
5 Rigoletto

4 Butterfly
4 Hans Sachs (*Mästersångarna*)
4 Wotan (*Ringen*)

3 Don Giovanni
3 Gustaf III (*Maskeradbalen*)
3 Orfeus (*Gluck?*)

3 Tosca
3 Turandot

2 Aida
2 Amneris (*Aida*)
2 Azucena (*Trubaduren*)
2 Carmen
2 Färgarfrun (*Frau ohne Schatten*)
2 Lucia di Lammermoor
2 Musette (*Bohème*)
2 Nattens drottning (*Trollflöjten*)
2 Ortrud (*Lohengrin*)
2 Siegmund (*Valkyrian*)
2 Tannhäuser
2 Zerbinetta (*Ariadne*)

1 Adriana Lecouvreur
1 Anna Bolena
1 Aristeo (*Rossis Orfeo*)
1 Canio (*Pajazzo*)
1 Chrysothemis (*Elektra*)
1 David (*Mästersångarna*)
1 Delila
1 Dido (*Purcell/Berlioz?*)
1 Donna Elvira (*Don Giovanni*)
1 Elisabetta (*Don Carlos*)
1 Elsa (*Lohengrin*)
1 Falstaff *(Verdi)*
1 Gioconda, La
1 Golaud (*Pelléas och Mélisande*)
1 Gurnemanz (*Parsifal*)
1 Hoffmann
1 Holländaren
1 Jago (*Otello*)
1 Jenufa
1 Jonny-Jenny (*Mahagonny*)
1 Katerina Ismajlova
1 Klytaimnestra (*Elektra*)
1 Kundry (*Parsifal*)
1 Lady Macbeth
1 Leonora (*troligen Ödets makt*)
1 Loge (*Rhenguldet*)
1 Mandryka (*Arabella*)
1 Maria Stuarda
1 Marietta (*Die tote Stadt*)
1 Nabucco
1 Orestes (*Elektra*)
1 Otello
1 Papageno (*Trollflöjten*)
1 Rodolfo (*Bohème*)
1 Scarpia (*Tosca*)
1 Sieglinde (*Valkyrian*)
1 Susanna (*Figaros bröllop*)
1 Tatjana (*Eugen Onegin*)
1 Tristan
1 Werther

4 ej svar

## Fråga 28. Favoritröstfack (antal omnämnanden)

23 Sopran
(6 tillagt »dramatisk«,
1 tillagt »koloratur«)
10 Har inget favoritröstfack
6 Tenor
4 Mezzo
2 Baryton
2 Basbaryton

### Fråga 29. Nämn fyra favoritsångare (antal omnämnanden)

20 Björling, Jussi

13 Domingo, Plácido

6 Gobbi, Tito
6 Terfel, Bryn

5 Gedda, Nicolai
5 Pavarotti, Luciano
5 Winbergh, Gösta

4 Mattei, Peter
4 Saedén, Erik
4 Tomlinson, John

3 Corelli, Franco
3 Cura, José
3 Hampson, Thomas
3 Kraus, Alfredo

2 Alagna, Roberto
2 Christoff, Boris
2 Fischer-Dieskau, Dietrich
2 Gigli, Benjamino
2 Hagegård, Håkan
2 Hotter, Hans
2 Jerusalem, Siegfried
2 Milnes, Sherrill
2 Ramey, Samuel
2 Talvela, Martti
2 Vickers, Jon
2 Windgassen, Wolfgang

1 Adam, Theo
1 Arvidson, Jerker
1 Bergonzi, Carlo
1 Blochwitz, Hans Peter
1 Caruso, Enrico
1 Cleveman, Lars
1 Heppner, Ben
1 Hobson, David
1 Hoffman, Peter
1 Hvorostovsky, Dmitrij
1 Hynninen, Jorma
1 Kollo, René
1 Kowalski, Jochen
1 London, George
1 McIntyre, Donald
1 Melchior, Lauritz
1 Müller-Brachmann, Hanno
1 Nesterenko, Evgenij
1 Pears, Peter
1 Persson, Olle
1 Pons, Juan
1 Prey, Herrmann
1 Raimondi, Ruggero
1 Schiotz, Aksel
1 Schipa, Tito
1 Sirkiä, Raimo
1 Skram, Knut
1 Stolze, Gerhard
1 Sunnegårdh, Thomas
1 Svanholm, Set
1 Thomas, Jess
1 Wallén, Martti
1 Van Allan, Richard
1 van Egmond, Max
1 Warren, Leonard
1 Westi, Kurt
1 Wunderlich, Fritz
1 Wächter, Eberhard

## Fråga 30. Nämn fyra favoritsångerskor (antal omnämnaden)

26 Nilsson, Birgit

22 Callas, Maria

7 Caballé, Montserrat
7 Gruberova, Edita
7 Schwarzkopf, Elisabeth
7 Sutherland, Joan

6 Flagstad, Kirsten
6 Söderström, Elisabeth

3 Bartoli, Cecilia
3 Hallin, Margareta
3 Norman, Jessye
3 Price, Leontyne
3 Tobiasson, Ingrid
3 von Otter, Anne Sofie

2 Aruhn, Britt Marie
2 Cotrubas, Ileana
2 Dalayman, Katarina
2 della Casa, Lisa
2 Freni, Mirella
2 Ludwig, Christa
2 Te Kanawa, Kiri

1 Baker, Janet
1 Berganza, Teresa
1 Cossotto, Fiorenza
1 Crespin, Régine
1 Devia, Mariella
1 Dilbèr
1 Döse, Helena
1 Eaglen, Jane
1 Ferrier, Kathleen
1 Fleming, Renée
1 Grümmer, Elisabeth
1 Güden, Hilde
1 Hallenberg, Ann
1 Horne, Marilyn
1 Janowitz, Gundula
1 Larmore, Jennifer
1 Larsson, Anna
1 Ligendza, Catarina
1 Lindholm, Berit
1 Lott, Felicity
1 Meier, Waltraud
1 Miura, Jacqueline
1 Nordin, Lena
1 Polaski, Deborah
1 Rysanek, Leonie
1 Schymberg, Hjördis
1 Sills, Beverly
1 Soffel, Doris
1 Steber, Eleanor
1 Svendén, Birgitta
1 Tebaldi, Renata
1 Thallaug, Edith
1 Tomowa-Sintov, Anna
1 Varnay, Astrid
1 Wennberg, Siv
1 Vishnevskaya, Galina
1 Voigt, Deborah

### Fråga 31. Nämn två favoritdirigenter (antal omnämnanden)

12 Solti, Georg

8 Segerstam, Leif

5 Abbado, Claudio

4 Böhm, Karl
4 Karajan, Herbert von

3 Barenboim, Daniel
3 Levine, James

2 Davis, Colin
2 Kleiber, Carlos
2 Köhler, Siegfried
2 Serafin, Tullio

1 Ahronovitch, Yuri
1 Bonynge, Richard
1 Chailly, Riccardo
1 Ehrling, Sixten
1 Fournellier, Patrick
1 Gardiner, John Eliot
1 Haitink, Bernard
1 Harnoncourt, Nicolas
1 Ingebretsen, Kjell
1 Järvi, Neeme
1 Klas, Eri
1 Klobucar, Berislav
1 Knappertsbusch, Hans
1 McGegan, Nicolas
1 Mehta, Zubin
1 Muti, Riccardo
1 Prêtre, Georges
1 Rydinger-Alin, Cecilia
1 Salonen, Esa-Pekka
1 Sawallisch, Wolfgang
1 Toscanini, Arturo
1 Varviso, Silvio

### Fråga 32. Nämn två favoritregissörer (efter antal omnämnanden)

6 Friedrich, Götz
6 Kupfer, Harry
6 Pettersson, Ann-Margret

3 Chéreau, Patrice
3 Järvefelt, Göran

2 Ponnelle, Jean-Pierre
2 Zeffirelli, Franco

1 Abenius, Folke
1 Bergman, Ingmar
1 Fellbom, Claes
1 Freyer, Achim
1 Gentele, Göran
1 Hendriksen, Knut
1 Lillieqvist, Torbjörn
1 Radok, David

1 Mörk, Lennart
1 Thessman, Lars-Åke
(båda scenografer, vilket deltagaren påpekar: »För mig är scenografer viktigare, dessutom är dessa scenografer ofta 'starkare' än regissören.«)

# Bilaga 2:<br>Lista över vad deltagarna spelat i samtal II

| | |
|---|---|
| Bill | Spinnkvartetten ur Flotows *Martha* |
| Anders | Posas död ur Verdis *Don Carlos* med Tito Gobbi |
| Anders | Slutscenen ur Korngolds *Das Wunder der Heliane* |
| Ulf | Elisabeths hälsningssång ur Wagners *Tannhäuser* med Birgit Nilsson |
| Harald | Tersetten ur Mozarts *Das Schauspieldirektor* eller Lindas aria ur Donizettis *Linda di Chamounix* med Joan Sutherland (skulle ha spelat) |
| Peter | »In questa reggia« ur Puccinis *Turandot* med Birgit Nilsson och Jussi Björling |
| Charles | Slutscenen ur akt II av Strauss *Die Frau ohne Schatten* med Birgit Nilsson |
| Jörgen | Lisas aria ur Tjajkovskijs *Spader dam* med Ljuba Welitsch (hade velat brevscenen ur *Eugen Onegin* från samma recital-skiva, men för lång) |
| Bosse | Lindas aria ur Donizettis *Linda di Chamounix* med Edita Gruberova |
| Nils | Slutscenen ur akt I av Brittens *The turn of the Screw* med Peter Pears |
| Olle | Slutet av akt III ur Verdis *Aida*, med Montserrat Caballé |
| Daniel | Don Giovannis helvetesfärd ur Mozarts *Don Giovanni* |
| Niklas | Ur Brünnhildes slutscen ur Wagners *Ragnarök* med Jane Eaglen |
| Karl | Ur akt II av Brittens *Billy Budd* |
| Rolf | Isoldes kärleksdöd ur Wagners *Tristan och Isolde* med Birgit Nilsson (skulle ha spelat) |
| Örjan | »Orest!« ur Strauss *Elektra* med Birgit Nilsson |
| Fredrik | Systrarnas duett ur akt II av Mozarts *Così fan tutte*, Arnold Östmans inspelning |
| Fredrik | Duett Fiordiligi – Ferrando akt II ur *Così*, samma inspelning |

| | |
|---|---|
| Ingmar | Slutscenen ur Korngolds *Die tote Stadt* med Thomas Sunnegårdh |
| Alf | Siegmund och Sieglinde ur Wagners *Valkyrian*, akt I med Lotte Lehmann och Lauritz Melchior, dir Bruno Walter (skulle ha spelat) |
| Mikael | Brudgemaksscenen ur Wagners *Lohengrin* med Thomas Sunnegårdh och Mari Anne Häggander (skulle ha spelat) |
| Hans | Elenas aria akt IV (»Arrigo!«) ur Verdis *Sicilianska aftonsången* med Montserrat Caballé |
| Lars-Erik | Violettas aria akt I ur *La Traviata* med Ileana Cotrubas |
| Carl-Magnus | Slutet av Verdis *Don Carlos* med Montserrat Caballé (live) |
| Ivar | »La mamma morta« ur Giordanos *Andrea Chénier* med Maria Callas |
| Magnus | Slutscenen ur Janačeks *Jenufa* med Elisabeth Söderström m fl |
| David | Ladyns aria akt I ur Verdis *Macbeth* med Sylvia Sass |
| David | Final akt I ur *Macbeth*, samma inspelning |
| Gustav | Agathes aria »Wie nahte mir der Schlummer« ur Webers *Friskytten* (skulle ha spelat) |
| Fleming | Oceanarian ur Webers *Oberon* med Birgit Nilsson (skulle ha spelat) |
| Erik | Ur slutscenen av Strauss *Salome* med Birgit Nilsson |
| Johan | »O soave fanciulla« ur Puccinis *Bohème* med Roberto Alagna/ Angela Gheorghiu |
| Georg | Slutet av akt II »O König, das kann ich dir nicht sagen« ur Wagners *Tristan och Isolde* med Wolfgang Windgassen/Birgit Nilsson, dir Karl Böhm |
| Emil | Inledningen av akt II ur Wagners *Tristan*, med Kirsten Flagstad, Margarete Klose och Lauritz Melchior |
| Kenneth | Nadirs aria ur Bizets *Pärlfiskarna* med Nicolai Gedda |
| Emil | Rosamundas aria ur Donizettis *Rosamunda d'Inghilterra* med Joan Sutherland |
| Robert | Slutscenen ur Puccinis *Madame Butterfly* med Renata Scotto |
| Lasse | Cherubins aria »Voi che sapete« ur Mozarts *Figaros bröllop* med Cecilia Bartoli |
| Per | Duo Nocturne Héro – Ursule ur Berlioz *Béatrice et Bénédict* (Erato) |
| Per-Olov | Scen Elsa – Ortrud ur inledningen av akt II ur Wagners *Lohengrin* med Waltraud Meier, Cheryl Studer |

| | |
|---|---|
| Tomas | Nattens drottnings andra aria ur Mozarts *Trollflöjten* med Roberta Peters |
| Sven | Helianes aria ur Korngolds *Das Wunder der Heliane* |
| Ville | Ur finalen akt II av Verdis *La Traviata* med Maria Callas (Lissabon 1958!) |
| Ville | Bellini: *Puritanerna*, ur finalen akt I med Maria Callas |

Ett fåtal hade inte med sig inspelningar. Det berodde på att de inte hade dem tillgängliga p g a flytt eller annat, eller på att de glömt dem. De fick då istället motivera det de skulle haft med.

# Bilaga 3: Ordlista

**cruising area** Raggningsstråk, efter engelskans ord för kryssa omkring utan särskilt mål.

**deduktiv** Man härleder slutsatsen utifrån ett antal givna grundantaganden.

**essentialister – konstruktivister** Konstruktivisterna vill visa att motsatsbildningar som heterosexuell – homosexuell egentligen bara skapas genom sociala konstruktioner, och att t o m könet är en social konstruktion, i motsats till essentialisterna som ser det biologiska könet och den sexuella läggningen som allom givna.

**heteronormativitet** Antagandet att alla är heterosexuella och att det naturliga sättet att leva är heterosexuellt. De institutioner, strukturer, relationer och handlingar som vidmakthåller heterosexualitet som något enhetligt, naturligt och allomfattande. Att heteronormera är min egen term för att vrida till scener, relationer eller konstverk där homosexuella laddningar finns åt det heterosexuella hållet.

**heterosocial** Att leva i ett heterosexuellt förhållande »utåt« med ett ganska obetydligt sexuellt innehåll, medan man lever ut sin sexualitet i homosexuella relationer »vid sidan om«.

**homofobi** Att utan speciell anledning känna avsky inför homosexuella och homosexualitet, samt i sina värderingar inte jämställa homosexuella med andra människor.

**induktiv** Man härleder slutsatsen utifrån en tolkning av ett empiriskt material.

**opera queen** Ordet »queen« har inom gaykretsar betydelsen en starkt effeminerad man, men det kan också betyda en hängiven entusiast (jfr »drag queen«, »disco queen« och »leather queen«). Följaktligen en effeminerad, homosexuell män med ett starkt operaintresse.

**operabög** Min variant av begreppet »opera queen«, där jag använder den maskulina formen för att påpeka att det inte behöver röra sig om en effeminerad man.

**recital, recitalskiva** Olika arior samlade med en viss sångare.

# Noter

## Inledning

[1] Ordet »bög« använder jag inte i någon nedsättande bemärkelse, tvärtom. Jag använder termen synonymt med »homosexuell man«, och gör ingen grad- eller betydelseskillnad mellan dessa ord, utan enbart för att skapa en variation i språket. I vissa fall har dock stilistiken fått avgöra, och för sammanhanget har ibland »bög« föredragits i mer vardagliga sammanhang, t ex i deltagarnas berättelser, medan »homosexuell man« använts i mer vetenskapliga resonemang. För att avväpna ordet har många homosexuella börjat använda termen »bög« om sig själva, och gradvis har den negativa laddningen försvunnit (Lars Bohman, *Man och man emellan. En bok om manlig homosexualitet*, Stockholm 1995, 22). Istället för att vara ett skällsord, har det istället blivit en neutralt beskrivande term, på samma sätt som »flata«.

[2] Paul Robinson, »The Opera Queen. A Voice from the Closet« i *Cambridge Opera Journal*, 6/94, 288.

[3] Skillnaden mellan operabög och opera queen: se ordlistan.

[4] Homofobi, heteronormerande: se ordlista, samt Tiina Rosenberg, *Queerfeministisk agenda* (Stockholm 2002), 100–103, Bohman, 16–20.

[5] Jfr essentialister – konstruktivister, se ordlista och metodavsnitt.

[6] Denna historia är bekräftad av Lasse Walldov och godkänd enligt denna version. Han ville desutom helst att hans namn skulle publiceras. Han berättade vidare att en man från föreningen några månader senare kommit och bett om nya föreläsningar, som om ingenting hade hänt. Detta hade han bestämt avböjt, varpå mannen svarade att allt varit hans eget fel eftersom han ställt »irrelevanta frågor«. Efter det körde Walldov mannen på porten.

[7] Deras sju enkätsvar räknades om, så att de förhållanden om vilken ålder man hade etc 1999 fick gälla.

[8] Enligt RFSL:s kuratorer är 7–8 år en ganska vanlig tidsrymd mellan insikt och att avsluta komma ut-processen.

[9] Deltagarna i paren uppmanades brevledes att fylla i sina enkäter var för sig, för att inte påverka varandra.

[10] I sammanhanget bör nämnas att Sir Georg Solti, som vann enkäten, avled precis när enkäten genomfördes – »bless his soul!« som en av deltagarna skrev under sitt svar. Leif Segerstam var vid tillfället chefsdirigent

på Operan i Stockholm. Att jag bara bad om två omnämnanden beror på att det här inte torde vara svårt att välja – på denna liksom än mer i regissörsfrågan ger svaren intryck av att man snarare försöker komma på någon överhuvudtaget.

11 »Vorabend«, »Erster Abend« och »Zweiter Abend« är en anspelning på Wagners *Nibelungens ring*, där *Rhenguldet* har undertiteln Vorabend, *Valkyrian* Erster Abend och *Siegfried* Zweiter Abend. Någon *Ragnarök* blev det inte i denna undersökning...

12 Willmar Sauter, Curt Isaksson, Lisbeth Jansson, *Teaterögon. Publiken möter föreställningen. Upplevelse – utbud – vanor* (Stockholm 1986) – metoden beskrivs på sid 56–60; Willmar Sauter, *Braaavo! En studie över publiken på Operan i Stockholm* (Stockholm 1987).

13 Karin Helander, *Från sagospel till barntragedi. Pedagogik, förströelse och konst i 1900-talets svenska barnteater* (Stockholm 1998), 11–15.

14 Susan Sontag, »Notes on Camp« i *Against Interpretation and Other Essays* (New York 1961), 276. Min övers, citerat enligt Mitchell Morris, »Reading as an Opera Queen« i *Musicology and Difference*, ed Ruth A Solie (Berkeley 1993), 186.

15 Tiina Rosenberg, *Byxbegär* (Göteborg 2000), 13f; Roland Barthes, *Roland Barthes* (Paris 1975), refererat enl Rosenberg.

16 Observera att gay studies även omfattar lesbiska. Ordet gay kan användas för såväl kvinnor som män.

17 Den konstruktivistiska synen uppstod redan tidigare inom feminismen, och just detta synsätt kunde tas upp och vidareutvecklas av queerteori. Se vidare min ordlista.

18 Refererat enligt Rosenberg 2000, 17.

19 Jens Rydström, »Queer teori och historia« i *Lambda Nordica* nr 3–4/96, 86. Se också Don Kulick, »Queer Theory: Vad är det och vad är det bra för?« i samma volym, Greger Emans »Queer – fem år senare«, en intervju med Don Kulick i *Kom Ut* nr 5/01 samt Emans ledare »Alla bögar gillar schlager« i *Kom Ut* nr 7/01.

20 Ursprungligen publicerad på franska under titeln *L'opéra ou la défaite de femmes* (Paris 1979). Den uppmärksammades på en bredare front först med den engelska översättningen *Opera, or the Undoing of Women* (Minnesota 1988).

21 Då Koestenbaums bok kom ut i tysk översättning fick den titeln *Die Königin der Nacht*.

22 *Queering the Pitch. The New Gay and Lesbian Musicology*, ed Philip Brett, Elizabeth Wood och Gary C Thomas (New York 1994).

23 Sam Abel, *Opera in the Flesh. Sexuality in Operatic Performance* (Westview Press 1996), 61: »My passion for opera is as strong when I am in a stable relation-

ship as it is when my sex life is more transient and less fulfilling, and my pleasure in opera only increases by sharing it with my lover.« Min övers. Hans syfte formuleras på sid 4.

24 *Sympatiens hemlighetsfulla makt*, red Göran Söderström (Stockholm 1999), med bidrag av Fredrik Silverstolpe, Greger Eman, Dodo Parikas, Jens Rydström och Göran Söderström. Med utgångspunkt bl a från denna bok gav Stockholms stadsmuseum en utställning 2000–2001 om stadens homosexuella från 1700-talet till idag.

25 Arne Nilsson, *Såna & riktiga karlar. Om manlig homosexualitet i Göteborg decennierna kring andra världskriget* (Göteborg 1998).

26 Karin Widerberg, *Kunskapens kön* (Stockholm 1995), 122.

27 Widerberg, 137.

28 Induktiv, deduktiv: se ordlistan.

29 »Opera queens have gotten bad press. They are thought to be cruelly bitchy, horrendously petty, and extraordinarily demanding. And they *are*.« Cit enl Abel, 60. Min övers.

30 Abel, 60: »The deadly obsessions of the opera queen come to represent characteristics of all gay male culture, even for those gay men who spurn opera« (min övers).

31 Terrence McNally, *The Lisbon Traviata* (New York 1992); opublicerad svensk översättning av Mikael Andersson, Åke Andersson, Göran Gademan och Roger Wallén 1999. Pjäsen föreligger i två versioner (1985 resp 1990) med olika slut. Det som åsyftas här, och som också användes i OperaBögarnas uppsättning, är det senare reviderade slutet. Eftersnacket ägde rum 99-08-20 efter föreställningarna på Rosenlundsteatern, och dit inbjöds de i projektet som hade sett föreställningen att frivilligt delta. 12 personer kom.

32 Däribland *The Advocate* och den litterära tidskriften *Christopher Street*. Insändarna han framför allt använder är av Lawrence Mass, »Confessions of an Opera Queen« och en med det svenskklingande namnet Ivan Martinson, »How to Be an Opera Queen«, båda i *Christopher Street* nr 69/82.

33 Siv Lindström, »Sanslös sinnesnärvaro i tid och o-tid. En uppsats om starka musikupplevelser«, Uppsala universitet 1989 (Exemplar på Statens Psykologisk-Pedagogiska bibliotek, Stockholm).

34 Arbetet är utan titel och utan år. Skrivet vid Musikterapiutbildningen, KMH, A-kursen, delkurs Musikpsykologi. Frågeställningen för uppgiften som skulle lösas var: Hur upplever vi musik? Hur påverkas musikupplevelsen av olika biologiska och kulturella faktorer?

35 Peter Tai Christensen, »Queerovision Song Contest – ett individuellt minnesarbete som med queerteoretisk utgångspunkt och Eurovision Song

Contest som exempel fokuserar åskådarens aktiva roll i tolkandet av populärkulturella företeelser«. PK-uppsats vid Centrum för kvinnoforskning, Stockholms universitet 2001. (Rapport nr 23 i Skriftserie från Centrum för kvinnoforskning).

[36] Robert W Connell, *Masculinities* (Cambridge 1995); Åshild Ustrup, *Män och älskare – 25 intervjuer. Kärlekens lycka och olycka* (1978), sv övers (Stockholm 1979).

## 1. Barndomen

[37] Text Modest Tjajkovskij, övers Britt G Hallqvist.

[38] Robert W Connell, *Masculinities* (Cambridge 1995), 22f, 45; Martin P Levine, *Gay Macho* (New York 1998), 11f.

[39] Per Nilsson, *Fritid i Skilda Världar. En undersökning om ungdomar och fritid i ett nationellt och kontextuellt perspektiv*. Ungdomsstyrelsens utredningar 11 (Stockholm 1998), 89–92.

[40] Erling Bjurström, *Högt och lågt. Smak och stil i ungdomskulturen* (Umeå 1997), 363–374.

[41] Connell, 71–76, 145–147.

[42] Bohman, 81–97. Freud menade också att alla paranoida tillstånd var ett försvar mot att bli homosexuell, något Bieber och modernare psykoanalytiska teorier senare tog avstånd ifrån.

[43] Koestenbaum, bl a sid 11.

[44] Sauter 1987, 46f, 12.

## 2. Att upptäcka sin läggning

[45] Text Felice Romani, övers Lasse Zilliacus.

[46] Se även Bohman, 172–189.

[47] Bohman, 135, 182.

[48] Timmy var RFSL:s klubblokaler på Timmermansgatan från 1964 med vissa avbrott fram till 1988, då det nya RFSL-Huset öppnade på Sveavägen. Se *Sympatiens hemliga makt*, 659–676.

## 3. Operaintresset börjar på allvar

[49] New York: Dramatists Play Service, Inc 1992, övers Mikael Andersson, Åke Andersson, Göran Gademan & Roger Wallén 1999.

[50] Jfr med musik som Dowling kallar indexerande, dvs den förknippas med ett minne eller tidigare känsloupplevelse: »Listen, dear, they're playing our song«. Dowling & Harwood, 204.

[51] Jfr också Koestenbaum, som på flera ställen uttrycker liknande tankegångar, t ex »a singer doesn't expose her own throat, she exposes the liste-

ners interior. Her voice enterns me, makes a 'me', an interior, by virtue of the fact that I have been entered.« (s 43)

52 Dowling & Harwood, 206. Se också Siv Lindström, »Sanslös sinnesnärvaro i tid och o-tid. En uppsats om starka musikupplevelser«, Uppsala universitet 1989.

53 Dowling & Harwood, 213f.

## 4. Ut ur garderoben

54 Akt 3, del 3. Min övers, text Michael Korie: »Mama, there are things I never told you./I was born too soon and I spoke too late. [...] Mama, I've slept with over a thousand men./If you don't know by now,/I'm gay, queer, feigelah – different./But I never had the guts to tell you.«

55 I Finland först 2001.

56 Se även Bohman, 172–189. Han definierar komma ut-processen i fem steg: 1) stadiet innan man kommit ut, 2) stadiet när man kommer ut, 3) utforskande, 4) de första relationerna, 5) integrationen. Bohman skriver utifrån sin erfarenhet som psykiatiker, medan Eve Kosovsky Sedgwick ger ett historiskt anlagt perspektiv på fenomenet i *Epistomology of the Closet* (London & New York 1990).

57 Bohman, 178.

58 Se även Bohman, fr a 18–20.

59 Även efternamnet Johansson är fingerat.

## 5. Vad operaintresset betytt under komma ut-processen

60 Margareta Rönnberg, *TV-tittande som dialog* (diss, Sthlm 1996), 48.

61 J Laplanche & J-B Pontalis, *The Language of Psychoanalysis* (London 1973, ny uppl 1988), 205: »Psychological process whereby the subject assimilates an aspect, property or attribute of the other and is transformed, wholly or partially, after the model the other provides. It is by means of a series of identifications that the personality is constituted and specified.« Min översättning.

62 Rönnberg, 120f.

63 Laplanche & Pontalis, 431: »Process postulated by Freud to account for human activities which have no apparent connection with sexuality but which are assumed to be motivated by the force of the sexual instinct. The main types of activity described by Freud as sublimated are artistic creation and intellectual inquiry. The instinct is said to be sublimated in so far as it is diverted towards a new, non-sexual aim and in so far as its objects are socially valued ones.« Min översättning.

64 *Rewriting the Victorians. Theory, History and the Politics of Gender*, ed Linda M Shires (New York & London 1992), 87–100.

65 Clément, 5f. Min övers. »Not many women have access to the great masculine scheme surrounding this spectacle thought up to adore, and also to kill, the feminine character.«

66 Clément, 28. Min övers. »Come on, men, shut up. You are living off her. Leave this woman alone, whose job it was to wear gracefully your repressed homosexual fantasies. Do not dress up her any more. Strip off all that false love and suffocating tenderness. Let those ashes that she wanted to be ashes have some peace.«

67 Robinson, 289. Jfr Carolyn Abbate, som uttrycker samma tankegångar i »Opera, or the Envoicing of Women« i Ruth E Solie, *Musicology and Difference; Gender, Sexuality and Music Scholarship* (University of California Press 1993).

68 Abel, fr a 58–75.

69 Rosenberg 2000, 80.

70 Oscar Wilde, *Salome*, slutscenen, översättning av Edvard Alkman 1895, lätt moderniserad av mig.

71 Hugo von Hofmannsthal, *Die Frau ohne Schatten*, slutet av akt 1. Övers Lars af Malmborg 1975.

72 Koestenbaum, 135. Min övers. »Callas, an icon already circulating through culture, was not placed on the market at gay men's instigation. Worshipping her, I don't affect the woman sleeping inside the image's shell: my love cannot harm dead Callas. And yet homophobic society wants me to abandon my fantasies. To demand that I renounce my veneration is to suggest the desirability of erasing what makes me gay.«

73 Koestenbaum, 147. Min övers. »Her vengeful volleys give us courage, and inspire us as we struggle to be open and not closed, serene and not erased, human and not degenerate.«

74 Jfr Sam Abel, som talar om opera som »a public playground för queerness« och »a public celebratory space of queer desire, a wedge driven into cracks of 'normal' desire«. Abel, 66.

75 Abel, 4.

76 Min översättning. »O König, das kann ich dir nicht sagen; und was du frägst, das kannst du nie erfahren.« Wagner: *Tristan und Isolde*, akt II, scen 3.

77 Även om det inte behöver vara dåligt rödvin, som i *Kärleksdrycken*. Min kommentar.

78 Dowling & Harwood, 203–205, 213f.

## 6. Den sociala sidan av operaintresset

79 Sauter 1987, 12, 22–29.

80 Göran Söderström, »Homosexuella i vardagslivet« i *Sympatiens hemlighetsfulla makt*, red Göran Söderström (Stockholm 1999), 502–521.

[81] Rosenberg 2000, fr a 75–113.

[82] Koestenbaum, 113–116; Abel, 60f; Bohman, 133.

[83] Pelle är givetvis ett namn som Per hittade på; han har ingen operavän med just det namnet.

[84] Adressen till Parterre Box är www.anaserve.com/~parterre och skvallerspalten har det operavitsiga namnet »La cieca«, den blinda, som också är rollnamnet på La Giocondas mor i Ponchiellis opera.

[85] Se bl a förordet till John Ardoins *The Callas Legacy: The Complete Guide to Her Recordings* (London 1991), där han bl a skriver att det var som att höra sina egna, mest intima känslor uttryckta i sång när han hörde Callas.

[86] Dramatists Play Service, Inc., New York 1992. Översättning Åke Andersson och Göran Gademan.

[87] Av dessa radioprogram är *Radar. Klassisk CD-spaning* nu nedlagt, men förekommer i delvis annan form.

[88] Om kandelaberbögar skriver Göran Söderström i *Sympatiens hemlighetsfulla makt*, 511–519, men då mest om de fester som hölls i frack eller långklänning, det sistnämnda som drag. Festerna var slutna för välsituerade bögar. I dagligt tal bland bögar betyder kandelaberbög (ibland också kristallbög) en högborgerlig homosexuell man, företrädesvis från Östermalm, som intresserar sig för »finkultur« och gärna besöker antikvitetsaffärer. Han har elegant heminredning med kristallkronor och kandelabrar, är ofta något äldre och lever inte sällan i par med någon.

[89] Bohman, 63.

[90] Fr a i Göran Söderströms kapitel »Homosexuella i vardagslivet«, 502–521 och »Föreningsliv«, 648–677. Bilder av dessa eleganta »damer« förekommer på s 510, 512, 648 och 650. »Henrietta«, alias Henry Olsson-Livegren, arbetade f ö som teaterskräddare på Operan.

[91] Jfr »finbögarna« med de ovan nämnda kandelaberbögarna. De skulle alltså inte vara lika hängivna i sitt operaintresse, utan ser det mer som en guldkant på tillvaron.

[92] »Il prezzo« som det skämtades om i Fredriks samtalsgrupp är en anspelning på Toscas fråga »Quanto? Il prezzo?« till Scarpia om priset för att han ska ge Cavaradossi fri. Priset för biljetten var ungefär detsamma som Tosca skulle betala, även om såväl puccinihjältinnan som Fredrik hittade andra utvägar, tack och lov sinsemellan olika.

[93] Kostenbaum, 31 (min övers, kursiveringen är Koestenbaums). »[...] the opera queen is unfit for love, and the taste for opera is seen not only as compensation for lost love objects, but as the very catalyst of loss. The opera queen is lonely *because* he listens to opera: opera isolates him from the sexual marketplace.« Inte heller håller jag med om att Mendy skulle ha

tappat intresset för sex, vilket Koestenbaum antyder: »Stephen is at least on the right track; his interest in *Blueboy* means he's still interested in sex, and not like Mendy, drowned in diva idolatry.« (s 30) Mendy känner sig snarare ensam och undrar desperat vad han gör för fel eftersom han aldrig hittar en stadig partner. Han är också mycket angelägen om att få följa med Stephen ut och ragga.

94 Abel, förord xiv–xv, 9f, 61.

## 7. Operaintresset fram till idag

95 Text Hugo von Hofmannsthal, övers Lasse Zilliacus.

96 Robinson, 290f.

97 Sauter 1987, 11.

98 I frågan avsågs inspelningar på såväl CD, LP som kassettband. Det sistnämnda kan alltså vara inspelningar från radioutsändningar som aldrig kommit på skiva. Se enkätresultat i inledningskapitlet.

99 Koestenbaum, 116.

100 Koestenbaum, bl a 59f; Abel, 192 (not 7 hörande till s 8). Observera att ordet »fetishize« inte går att översätta till svenska. Det skulle bli »fetischisera«, men jag har valt »se som fetisch«.

101 Jfr Elektras replik i Strauss opera: »Ob ich nicht höre? ob ich die Musik nicht höre? sie kommt doch aus mir.«

102 »Först musiken och sedan orden«, även titeln på en opera av Salieri (1786). Ställer frågan vad som är viktigast, texten eller musiken. Titeln inspirerade Richard Strauss till operan *Capriccio* (1942), som har samma frågeställning.

103 Med »rolltolkningar« menar Daniel här roller som Mozart skapat, och inte rolltolkningar utförda av några sångare.

104 Koestenbaum, 177, 187.

105 Tai Christensen, 13.

106 Obs Östmans *gamla* uppsättning i regi av Willy Decker. Den senaste med Östman som dirigent i Fredrik Annbys regi gick 2000–2001, alltså efter intervjuperioden.

107 Citatet ur Odabellas scen och romans ur akt 1 av *Attila*: »La queta ora, in che posa/Han pur le tigri, io sola/Scorro di loco in loco«. I denna rofyllda stund, när till och med tigrar tar sin vila, strövar jag ensam från trakt till trakt (min övers).

108 Joan Sutherlands smeknamn var f ö La stupenda = den som slår alla med häpnad.

109 Leyla Gencer finns enbart bevarad på piratinspelningar, och har numera nått närmast kultstatus, inte minst i bögkretsar. Även Caballé har lyckats

vända en buande publik under en *Anna Bolena*-föreställning som finns bevarad. Den föreställningen spelades i brottstycken under stort intresse en kväll i januari 1999 för föreningen OperaBögarna.

[110] Jfr begreppet Teaterhändelse/Theatrical Event, ett begrepp som framhålls av Teatervetenskapliga institutionen vid Stockholms universitet. Willmar Sauter utvecklar sin syn på begreppet i *The Theatrical Event. Dynamics of Performance and Perception* (Iowa City 2000), i en form av avancerad receptionsteknik och fenomenologi. Han undersöker förhållandet mellan föreställningen och mottagandet samt interaktionen mellan den performativa händelsen och dess kontext.

[111] Min översättning, ur akt I, scen 5 (abgewinnen = avvinna sig, tillvinna sig). Peterson-Berger, som utpekats som homosexuell, har i sin översättning förvrängt innehållet bort från det tvetydigt homoerotiska: »Av mig du läktes/för att ärligt fällas/frisk och sund av den man/jag till sådan bragd värdig fann«. PB:s sista rad har inget med Wagners att göra, men hans översättning är avsedd att sjungas, vilket avsevärt försvårat uppgiften att få det ordagrant.

[112] Min översättning, ur akt II, scen 1: »Muss mein Trauter mich meiden,/ dann weilt er bei Melot allein.«

[113] »Die selbstmörderische Akzeptanz der Lüge. Ein gespräch mit Harry Kupfer« (Ralf Waldschmidt samtalade med Kupfer i Berlin, november 1999). Ur programbladet till *Tristan och Isolde* på Deutsche Staatsoper, Berlin 2000.

[114] Om Wagners förhållande till homosexualiteten och homosexuella män skrev redan Hanns Fuchs i *Richard Wagner und die Homosexualität* 1903. Denna tidigare förtigna bok kom i en uppmärksammad nyupplaga 1992 i Berlin. Där finns bl a flera brev från Wagner till kung Ludwig II av Bayern, som var förälskad i honom. Fuchs spårar också bisexuella böjelser inte bara hos Wagner och Ludwig, utan även hos Nietzsche och Schopenhauer. Han visar också hur starkt Wagner vävt in homosexuella element i sina verk, utan att de sticker direkt i ögat.

[115] Se t ex Fredrik Silverstolpes »'Vänskap och kärlek äro ett'« och Göran Söderströms »'Vänskapssvärmeriets' dilemma«, båda i *Sympatiens hemlighetsfulla makt. Stockholms homosexuella 1860–1960*.

[116] Inte minst skulle flera Händelroller vara intressanta att skärskåda med tanke på att Händel ofta utpekas som homosexuell. Gary C Thomas har i »'Was George Frideric Handel Gay?' On Closet Questions and Cultural Politics« öppnat upp för flera tolkningar genom att läsa Händels musik »homotextuellt«, men han har inte berört operamusiken. Eftersom Händel ofta skapar samma typ av laddningar som i Shakespeares komedier

– kvinna utklädd till man väcker erotiska känslor hos en annan man – vore det intressant att finna ett dolt syfte, som dessutom blir starkare än hos Shakespeare genom den homogena klangfärgen hos rösterna.

117 Judith Butler, *Gender Trouble. Feminism and the Subversion of Identity* (New York 1990). I tidsföljd kan sedan nämnas Susan McClarys *Feminine Endings: Music, Gender and Sexuality* (Minnesota 1991), Terry Castles *The Apparitional Lesbian* (New York 1993), Corinne E Blackmer & Patricia Juliana Smith (eds), *En Travesti: Women, Gender Subversion, Opera* (New York 1995), Tiina Rosenbergs *Byxbegär* (2000).

118 I enkätens fråga 27 skulle man nämna fyra favoritroller, vilket gav 160 »möjliga« roller. Utdelningen byxroller här blev fyra stycken: tre nämnde Orfeus (utan att nämna kompositör, men den görs vanligen som byxroll i Glucks mest kända version) och en nämnde Aristeo i Rossis *Orfeo* som då varit aktuell på Drottningholmsteatern. Den sistnämnde listade även mezzon Ann Hallenberg som favoritsångerska, vilken hade utfört rollen där. Ingen nämnde alltså de mer kända byxrollerna Cherubin, Octavian eller kompositören i *Ariadne på Naxos*. Se bilaga 1.

119 Det var i samma föreställning som Ivar minns: 1972 spelades *Scipio Africanus* på Drottningholmsteatern, med Kerstin Meyer som den stridande kung Syfax och Olle Sivall som Ceffea.

120 Notis i programbladet till uppsättningen av Mozarts *Titus* på Södra Teatern 1984 (Musikdramatiska skolan i Stockholm i samarbete med Operan). Kastraten som kreerade Sextus roll vid urpremiären i Prag 1791 hette fö Domenico Bedini.

121 Robinson, 287: "So what started by looking like a clear-cut matter of sexual attraction turns into something more resembling identification – moreover, identification, be it noted, with a singer of ambiguous gender. Indeed, one begins to suspect that precisely the ambiguities of gender, or what is now called gender construction, lie at the heart of the association of opera with homosexuality." Min övers.

122 Han avser snarare countertenoren, eftersom några kastrater inte finns i våra dagar.

123 I ännu högre grad på hans inspelning av Bellinis *Puritanerna* (Westminister, dir Julius Rudel), där han i arian »Credeasi, misera!« går ända upp på trestrukna f.

124 Se också tidskriften MusikDramatik nr 4/99 (temanummer – Queer), fr a sid 23.

125 Camilla Lundberg, *Musikens myter. En klassisk musikhistoria* (Stockholm 2000), 333f.

126 Akt I, scen 5. »Mrs Grose: But I saw things, elsewhere, I did not like, when

Quint was free with everyone, free with little Master Miles! [...] Hours they spent together.« (Libretto Myfanwy Piper.)

127 I ett brev till Britten skrev librettisten W H Auden om dennes »dragning till små smala pojkar, dvs till de könlösa och oskuldsfulla«. Lundberg, 342. Författaren till romanen *The Turn of the Screw*, Henry James, har f ö också utpekats som homosexuell.

128 Se t ex Bohman, 16–20, 166. Han talar också om internaliserad homofobi, ett självförtryck eller självförakt. Då har man, påverkad av samhällets nedvärderande syn, gjort en yttre förtryckares attityder, känslor och normer till sina egna.

129 Se också Sam Abels besvikelse över att det inte kommit fler operor med homosexuella teman, inte ens av de kompositörer och librettister som är öppet homosexuella. Abel, 72–75.

130 Se t ex Bruno Bettelheim, *Sagans förtrollade värld* (sv övers, Uppsala 1982).

131 Mer feministiska tolkningar av *Turandot* ligger också nära till hands, där hon till sist får ge vika för patriarkala intressen. Catherine Clément drar en parallell med en myt från Cashinawa-indianerna, om flickan som vägrade att gifta sig och att det därför uppstod totalt mörker. Flickans mor stängde henne utanför huset, men släppte sedan in henne för att hugga huvudet av henne. Flickans huvud blev månen, hennes ögon stjärnorna och hennes blod regnbågen. Sedan den dagen tvingades kvinnor blöda en gång i månaden. På samma sätt råder totalt mörker i *Turandot*, endast månen visar sig och först när Turandot gett vika gryr dagen och solen stiger. »Vad har hänt? Ingenting. Bara en kvinna som ger upp och blir gift.« Puccinis komponerande avbröts efter scenen för Liùs död, »vid den sörjande processionen som begråter den kvinnas död som beskyddade en man, i närvaro av en kvinna som förnekar sin kvinnlighet«. Där slutade Toscanini också vid uruppförandet, som Clément betecknar som det enda riktiga föreställningen av *Turandot*. Inför Puccinis intentioner att avsluta operan med en kärleksduett lika vacker som *Tristans*, skriver hon litet ironiskt: »Ack! Det är kvickt och passande. Calaf tar Turandot i besittning, vi har haft tillräckligt kul. [...] 'Min storhetstid är slut', klagar Turandot. Den manliga solen stiger, månen sjunker, äktenskapets allsmäktige fader och dagsljuset vinner.« Clément, 96–102 (min övers). En av deltagarna tolkade också in något lesbiskt när jag beskrev handlingen i Turandots aria »In questa reggia«, där hon hävdar att ingen man ska få äga henne.

132 Robinson, 287.

133 Abel, 14.

134 Se Tai Christensen, 7–10, 22–24.

135 Koestenbaum, 117.

[136] Abel, 18.

[137] Trots detta skriver Abel i inledningskapitlet att när det kommer till fysiska reaktioner, kan han bara tala med säkerhet om sig själv, och att han därför valt att skriva huvudsakligen i första person, om sin individuella respons på opera (s 6).

[138] Koestenbaum, 18. Just Julie Andrews var en viktig ingång till opera för Carl-Magnus i projektet. Hans fascination låg dock mest på det röstligt-koloraturmässiga planet.

[139] Abel, 13, 15.

[140] Se även Bohman, 81–97.

[141] Koestenbaum, 19.

[142] Koestenbaum, 21.

[143] Lägg märke till likheten med Stephen och Mikes förhållande i *The Lisbon Traviata*.

[144] Nilsson, Birgit, *La Nilsson* (Stockholm 1995), 290–306. Se också Marcia Davenports roman *Of Lena Geyer* (1936), som refereras i Koestenbaum, 15–16, och inspirerade Birgit Nilssons fan »miss N« att förfölja henne jorden runt.

[145] Koestenbaum, 34: »[...] the object of adoration – Callas, *Gioconda*, Nilsson, the past – divides the queen from other queens. I have never had a satisfying conversation with another opera queen about opera pleasures.« Min övers.

[146] Morris, 186. Se även inledningskapitlet sid 36.

[147] I USA är det dock helt eller delvis fortfarande förbjudet i vissa delstater. Se Bohman, 67.

## 8. Jag, en operabög

[148] Text Richard Wagner, min översättning.

[149] Björn heter egentligen något annat.

# Summary in English

## Göran Gademan: »Operafags«

On the basis of recent studies in the fields of gay studies and queer theory, the author sets out to examine the connection between the sexual orientation of gay men and their passionate interest in opera. Previous research on the subject, exclusively from the USA, has been speculative in the sense that it has not tested its conclusions on any empirical material. In this respect, this study is a pilot project based on a questionnaire and interviews with 39 homosexual men aged between 19 and 68 with an interest in opera. On the basis of the definition found in gay studies, of a delimited group whose members also define themselves as homosexuals, their entire life stories are portrayed from childhood to the present day, and the elements of queer theory that are used are intended to illustrate the heteronormative way of thinking that even the participants themselves tend to use. The average »operafag« does not actually exist; instead the author has tried to find common denominators and he cites typical statements, but he also writes about cases that deviate from the norm in various ways.

Much of what has been written earlier on the subject by Wayne Koestenbaum, Paul Robinson and partly Sam Abel does not hold good when applied to the Swedish »operafags«. One section deals with the undynamic view of the »closet«, and the author shows that an opera interest plays an important role in the process of coming to terms with and affirming one's sexual orientation and then later daring to stand for one's convictions. The various functions that opera can have during that period, as an outlet, an inspiration, a source of reflection/identification, a substitute/sublimation, an escape from reality and a source of comfort are investigated, and the author establishes that both the »closet« and the interest in opera are dynamic processes that change all the time. One chapter is devoted to the social aspects of opera, and Koestenbaum's picture of the »operafag« as an extremely lonely person is not at all confirmed. The concept of subculture can only be ascribed to the participants to a limited extent, and the dividing line is not drawn at the sexual orientation but at how much previous knowledge those involved in a possible subculture have.

As the openness around homosexuality increases its barriers are torn down, even if the interest remains to the same extent. Nevertheless every gay man, irrespective of what era he lives in, has to go through the »closet process«, and one reason that so many are interested in opera may be that the standard repertoire, unlike for example the repertoire in the world of spoken theatre, builds largely on works from Victorian times. Just as audiences of that time could find release from public sexual hostility through various art forms, homosexuals in our day can find in opera a channel for their sexuality and emotional lives, which are surrounded by the same kind of prudishness (and phobias) as sex in general in the 19th century. A more pragmatic explanation may be that homosexual men or couples have more time and money to cultivate and develop their interests than heterosexual couples with children.

As regards the question of sex and gender, the interviewees are as uninterested in the androgynous trouser roles as they are in the female soprano voice that falls to chest register and borders on the male. Instead they show a considerably greater flexibility, often switching their interests between different roles, and not actually caring about the specific sex of a particular role. However, often without thinking about it, the female soprano roles undeniably stir the greatest interest, and the author ventures briefly into the field of psychoanalytical interpretation when he shows how the female identification/attachment to the mother is often transferred to the opera prima donna. The line between role and artist is usually fluid, which may be because the singers' bodies become the composers' narrative voices and the important thing for the interviewees is often how they do something, rather than what they do. Through the music and their, often, mythological content, the works create a form of »queer space« which the interviewees can easily transcribe or translate to their own situation. Finally, the author tells his own story and relates his experiences and encounters to the others in the book. At the same time, he stresses the danger of using only one's own experiences as a basis for hypotheses and then formulating theories over the heads of those concerned.

*Translated by Rebecka Charan*

# Källförteckning

**Gruppsamtal** (intervjuer) genomförda i RFSL-huset, Stockholm 15, 21, 24, 28 oktober, 4, 11, 13 november, 8 december 1997, 15 april, 4 maj 1999 (samtal I), 17, 20, 25, 28 november, 1, 10 december 1997, 12 januari, 17 februari 1998, 25, 26 maj 1999 (samtal II). Samtliga samtal är bandade och nedskrivna.

Eftersnack till McNallys *The Lisbon Traviata* på RFSL-huset 20 augusti 1999 (föreställningarna gavs på Rosenlundsteatern 28 juli och 1 augusti).

**Litteratur**


Abbate, Carolyn, »Opera, or the Envoicing of Women« i Solie, Ruth A, *Musicology and Difference; Gender, Sexuality and Music Scholarship* (University of California Press 1993)

Abel, Sam, *Opera in the Flesh. Sexuality in Operatic Performance* (Westview Press 1996)

Bettelheim, Bruno, *Sagans förtrollade värld* (sv övers, Uppsala 1982)

Bjurström, Erling, *Högt och lågt. Smak och stil i ungdomskulturen* (Umeå 1997)

Blackmer, Corinne E & Smith, Patricia Juliana (eds), *En Travesti: Women, Gender Subversion, Opera* (New York 1995)

Bohman, Lars, *Man och man emellan. En bok om manlig homosexualitet* (Sthlm 1995)

Butler, Judith, *Gender Trouble. Feminism and the Subversion of Identity* (New York 1990)

Castle, Terry, *The Apparitional Lesbian* (New York 1993)

Clément, Catherine, *Opera, or the Undoing of Women*, eng övers (Minnesota 1988)

Connell, Robert W, *Masculinities* (Cambridge 1995)

Dowling, W J & Harwood, D L, *Music Cognition* (New York 1986)

Fuchs, Hanns, *Richard Wagner und die Homosexualität* (Berlin 1903, 2. uppl. Berlin 1992)

Helander, Karin, *Från sagospel till barntragedi. Pedagogik, förströelse och konst i 1900-talets svenska barnteater* (Stockholm 1998)

Koestenbaum, Wayne, *The Queen's Throat. Opera, Homosexuality and the Mystery of Desire* (New York 1993)

Kosofsky Sedgwick, Eve, *Epistomology of the Closet* (London & New York 1990)

Laplanche, J & Pontalis, J-B, *The Language of Psychoanalysis* (London 1973, ny uppl 1988)

Levine, Martin P, *Gay Macho* (New York 1998)

Lundberg, Camilla: *Musikens myter. En klassisk musikhistoria* (Stockholm 2000)

McClary, Susan, *Feminine Endings: Music, Gender and Sexuality* (Minnesota 1991)

McNally, Terrence, förord till John Ardoin, *The Callas Legacy: The Complete Guide to Her Recordings* (London 1991)

—, *The Lisbon Traviata* (New York 1992)

Morris, Mitchell, »Reading as an Opera Queen« i *Musicology and Difference*, ed Ruth A Solie (Berkeley 1993)

Nilsson, Arne, *Såna & riktiga karlar. Om manlig homosexualitet i Göteborg decennierna kring andra världskriget* (Göteborg 1998)

Nilsson, Birgit, *La Nilsson* (Stockholm 1995)

Nilsson, Per, *Fritid i Skilda Världar. En undersökning om ungdomar och fritid i ett nationellt och kontextuellt perspektiv*. Ungdomsstyrelsens utredningar 11 (Stockholm 1998)

*Queering the Pitch. The New Gay and Lesbian Musicology*, ed Philip Brett, Elizabeth Wood och Gary C Thomas (New York 1994)

*Rewriting the Victorians. Theory, History and the Politics of Gender*, ed Linda M Shires (New York & London 1992)

Rosenberg, Tiina, *Byxbegär* (Göteborg 2000)

—, *Queerfeministisk agenda* (Stockholm 2002)

Rönnberg, Margareta, *TV-tittande som dialog* (diss, Stockholm 1996)

Sauter, Willmar, *Braaavo! En studie över publiken på Operan i Stockholm* (Stockholm 1987)

—, *The Theatrical Event. Dynamics of Performance and Perception* (Iowa City 2000)

Sauter, Willmar; Isaksson, Curt; Jansson, Lisbeth, *Teaterögon. Publiken möter föreställningen. Upplevelse – utbud – vanor* (Stockholm 1986)

*Sympatiens hemlighetsfulla makt*, red Göran Söderström (Stockholm 1999)

Ustrup, Åshild, *Män och älskare – 25 intervjuer. Kärlekens lycka och olycka* (1978), sv övers (Stockholm 1979)

Widerberg, Karin, *Kunskapens kön* (Stockholm 1995)

## Tidskrifts- och programbladsartiklar

Eman, Greger, »Queer – fem år senare«, en intervju med Don Kulick, *Kom Ut* nr 5/01

—, »Alla bögar gillar schlager«, *Kom Ut* nr 7/01

Hendriksen, Knut, notis i programbladet till uppsättningen av Mozarts *Titus* på Södra Teatern 1984. Musikdramatiska skolan i Stockholm i samarbete med Operan
Kulick, Don, »Queer Theory: Vad är det och vad är det bra för?« i *Lambda Nordica* nr 3–4/96
MusikDramatik nr 4/99 (Temanummer: Queer)
Robinson, Paul, »The Opera Queen. A Voice from the Closet« i *Cambridge Opera Journal*, 6 (1994)
Rydström, Jens, »Queer teori och historia« i *Lambda Nordica* nr 3–4/96
Waldschmidt, Ralf & Kupfer, Harry, »Die selbstmörderische Akzeptanz der Lüge. Ein gespräch mit Harry Kupfer«. Samtal i Berlin, november 1999. Ur programbladet till *Tristan och Isolde* på Deutsche Staatsoper, Berlin 2000.

## Operalibretti

Hofmannsthal, Hugo von, *Die Frau ohne Schatten*. Övers Lars af Malmborg 1975
—, *Rosenkavaljeren*. Övers Lasse Zilliacus
Solera, Temistocle, *Attila*. (Övers G G, endast i not)
Tjajkovskij, Modest och Pjotr, *Eugen Onegin*. Övers Britt G Hallkvist
Wagner, Richard, *Tristan und Isolde*. Övers G G
Wilde, Oscar, *Salome*, översättning av Edvard Alkman 1895 (via Hedwig Lachmanns tyska översättning som Strauss tonsatte), lätt moderniserad av G G

## Otryckta källor

Christensen, Peter Tai, »Queerovision Song Contest – ett individuellt minnesarbete som med queerteoretisk utgångspunkt och Eurovision Song Contest som exempel fokuserar åskådarens aktiva roll i tolkandet av populärkulturella företeelser«. PK-uppsats vid Centrum för kvinnoforskning, Stockholms universitet 2001. (Rapport nr 23 i Skriftserie från Centrum för kvinnoforskning)
Lindström, Siv, »Sanslös sinnesnärvaro i tid och o-tid. En uppsats om starka musikupplevelser«, Uppsala universitet 1989 (Exemplar på Statens Psykologisk-Pedagogiska bibliotek, Stockholm)
McNally, Terrence, *The Lisbon Traviata*, opublicerad svensk översättning av Mikael Andersson, Åke Andersson, Göran Gademan och Roger Wallén 1999

## Internetadresser

Parterre Box: www.anaserve.com/~parterre

# Deltagarindex

# Person- och verkindex

## OperaBögarna

Föreningen OperaBögarna fungerar som en fristående arbetsgrupp inom RFSL, och består för närvarande av ungefär 250 medlemmar. Föreningen bildades i december 1997 vid en informell glöggträff, något som firas varje år med glögg och hemlig gäst. Ett medlemskap kostar inget, men vi rekommenderar att du löser medlemskap i RFSL. Vi ordnar föreläsningar, artistträffar, gemensamma operabesök, resor, lyssningskvällar, konserter och mycket mer. OperaBögarna har en arbetsgrupp som består av Mikael Andersson, Åke Andersson, Göran Gademan och Roger Wallén. Du som vill gå med i föreningen: skicka ett mail till ob@stockholm.rfsl.se. Du kan också besöka OperaBögarnas hemsida på www.rfsl.se/stockholm/ob.